십자가에서 보좌까지
무슨 일이 일어났는가?

십자가에서 보좌까지 무슨 일이 일어났는가?

발행일 2011. 9. 20 1판 1쇄 발행
         2023. 12. 1 1판 3쇄 발행

지은이   E. W. 케년
옮긴이   서승훈
감 수   김진호 최순애
편 집   노경아
교 정   예닮교회 Faith Readers _안명옥 원지혜 이윤미 이은영 하라미 황호
표 지   원미연
발행인   최순애
발행처   믿음의말씀사
2000. 8. 14 등록 제 68호
(우) 16934 경기도 용인시 기흥구 신정로 301번길 59
Tel. 031) 8005-5483 Fax. 031) 8005-5485
http://faithbook.kr

ISBN 89-94901-21-3 03230
값 20,000원

본 저작물의 한국어판 저작권은 Kenyon's Gospel Publishing Society와의 독점 협약으로 '믿음의 말씀사'
가 소유합니다. 저작권법에 의해 한국 내에서 보호를 받는 저작물이므로 무단 전재와 복제를 금합니다.

십자가에서 보좌까지
무슨 일이 일어났는가?

400년 전에 나왔어야 할 책

E. W. 케년 지음

서승훈 옮김 | 김진호 · 최순애 감수

믿음의말씀사

목차

들어가는 말 _ 7

01 믿음을 얻기 위한 고군분투 _ 11
02 의 안에 세워지다 _ 15
03 성육신 _ 25
04 예수님께서 이 땅에 계신 동안 무슨 일이 일어났는가? _ 35
05 감람산에서 무슨 일이 일어났는가? _ 47
06 재판정에서 무슨 일이 일어났는가? _ 57
07 십자가에서 무슨 일이 일어났는가? _ 63
08 휘장이 찢어졌을 때 무슨 일이 일어났는가? _ 77
09 사흘 동안 무슨 일이 일어났는가? _ 97
10 부활할 때 무슨 일이 일어났는가? _ 115
11 사십일 동안 무슨 일이 일어났는가? _ 123
12 그분이 자기 피를 가지고 들어가셨을 때 무슨 일이 일어났는가? _ 135
13 다락방에서 무슨 일이 일어났는가? _ 143

14　오순절 날에 사탄이 보았던 것 _ 153

15　하늘에서 새로운 피조물의 의미 _ 159

16　사람들이 사용하도록 제공된 것 _ 171

17　시제가 우리에게 중요한 까닭 _ 179

18　사복음서의 예수님 _ 195

19　바울이 말하는 세 부류의 사람 _ 211

20　교회는 모세의 율법 아래 있는가? _ 231

21　사도행전에 관한 몇 가지 사실들 _ 247

22　우리의 고백 _ 279

23　하나님의 능력에 대한 우리의 반응 _ 303

24　"그리스도 안에서"에 대한 몇 가지 사실들 _ 319

25　그분의 현재 사역 _ 333

26　아버지의 돌보심 _ 349

마치는 말 _ 362

들어가는 말

이 책은 바울의 계시에 대한 구성적 해석을 통해서 새로운 길을 밝힐 것입니다.

이 책은 말씀에 대한 감각지식적인 해석에 의해 오랫동안 숨겨져 있었던 중요한 진리의 새로운 광맥을 드러냅니다.

첫 열 장chapter에서 열두 장은 속량 계획의 합법적인legal 면을 다룹니다.

거기에서는 하나님께서 그리스도 안에서 하신 일, 다시 말해 그리스도께서 성육신하신 때부터 높은 곳에 계신 지극히 크신 분의 보좌 오른편에 앉으실 때까지 무엇을 하셨는지를 보여줍니다.

이는 성육신에 내포된 것에 대한 간략한 개관을 제시합니다.

예수님께서 이 땅에서 사신 삶은 곧 여호와께서 이스라엘 가운데 계셨다는 사실을 나타냅니다.

언약과 율법과 제사의 창시자요, 제사장직무와 대속죄일을 정하신 분이 그들 한가운데 계셨지만, 그들은 그분을 알아보지 못했습니다.

감람산의 비극적인 장면은 거절당한 여호와, 곧 하나님의 성육신하신 아들을 천사들이 힘을 북돋우며 위로했던 모습입니다.

강렬한 질시와 기만과 부당함으로 가득한 재판정에서 옛 언약의 하나님께서는 그분의 백성들에 의해 침 뱉음을 당하고 욕을 당하며 버림을 받으셨습니다.

우리의 영웅, 사람이 되신 하나님the God man께서 고통의 십자가 그 자리에서 죄가 되셨습니다.

아마도 그 모든 것 중에 가장 이상한 모습은, 그분이 그들의 죄를 위해 죽어가고 계시며 그들의 죗값을 담당하고 있다는 사실을 단 한 사람도 알지 못했다는 것입니다.

사흘 동안의 암울과 어둠이 제자들의 심령에 드리웠고, 왕국의 꿈은 끝나버렸습니다. 그들은 주님이 어디로 가셨는지 또는 무슨 고통을 당하고 계시는지 이해하지 못했습니다.

그들은 주님의 부활로 인해 당황했습니다. 그리고 주님이 승천하시기 전에 보내신 사십 일 동안에는 할 말을 잃어버렸습니다.

그들은 주님께서 그분의 피를 가지고 하늘의 지성소로 들어가셨다는 사실을 알지 못했습니다.

주님께서 감람산에서 승천하실 때 구약의 성도들을 낙원으로부터 구출하셨다는 사실도 몰랐습니다.

그들은 그들이 보는 앞에서 주님을 영접한 구름이 아버지의 집으로 들려 올려진 구약의 성도들이라는 사실을 제대로 알아보지 못했습니다.

그들은 주님이 높은 곳에 계신 지극히 크신 분의 보좌 우편에 앉으셨다는 사실을 알지 못했습니다.

속량 사역의 합법적인 면이 완성되자, 이제 다락방에서 속량의 실제적인vital 면이 시작될 수 있었습니다.

많은 부분이 새롭겠지만, 열린 마음으로 이 책을 읽으시기를 바랍니다.

이 책 안에는 변화시키는 능력이 있습니다.

많은 사람들은 이 메시지가 전대미문의 부흥으로 성령께서 부으시는 자리에 선두주자로 서 있다고 믿습니다.

이 책이 마지막 날들의 안내자라면 좋겠습니다.

당신이 아직 나의 다른 책들을 읽지 않았고, 당신의 심령이 그리스도 안에서 당신의 특권과 권리에 대한 더 분명한 지식에 굶주려 있다면, 나는 내 책들을 만끽하라고 촉구합니다.

이 책에는 반복되는 부분이 많습니다. 그러나 각 주제들이 그런 반복이 없이는 불완전하기 때문에 불가피한 일이었습니다.

01

믿음을 얻기 위한 고군분투

믿음의 문제가 첨예하게 부각되고 있습니다.

불신앙의 파도가 교회를 휩쓸고 있습니다.

우리의 많은 지도자들이 현대주의modernism라는 소용돌이에 휩쓸려 갔습니다.

정직한 사상가들은 해결책을 모색하고 있습니다.

지난 19세기에 기록된 경건 서적의 많은 부분은 신비주의자의 손에서 나온 것입니다.

오늘날 이 불안한 시대의 혼란스러운 마음mind:생각이 믿음의 영역으로 들어가는 길을 찾을 수 있도록, 분명하고 잘 닦여진 길이 필요합니다.

바울의 계시에 대한 새로운 탐구가 필요합니다.

많은 이들이 "우리는 온전한 진리를 가졌던가?"라는 의문을 제기하고 있습니다.

루터, 칼빈, 아르미니우스, 웨슬리 형제들과 같은 선구자들은 온전한 진리를 가졌을까요?

우리는 이런 사람들이 우리에게 준 것으로 인해 그들을 존경합니다.

그러나 그들 시대 이후로 바울의 계시에 대한 지식에서 거의 발전이 없었습니다.

여기에 속량의 핵심으로 다가가는 새로운 접근이 있습니다.

그것은 "주님께서 십자가에서부터 높은 곳에 계신 지극히 크신 분의 보좌 우편에 앉으실 때까지 무슨 일이 일어났는가?"라는 질문에 대한 대답입니다.

우리는 감각지식적인 교리의 시대는 지나갔다고 믿습니다.

기독교는 노년기에 있지 않고, 일부 사상가들이 생각하는 것보다 더 생명력이 넘칩니다.

기독교는 그 안에 인간 문제에 대한 해결책을 가지고 있습니다.

기독교는 하나님의 생명력과 능력입니다.

바울의 계시에는 믿음의 문제에 대한 해결책이 있습니다.

나는 주님과 친밀하게 동행했던 사도들이 그분의 진정한 임무에 대해 전혀 몰랐다는 사실을 발견하고 큰 충격을 받았습니다.

그들은 성육신에서 무슨 일이 일어났는지 알지 못했습니다. 사실은 그들이 그게 성육신이었는지조차도 알지 못했다는 것입니다.

마리아가 그들에게 무슨 일이 일어났었는지 알려주었더라도, 그들은 그것을 자식 자랑하는 어머니의 근거 없는 이야기처럼 받아들였을 것입니다.

그들은 십자가 주위에 서서 거기에 달린 분이 죽음의 고통을 받는 것을 지켜보면서도, 그분이 여호와 곧 아브라함과 이삭과 야곱의 하나님이시라는 사실을 알지 못했습니다.

이스라엘은 아브라함과 피의 언약을 맺은 분을 십자가에 못 박고도 그 사실을 몰랐습니다.

예수님께서 성령이 올 때까지 머물러 있으라고 제자들에게 명하셨을 때, 그들은 무슨 일이 일어날지 깨닫지 못했습니다.

그들은 그 경이로운 분을 따라다녔지만, 그분이 누구이시며, 왜 오셨으며, 무엇을 겪으셨으며, 그분의 고난에 의해서 자신들이 무엇을 얻게 되었는지 알지 못했습니다.

그들은 십자가에서 무슨 일이 일어났는지, 또는 예수님께서 부활하시기 전 사흘 동안 무슨 일이 일어났는지 알지 못했습니다. 그러나 우리는 그 사흘에 대해 반드시 알아야 합니다. 왜냐하면 그것이 우리 안에 믿음을 세워줄 것이기 때문입니다. 신비는 그 사흘에 감추어져 있습니다.

과연 우리가 있는 그대로의 사실들에 담대하게 직면할 수 있을지 모르겠습니다.

당신이 기존에 바울 서신으로부터 예수님에 대해 아는 것들을 전부 제거하고, 요한과 베드로와 마리아 및 다른 사람들처럼 예수님이 누구시며 왜 십자가에서 죽으시는지도 모른 채 그 십자가 앞에 서 있게 된다면, 당신은 아버지께서 바울에게 보여주신 것에 대해 감사하게 될 것입니다.

제자들은 그분이 대속물이시라는 것을 몰랐습니다.

그들은 다락방에서 무슨 일이 일어나려고 하는지도 이해할 수 없었습니다.

02

의 안에 세워지다

의는 바울 서신의 핵심 단어입니다.

의는 어떤 두려움이나 정죄감이나 열등감 없이 아버지의 임재 가운데 설 수 있는 능력을 의미합니다. 여기에 의에 대한 약속이 있습니다.

"네 모든 자녀는 여호와의 교훈을 받을 것이니 네 자녀에게는 큰 평안이 있을 것이며 너는 공의로 설 것이며 학대가 네게서 멀어질 것인즉 네가 두려워하지 아니할 것이며 공포도 네게 가까이하지 못할 것이라" (사 54:13-14)

새로운 피조물의 가장 큰 축복은 의 안에 굳게 세워지는 것이며, 의 의식을 획득하는 것입니다.

우리는 죄 의식을 가지고 있습니다.

우리는 우리를 두려움의 노예로 붙들어두었던 약함의 의식을 가지고 있었습니다.

한 국가의 국민으로서 우리에게는 세금 의식이 있으며 또 앞으로 올 세대들도 그 의식을 가질 것입니다.

그러나 우리가 하나님의 의라는 것을 알고 그 사실 안에 굳게 세워진다면, 그때 갖게 되는 승리 의식과 자유 의식은 참으로 큰 것입니다.

죄 의식은 인류를 노예로 만들었습니다.

죄 의식은 대중 가운데 진취적 기상을 파괴했습니다.

죄 의식은 믿음의 가장 오래 되고 가장 완고한 적입니다.

정죄 아래 있는 사람은 말씀에 대한 믿음을 가질 수 없습니다.

아시다시피, 의는 하나님의 임재 가운데 설 수 있는 능력을 의미합니다.

우리가 의를 가지고 있지 않다면 아들 됨sonship은 무슨 가치가 있겠습니까?

자녀들이 움츠러들고 겁먹고 두려워한다면 아버지께서는 자신의 자녀들에 대해 기뻐할 수 없습니다.

자녀들은 절대로 아버지의 임재를 누리지 못할 것입니다.

속량이 의를 담고 있지 않다면 그것은 속량이라 말할 수 없습니다.

의가 포함되어 있지 않다면 새로운 피조물과 아들 됨이라는 명칭은 합당하지 않습니다.

그러므로 하나님께서 그분의 아들 안에서 행하신 속량의 목적은 인간을 의롭게 하는 것이었습니다.

그것이 아버지의 궁극적인 목표였습니다.

아버지께서는 담대하게 자신의 아들을 인류를 위한 대속물이 되게 하셨습니다.

우리는 파산했고 소망 없이 대적에게 팔린 상태였습니다.

에베소서 2:12은 그 점을 다음과 같이 묘사합니다. "그때에 너희는 그리스도 밖에 있었고 이스라엘 나라 밖의 사람이라 약속의 언약들에 대하여는

외인이요 세상에서 소망이 없고 하나님도 없는 자이더니"(엡 2:12)

소망도 하나님도 없이 이 땅에 살고 있었던 것입니다.

그러나 하나님께서는 이제 그분의 보배로운 아들 위에 우리의 모든 죄악을 얹으십니다.

그 아들께서는 우리의 죗값을 치르실 뿐만 아니라, 우리의 원수요 주인인 사탄을 정복하시고, 사탄에게서 그의 권세를 벗기십니다. 그런 다음 합법적인 근거 위에서 재창조를 가능케 하십니다.

이제 하나님께서는 인간에게 그분 자신의 본성인 영원한 생명을 주실 수 있습니다.

하나님은 인간에게서 옛 본성 곧 옛 자아를 쫓아내고, 새 자아 곧 새 본성을 주십니다.

인간은 고린도후서 5:17에 대한 누군가의 번역처럼 새로운 종족이 됩니다.

재창조된 옛 사람은 인간의 영입니다.

그런 다음 하나님께서는 재창조된 인간의 생각mind을 새롭게 하셔서, 그 생각을 재창조된 영에 복종시킵니다.

그 새 사람은 감각, 또는 신체적 몸에 대해 우위를 점하며, 그리스도 안에서 자신의 주인이 됩니다.

이 새 사람이 이제 그리스도 안에서 하나님의 의가 되었습니다.

"하나님이 죄를 알지도 못하신 이를 우리를 대신하여 죄로 삼으신 것은 우리로 하여금 그 안에서 하나님의 의가 되게 하려 하심이라"(고후 5:21)

아시다시피, 우리는 새 본성을 받음으로 말미암아 의롭게 됩니다.

이스라엘은 그들에게 여겨진 의, 곧 그들의 계좌에 이체된 의를 가졌지만,

새로운 피조물은 하나님 자체를 자신의 의로 가졌습니다.

"자기도 의로우시며 또한 예수 믿는 자를 의롭다 하려 하심이라" (롬 3:26)

아버지 자신이 우리의 후원자와 우리의 의가 되실 뿐만 아니라, 고린도전서 1:30에서 우리는 "너희는 하나님으로부터 나서 그리스도 예수 안에 있고 예수는 하나님으로부터 나와서 우리에게 지혜와 의로움과 거룩함과 구원함redemption;속량이 되셨으니"라는 말씀도 읽습니다.

이제 우리는 그리스도께서 우리의 의라는 것을 확신합니다. 왜냐하면 하나님께서 그분을 우리의 의가 되게 하셨기 때문입니다.

그 의미는, 이제 우리가 죄를 결코 지어 본 적이 없는 것같이 아버지의 임재 가운데 설 수 있는 합법적인 권리를 가지고 있다는 말입니다.

고린도후서 9:10 말씀은 이제 분명합니다. "심는 자에게 씨와 먹을 양식을 주시는 이가 너희 심을 것을 주사 풍성하게 하시고 너희 의의 열매를 더하게 하시리니"(고후 9:10)

예수님께서는 "나는 포도나무요, 너희는 가지라"(요 15:5)라고 말씀하셨습니다.

포도나무는 의로우며, 가지는 그 포도나무의 의입니다.

그러므로 포도나무가 자연스럽게 가지를 통해 맺게 될 열매들은 의의 열매들이라 불리게 될 것입니다.

그 열매들은 예수님께서 이 땅에 사실 때 맺으신 것과 똑같은 종류의 열매가 될 것입니다.

뿐만 아니라 우리는 예수님께서 이 땅에 사실 때 맺을 수 없었던 열매를 맺는 기쁨도 얻을 수 있습니다.

예수님은 병자를 고치시고, 굶주린 자들을 먹이시고 죽은 자를 살리실 수 있었습니다.

그러나 우리는 또 다른 종류의 열매를 맺습니다.

우리는 사람들을 그리스도께로 인도하여, 그들에게 영원한 생명을 줍니다.

우리는 하나님께서 그리스도 안에서 사람들을 위해 행하신 하나님의 의를 아는 깊은 지식 안으로 사람들을 인도할 수 있습니다.

우리는 인간의 영을 위해 그리스도께서는 할 수 없으셨던 것들을 할 수 있습니다.

당시 그리스도께서는 아직 죽지 않으셨고 우리의 죄를 위한 값을 치르지 않으셨기 때문에, 아직 새로운 탄생을 가능케 하실 수 없었습니다.

그러나 우리는 그리스도 안에서 이 영적 열매를 맺을 수 있습니다.

의 안에 굳게 세워지는 것이 우리에게 설 수 있는 토대와 우리 인생관의 확신을 제공합니다.

아시다시피, 인간은 항상 마귀의 종, 굽실거리는 노예였습니다.

그러나 새로운 창조는 의와 더불어서 인간을 지배자가 되게 하였습니다.

이제 새로운 피조물이 된 인간은 더 이상 대적에게 굴복당하는 자가 아닙니다.

이제 그는 지배자입니다.

그는 자신의 약함과 실패를 말하지 않고 아버지의 심령을 기쁘게 할 수 있는 새로 발견한 능력을 즐거워합니다.

이제 그는 자신이 의롭다는 사실을 아는 것처럼 행동할 수 있습니다.

그는 자신이 하나님의 의라는 사실을 이용할 수 있습니다.

그는 보좌의 방으로 들어가서 어느 때든지 아버지를 방문할 수 있는 위치를 가지고 있습니다.

"그러므로 우리는 … 은혜의 보좌 앞에 담대히 나아갈 것이니라" (히 4:16)

젊은 여자가 결혼식을 거행한 후에는 남편과 결혼한 사실을 아는 만큼이나 분명하게, 그는 자기가 하나님의 의라는 것을 알고 있습니다.

그녀는 자기 집에 아내의 자리를 차지합니다.

둘이 하나가 되었습니다.

이 새로운 피조물은 자기가 하나님의 의이고, 예수 이름을 사용할 수 있는 합법적인 권리가 있다는 사실을 알고 있습니다.

그는 그 이름이 세 종류의 세계에 있는 모든 권세를 가지고 있음을 알고 있습니다.

그리스도와 연합한 그는 그 이름에 있는 권리의 상속자일 뿐만 아니라 그 권세를 현재 소유한 자도 되었습니다.

그는 지금 그 이름을 사용할 수도 있습니다.

예수님께서 "하늘과 땅의 모든 권세를 내게 주셨으니"(마 28:18)라고 말씀하셨을 때, 그 권세는 그분 자신을 위한 것이 아니라 새로운 피조물을 위한 것이었습니다.

이 의가 인간을 실제로 그리스도와 하나가 되게 합니다.

의가 인간에게 창조적 능력, 곧 다스리는 영을 주었습니다.

그는 이기는 자입니다.

그는 지배자입니다.

주님의 새로운 사랑의 생명이 그를 점령하였습니다.

그는 실제로 예수님의 사람the actual Jesus man이 되었습니다.

그는 이 땅에서 예수님의 자리를 차지합니다.

그는 옛 언약 아래 있는 사람들과는 다릅니다.

옛 언약의 사람들은 제한된 의를 지녔습니다.

그러나 새로운 피조물은 무제한적 의를 소유합니다.

옛 언약의 사람들은 여겨진 의를 지녔습니다.

그러나 새로운 피조물이 가진 의는 바로 아버지의 본성이 전이된 의입니다.

이스라엘은 칙령에 의해 의롭게 되었습니다.

그러나 우리는 새로운 창조에 의해서 의가 되었습니다.

이 경이로운 의가 우리를 예수님의 합당한 동료가 되게 하며, 아버지와 우리가 영원한 교제를 하도록 준비시킬 것입니다.

이것이 진정으로 속량의 특질입니다.

새로운 창조의 기적입니다.

이제 아버지께서 당신이 어떤 존재라고 말씀하신 바로 그런 존재로 당신 자신을 담대하게 여기십시오.

두려움이 없는 기쁨을 가지고 아버지의 임재 안으로 들어가서, 그분께 당신이 구할 바를 담대하게 아뢰십시오.

그분은 당신의 아버지이시고, 당신은 그분의 자녀입니다.

속량자의 이름으로 당신은 어느 때든지 아버지의 임재 안으로 나아갑니다.

"너희가 내 이름으로 구하는 것은 무엇이든지 내가 그것을 너희에게 주리라."

의 안에 세워지다

우리가 우리의 자리를 차지하지 않는다면, 우리는 아들로서 우리의 위치 또는 의 안에 있는 우리의 신분을 존중하지 않는 것입니다.

아버지와 주 예수님과 성령님께서 우리를 자랑스럽게 여길 수 있게 합시다.

심령의 메시지

예수님께서 나사로의 무덤으로 다가서서 "돌을 옮겨놓으라"(요 11:39)라고 말씀하셨을 때, 마르다는 그분의 팔을 잡고는 "주님, 너무 늦었어요. 그의 몸이 부패했습니다."라고 속삭였습니다.

예수님께서는 몸을 돌이켜 마르다의 얼굴을 바라보면서 "마르다야, 내 말이 네가 믿으면 하나님의 영광을 보리라 하지 아니하였느냐?"(요 11:40)라고 말씀하셨습니다.

돌이 치워졌습니다.

예수님은 신성한 확신을 가지고 무덤 입구로 다가가셨습니다.

예수님은 믿음의 의식도 없었고, 믿음의 부족도 없었습니다.

예수님은 무의식적인 의를 드러내셨습니다.

그분은 의가 진정으로 무엇인지 드러내셨습니다.

그분이 "나사로야, 나오너라!"라고 소리치셨을 때 나는 묵상 중에 그 현장으로 돌아가서 마르다 옆에 서 있었습니다.

나의 심장은 떨렸고, 나는 "주님, 왜 크게 말씀하십니까?" 하고 속삭였습니다.

나는 나사로가 나오지 못할까봐 두려웠습니다.

나는 주님의 명성에 대해 염려했습니다.

나사로가 나오지 못한다면 사람들은 어찌 생각했을까요?

감각지식으로부터 태어난 이 두려움에 찬 생각은 부서졌습니다. 왜냐하면 의가 말하였고 나사로가 나왔기 때문입니다.

성육신은 베들레헴에서 태어난 아기 안에 일어난 신성과 인성의 연합이
었습니다.
이는 이기심의 영역으로 사랑이 침입한 것이었습니다.
오랫동안 고대해 온 분이 마침내 도착했던 것입니다.
하나님께서 인간성과 연합하셨습니다.
그 침입은 군대로 온 것이 아니라, 연약한 아기의 모습으로 이루어졌습니다.
그것은 마치 사랑처럼 무기력한helpless 것이었습니다.
그들은 그분의 이름을 예수라 불렀습니다.
그 이름이 각 시대를 노래와 곡조로 채웠습니다.
그 이름은 패배당한 자에게는 용기를, 노예에게는 해방을, 약한 자에게는 힘을, 병든 자에게는 치유를, 세상에는 영원한 생명을 주었습니다.
베들레헴이라는 작은 마을에 있던 마리아에게 첫 번째 큰 기쁨을 주었던 그 아기는 여인에게 에덴동산에서 잃어버렸던 면류관을 회복시켜주었습니다.
여자는 남자의 돕는 배필이었지만, 타락한 후에는 남자의 노예가 되었습니다.
예수님께서는 여자에게 소망과 평등을 주셔서, 그녀를 새로운 창조의 중심의 여왕이 되게 하셨습니다.

03

성육신

아기 예수의 초자연적인 탄생은 하나님께서 아브라함과 함께 지키고 계셨던 언약 약속의 일부였습니다.

아기가 태어났는데 어떻게 아담의 저주를 받지 않을 수 있었을까요?

아기가 어떻게 죄 없이 태어나서 아무런 죄책감이나 열등감 없이 하나님의 임재 안에 설 수 있었을까요?

그것은 성육신의 기적이었습니다.

생리학자들은 어머니가 태중에 자라나는 아기에게 자신의 피를 전해 주지 않는다는 사실을 분명하게 입증하였습니다.

의학박사 M. R. 드 한De Haan이 쓴 『피의 화학The Chemistry of the Blood』이라는 책을 인용해봅시다. "아직 태어나지 않은 아기의 동맥과 여러 혈관을 흐르는 피가 어머니로부터 연유한 것이 아니라, 남자의 정자가 들어온 후에만 태아의 몸 안에서 절로 생성된다는 것은 이제는 잘 알려진 사실이다. 수정되지 않은 난자는 절대로 피를 만들어낼 수 없다. 그 이유는 여자의 난자 자체는 피를 생성하는데 필요한 요소를 담고 있지 않기 때문이다. 피가 생성된 것은 남성의 요소가 난자 안에 들어온 후이다 … 남성의 요소가 난자에 생명을 불어넣었다 … 남자의 정자와 여자의 난자가 결합할 때까지는 난자 안에는 생명이 없기 때문에, 생명은 피에 있으며, 따라서 남자의 정자가 피의 원천이라는 결론을 내릴 수밖에 없다."

닭의 유정란을 며칠 동안 부화기 속에 둘 경우 실핏줄이 내부에서 생깁니다. 이는 수정되지 않은 계란에는 해당되지 않습니다.

이것이 피가 남자의 정자로부터 생성한다는 사실을 입증합니다.

만일 예수님께서 자연적인 생식을 통해 태어나셨다면, 즉 요셉이 그분의 친아버지였다면 그분 안에 타락한 인간의 피가 흐르게 되었을 것임을 우리는 알고 있습니다.

그러나 예수님은 성령으로 잉태되었고, 그분에게 전이된 생명은 하나님께로부터 온 것이었습니다.

예수님의 몸의 생명이었던 피는 마리아를 덮으셨던 지극히 높으신 분으로부터 온 것이었습니다.

그 아기의 피는 보통 사람의 피가 아니었습니다.

그 피에는 죄의 오염이 전혀 없었습니다.

우리는 죄가 피에 있다는 사실을 알게 되었습니다. 그래서 인간의 피와 인간의 영은 어떤 식으로든지 연합되어있습니다.

모든 자녀들이 자신의 아버지의 피를 가지고 있듯이 예수님은 자신 안에 그분의 아버지이신 하나님의 피를 가지고 계셨습니다.

생명은 피에 있습니다.

"이는 육체의 생명이 피에 있음이라. 내가 그것을 너희에게 주어,

제단 위에서 너희 혼들을 속죄케 하였나니, 이는 혼을 속죄케 하는 것이 피이기 때문이라."(레 17:11, 한글킹제임스)

난외주에 있는 "이는 육체의 혼soul이 피에 있음이라."라는 표현이나, 또한 "피에 있는 생명으로 인해" 또는 "피에 있는 혼soul으로 인해"라는 표현에 주목하십시오.

이는 매우 주목할 만한 진술입니다.

육체의 생명은 피에 있습니다. 피가 몸에서 빠져나가면 죽음이 뒤따릅니다.

하나님의 생명이 예수님의 피 안에 전이되었습니다. 따라서 예수님은 아담의 본성이 없이 또는 잉태할 때 아담의 피를 통해 내려온 죄가 없이 태어나셨습니다.

예수님은 죄가 없으셨습니다.

아시다시피, 새로 탄생하는 사람에게 전이된 생명이 그 사람의 혈류로 들어온다는 것은 아주 명백합니다.

어떤 과학자는 사람이 영원한 생명을 가지고 있는지를 그 사람의 피를 통해서 알 수 있다는 사실을 발견해냈습니다.

우리가 신성한 본성에 참여한 자가 되었을 때, 우리의 영은 재창조됩니다. 어떻게 그렇게 되는지는 알지 못하지만, 어떤 식으로든지 영과 피의 연합이 있습니다. 따라서 우리의 혈액은 인류의 피를 통해 내려왔던 죄로부터 깨끗이 씻어집니다.

예수님께서는 죄 없이 잉태되셨습니다. 예수님의 몸은 죽을 수밖에 없는 몸이 아니셨습니다.

예수님께서 십자가에 매달리는 순간 아버지께서 그분에게 우리의 죄의

성육신

본성을 없으실 때까지는 그분의 몸은 죽을 수 없는 몸이셨습니다.

예수님께서 죄가 되시는 순간, 그분의 몸은 죽을 수밖에 없는 몸이 되었고 비로소 그분은 죽을 수 있었습니다.

이 일이 일어났을 때 사탄의 본성인 영적인 죽음이 그분의 영을 장악하였습니다.

"하나님이 죄를 알지도 못하신 이를 우리를 대신하여 죄로 삼으신 것은 우리로 하여금 그 안에서 하나님의 의가 되게 하려 하심이라"(고후 5:21)

참으로 우리에게 이 단계의 성육신이 중요합니다.

우리는 이제 예수님께서 자연법칙과 바다의 물고기와 생명과 죽음을 통치하셨던 이유를 이해할 수 있습니다. 예수님께서는 병든 자들을 치유하고, 죽은 자들을 일으키시며, 어둠의 세력들을 다스리셨습니다.

예수님께서는 육체로 나타나신 언약의 하나님이셨기 때문에 언약에 따라 할례를 받을 필요가 있었습니다.

그분은 예전에 한번 그 언약의 율법과 그 율법과 관련된 모든 것을 천사를 통해 모세에게 주셨습니다.

이제 그분은 아브라함과 맺은 그분의 언약을 성취하러 오셨습니다.

대제사장과 공의회는 그들 중에 여호와가 계셨지만, 그 사실을 알지 못했습니다.

나는 그들이 왜 그리도 그분을 미워했는지 항상 궁금했습니다. 이제 나는 그들의 쓴 감정을 이해합니다. 그들은 그들 안에 사탄의 본성을 가지고 있었습니다.

사탄은 예수님을 미워했습니다. 왜냐하면 예수님이 하나님이셨기 때문입니다.

그 논리적인 귀결에 따라 사탄은 예수님을 탄생할 때부터 없애려고 했습니다.

우리가 예수님의 생애를 안다면, 아마도 우리는 사탄이 예수님의 생명을 여러 차례 해하려 했음을 발견하게 될 것입니다.

이제 당신은 오늘날 유대인들이 예수님에 대해 갖는 본성적인 증오를 이해할 수 있습니다.

예수님은 그들에게 피의 언약의 하나님이셨습니다.

그들은 그들을 장악한 사탄의 능력으로부터 태어났기 때문에 미친 듯이 예수님을 죽이고자 했습니다.

증오심이 여러 시기를 통해 내려오면서 그들 속에서 점점 더 커졌습니다.

그들은 예수라는 이름을 멸시합니다.

그들은 어쩔 도리가 없습니다. 예수님은 그들에게 육체로 나타나신 피의 언약의 하나님이셨습니다.

합법적인 면

성육신이 없다면 합법적인 대속legal Substitution은 불가능했을 것입니다.

신성이 인류의 타락에 대한 책임을 떠맡아야 합니다.

하나님께서는 인간을 창조하셨을 때 인간이 타락할 것이라는 사실을 아셨음에 틀림없습니다.

인간은 그런 사실에 직면하면서도 창조되었습니다.

인간은 보편적으로 신성이 그 타락에 대한 책임을 떠맡기를 요구해 왔습니다.

실제로 인간의 자리를 차지하고 인간이 겪는 것을 겪으며, 타락한 인간을 대신하여 공의의 모든 요구를 충족시키는 대속물이 준비되어야 합니다.

그런 후에만 하나님의 정당함이 옹호될 수 있었습니다.

천사는 이 요구사항을 성취할 수 없었습니다.

어느 누구도 대속물이 될 수 없었습니다.

오직 하나님 자신만이 이 요구사항을 성취할 수 있으셨습니다.

신성과 인성을 지닌 성육신이 요구되었습니다.

누가복음에서 성육신에 대한 내용을 볼 수 있습니다.

그 구절에서 성경은 처녀 마리아를 덮으시는 지극히 높으신 분에 대해 말씀합니다. 마리아는 그 거룩한 존재를 그녀의 자궁에 잉태하였습니다.

아시다시피, 예수님은 어머니의 본성에 참여하지 않으셨습니다. 그녀는 단순히 죄 없는 육체를 예수님께 입혀주었을 뿐입니다.

예수님께서 요셉의 씨로 잉태되셨다면, 예수님의 몸은 죽을 수밖에 없는 몸이셨을 것입니다.

예수님께서는 성령으로 잉태되셨기 때문에 아담이 타락하기 전에 에덴동산에서 지니고 있었던 몸을 소유하셨습니다.

성육신은 인간 예수의 선재성the pre-existence을 입증합니다.

"그는 근본 하나님의 본체form시나 하나님과 동등됨을 취할 것으로 여기지 아니하시고 오히려 자기를 비워 종의 형체form를 가지사 사람들과 같이 되셨고 사람의 모양으로 나타나사 자기를 낮추시고 죽기까지 복종하셨으니 곧 십자가에 죽으심이라"(빌 2:6-8)

"태초에 말씀이 계시니라 이 말씀이 하나님과 함께 계셨으니 이 말씀은 곧 하나님이시니라 그가 태초에 하나님과 함께 계셨고 만물이 그로 말미암아 지은 바 되었으니 지은 것이 하나도 그가 없이는 된 것이 없느니라"(요 1:1-3)

예수님께서 신성으로서 먼저 계시지 않았다면, 성육신은 있을 수가 없었습니다.

그것은 우리말로 "말씀Word"이지만, 헬라어로는 "로고스Logos"입니다.

"태초에 로고스가 계시니라 그 로고스가 하나님과 함께 계셨으니, 그 로고스는 곧 하나님이시니라."

신성과 인성의 완벽한 일치가 없었다면 성육신이란 있을 수가 없었습니다.

이 일이 인간 예수 안에서 일어났습니다.

감각지식의 사람들의 눈에는 그것은 기적입니다.

그러나 하나님의 지식의 눈에는 그것은 정상적인 일입니다.

하나님의 지식은 영적인 것입니다. 반면 인간의 지식은 감각에 속한 지식입니다.

"그러나 자연인은 하나님의 영의 일들을 받아들이지 아니하나니 이는 그 일들이 그 사람에게는 어리석게 여겨지기 때문이요, 또 알 수도 없나니 이는 그 일들이 영적으로만이 분별되기 때문이니라."(고전 2:14, 한글킹제임스)

언급한 바와 같이 성육신은 자연인의 열망이었습니다. 모든 원시인들은 성육신을 믿었습니다.

나에게 성육신이란 하나님께서 감각영역 안으로 뚫고 들어오셔서 육체로 자신을 나타내시는 것입니다.

그분은 아브라함과 언약을 맺으셨습니다. 이제 그분은 그 언약을 지키고 계시는 것입니다.

하나님께서는 실제로 유대민족에게, 특별히 대제사장에게 그분 자신을 나타내셨습니다.

그들은 그들이 드리는 희생 제물을 받으셨던 그 하나님께서 마침내 그들 가운데 계신다는 사실을 깨닫지 못했습니다.

그분은 정체를 감추고 그들 가운데로 오셨습니다.

그분은 기적과 인간을 향한 강렬한 사랑을 통해 그들에게 자신을 계시하셨습니다.

그들은 그분을 인식할 수 없었습니다.

사탄이 이스라엘의 눈을 가려버렸기 때문에, 그들의 여호와께서 그들 중에 있었음에도 그들은 그분을 알지 못했습니다.

(이 주제에 대한 보다 완전한 논의를 위해서는 나의 다른 책,『아버지와 그분의 가족Father and His Family』을 읽어보십시오.)

이 갈릴리 사람이 지상에서 살았던 삶이 인간들에게 어떤 의미를 가지는지는 하늘에서 온 방문자만이 말해줄 수 있을 것입니다.
아브라함과 옛 언약을 체결하신 하나님, 곧 여호와께서 갑자기 사람의 형상으로 나타나셨습니다.
모든 사람들이 그분을 요셉과 마리아의 아들로서 나름대로 잘 알고 있다고 생각했습니다.
그러나 사람들은 그분에 대해 아는 바가 없었습니다.
그분은 자신의 소유인 자들에게 오셨지만, 그들은 사랑이신 분께서 정체를 숨기고 계심을 간파하지 못했습니다.
그분은 사랑의 방식으로 사랑의 행위를 하며 다니셨습니다.
그분에게는 세례 요한이라는 전령이 있었고, 그는 그분을 가리켜 "보라, 세상의 죄를 제거하신 하나님의 어린 양이다."라고 말했습니다.
그러나 세례 요한이 "유대인의 왕", 곧 그분의 소유인 이스라엘 백성에게 오신 그들의 여호와를 알리고 있다는 사실을 누구도 알지 못했습니다.
사복음서를 읽으면 각각의 복음서 기자들이 제한을 받았다는 것을 확신하게 됩니다.
복음서 기자들은 전부 이 예수님이 누구인지 알았습니다.
누가는 바울의 사역을 통해서 그리스도를 발견했습니다.
그는 바울의 계시를 알았고 그 계시에 익숙했지만, 그의 글에는 그런 내용이 한 문장도 없습니다.
마가는 바울의 동료였지만, 그의 글도 마찬가지입니다.
그들은 성령님께서 쓰라고 하신 것만 기록했습니다.
요한복음에는 바울의 계시에 대해 단지 두 가지 암시만이 있을 뿐입니다. 그러나 그도 그 계시를 알고 있었음에 틀림없습니다.
이처럼 모든 복음서 기자들에게 가해졌던 신성한 제한을 생각하면 전율이 일어납니다. 그들은 예수님이라는 '사람'의 이야기를 전해주어야 했기 때문입니다.

04

예수님께서 이 땅에 계신 동안 무슨 일이 일어났는가?

여호와께서 자기의 언약 백성을 방문하신 것과 비교될 수 있는 사건은 이스라엘 민족의 역사에 없습니다. 왜냐하면 그것은 그들이 이전에 알았던 어떤 것과도 달랐기 때문입니다.

그분은 그들의 언약의 하나님이셨습니다.

그분은 아브라함과 장엄한 언약을 맺으셨습니다.

제 마음에는 주님께서 이 언약을 항상 의식해 오셨다는 확신이 있습니다.

여호와께서 인간의 모습을 취하셨습니다.

그분은 단 한 차례도 자신이 바로 이집트에서 이스라엘의 조상들을 구출하신 당사자임을 밝히신 적이 없습니다.

그들은 여호와보다 모세를 존경했습니다.

그들은 여호와보다 율법을 경배했습니다.

"진실로 진실로 내가 너희에게 이르노니, 아브라함이 나기 전부터 내가 있느니라"(요 8:58-59) 그들은 돌을 들어 그분을 향해 던지려 했습니다.

그분은 그들을 경악케 했습니다.

그분은 자신이 진정으로 누구인지를 거의 밝힐 뻔했지만, 감각지식의 사람들은 그 사실을 납득할 수가 없었습니다.

"죽은 자의 부활을 논할진대 하나님이 너희에게 말씀하신 바 나는 아브라함의 하나님이요, 이삭의 하나님이요, 야곱의 하나님이로라 하신 것을 읽어보지 못하였느냐 하나님은 죽은 자의 하나님이 아니요 살아 있는 자의 하나님이시니라 하시니"(마 22:31-32)

이것이 주님께서 자신을 드러내실 수 있었던 한계였습니다.

믿는 자인 우리는 그 장면으로 돌아가서 그분을 곧바로 옛 언약의 하나님으로 인식할 수 있지만, 그 계시지식은 바울의 계시를 통해서 우리에게 주어진 것입니다.

빌립보서 2:5-9은 이 땅에 사신 예수님에 대한 생생한 그림을 제공합니다. "너희 안에 이 마음을 품으라 곧 그리스도 예수의 마음이니 그는 근본 하나님의 본체form시나 하나님과 동등됨을 취할 것으로 여기지 아니하시고 오히려 자기를 비워 종의 형체form를 가지사 사람들과 같이 되셨고 사람의 모양으로 나타나사 자기를 낮추시고 죽기까지 복종하셨으니 곧 십자가에 죽으심이라 이러므로 하나님이 그를 지극히 높여 모든 이름 위에 뛰어난 이름을 주사"

이는 바로 여호와께서 이 땅에서 사셨던 삶에 관한 말씀입니다.

"그[하나님]는 육신으로 나타난 바 되시고"(딤전 3:16)

고린도후서 4:4은 이스라엘의 상태를 보여줍니다. "그 중에 이 세상의 신이 믿지 아니하는 자들의 마음mind을 혼미하게 하여 그리스도의 영광의 복음의 광채가 비치지 못하게 함이니 그리스도는 하나님의 형상이니라"

그들은 영적인 어둠 속에 있었습니다. 그 의미는 그들의 혼과 영이 사탄의 속박을 받고 있었다는 뜻입니다.

갈라디아서 4:4은 이런 그림에 덧붙여서 다음과 같이 말씀합니다. "때가 차매 하나님이 그 아들을 보내사 여자에게서 나게 하시고 율법 아래에 나게 하신 것은 율법 아래 있는 자들을 속량하시고 우리로 아들의 명분을 얻게 하려 하심이라"(갈 4:4-5)

나는 그때 이스라엘 백성들의 눈이 갑자기 열렸다면 과연 어떤 일이 일어났을지 궁금할 때가 있습니다.

버림 받다

"그는 멸시를 받아 사람들에게 버림 받았으며 간고를 많이 겪었으며 질고를 아는 자라 마치 사람들이 그에게서 얼굴을 가리는 것 같이 멸시를 당하였고 우리도 그를 귀히 여기지 아니하였도다"(사 53:3)

여호와께서는 그분 자신에게 속한 자들에게 오셨으나, 그들은 그분을 멸시했습니다.

그분은 고난과 거절의 자리로 오셨습니다.

"예수께서 열두 제자를 데리시고 이르시되, 보라 우리가 예루살렘으로 올라가노니 선지자들을 통하여 기록된 모든 것이 인자에게 응하리라 인자가 이방인들에게 넘겨져 희롱을 당하고 능욕을 당하고 침 뱉음을

당하겠으며 그들은 채찍질하고 그를 죽일 것이나 그는 사흘 만에 살아 나리라 하시되"(눅 18:31-33)

여호와가 이 땅에서 사신 삶은 역사상 가장 슬픈 삶이었습니다.

우리는 마태복음 27:22-26을 기억할 수 있습니다. 그 대목에는 제사장들이 빌라도에게 예수님을 십자가에 못 박으라고 압력을 가하고, 빌라도는 예수님의 피에 대해 책임을 지는 것을 거부하면서 그 모든 것으로부터 자신의 손을 씻는 장면이 나옵니다.

군중들은 소리쳤습니다. "그 피를 우리와 우리 자손에게 돌릴지어다"(마 27:25)

그들은 "그를 없애라, 그를 없애라."라고 격렬하게 요구했습니다.

그들은 아브라함의 하나님의 피를 요구하고 있었지만, 그 사실을 알지 못했습니다.

과거와 현재와 미래 시제에 걸쳐 영원하신 하나님을, 그분께서 직접 맺으신 피의 언약에 속한 백성들이 재판하고 있었던 것입니다.

"예수 그리스도는 어제나 오늘이나 영원토록 동일하시니라"(히 13:8)

고린도전서 2:8은 눈물을 흘리게 합니다. "이 지혜는 이 세대의 통치자들이 한 사람도 알지 못하였나니 만일 알았더라면 영광의 주를 십자가에 못 박지 아니하였으리라"

그들은 영광의 주를 십자가에 못 박았지만, 그들이 한 짓이 중대한 범죄라는 의식이 없었습니다.

바울은 그것에 대한 계시를 받은 첫 번째 인물이었습니다.

그는 예수님을 메시아, 곧 옛 언약의 하나님으로 인식했습니다.

옛 언약의 하나님이 바로 이 사랑의 하나님이셨습니다.

그분께서 예수님으로 육체로 나타나셨을 때 실제로는 인간의 모습으로 나타난 사랑이었습니다.

예수님은 인간들을 축복하시고 도우실 수 있는 사랑의 능력을 가지고 계셨습니다.

그분은 그분 자신이 누구인지, 왜 오셨는지, 치러야 할 값이 무엇인지 아셨습니다.

그분은 성육신하신 사랑이셨습니다.

"인자가 온 것은 잃어버린 자를 찾아 구원하려 함이니라"(눅 19:10)

그분은 하나님께서 죄의 저주를 받고 미혹 받은 자들을 사랑하셨기 때문에 그들에게 보내신 아들이셨습니다.

예수님께서는 누가복음 20:9-19에서 어떤 사람에 대해 이야기하십니다. 그 사람은 한 포도원을 세우고 그 포도원을 어떤 농부에게 맡기고 오랫동안 다른 나라로 떠났습니다. 그런 후에 그는 한 종을 보내어 그 포도원을 방문하여 열매를 받게 했습니다. 하지만 그 종은 매를 맞고 빈손으로 쫓겨났습니다. 이런 일이 세 번이나 일어나자, 그 사람은 그들이 자기 아들은 존중할 것이라는 생각으로 자기 아들을 보냈습니다. 그러나 악한 농부는 유산을 차지하려고 그 아들을 죽이려는 음모를 꾀하였습니다.

하나님께서는 포도원에 그분의 아들을 보내셨고, 그분의 아들은 학대받고 십자가에 못 박혔습니다.

그분이 그분에게 속한 자들에게 얼마나 별 볼일 없게 취급받으셨는지요.

하나님께서 그처럼 사랑하셨습니다.

예수님으로 하여금 성육신이 되게 한 것은 바로 사랑이었습니다.

삼 년 반의 공생애 동안 그분을 이끈 것은 사랑이었습니다.

그분을 저주받을 십자가에 매단 것은 로마병사가 그분의 손발에 박은 끔찍한 못이 아니라, 사랑이었습니다.

요한복음 6:37-38은 우리가 이 사실을 보다 분명하게 파악하도록 도와줍니다. "아버지께서 내게 주시는 자는 다 내게로 올 것이요 내게 오는 자는 내가 결코 내쫓지 아니하리라. 내가 하늘에서 내려온 것은 내 뜻을 행하려 함이 아니요 나를 보내신 이의 뜻을 행하려 함이니라."

"그 안에 생명이 있었으니 이 생명은 사람들의 빛이라"(요 1:4)

"도둑이 오는 것은 도둑질하고 죽이고 멸망시키려는 것뿐이요 내가 온 것은 양으로 생명을 얻게 하고 더 풍성히 얻게 하려는 것이라"(요 10:10)

사랑이 그분을 보내셨습니다. 사랑이 그분을 떠받쳤습니다. 사랑이 그분의 능력이셨습니다.

그분은 사탄이 왕으로 군림하던 이기심의 영역으로부터 인간을 속량하려는 단 한 가지의 목적을 가지고 오셨습니다.

예수님은 삼 년 반 동안 이 영역에서 사셨습니다.

예수님은 이기심과 죄의 영역에 오셨지만 사랑으로 사셨습니다.

죄가 그분을 더럽히지 못했습니다.

그분은 그분에게 속한 사람들 가운데 낯선 분이셨습니다.

그분의 어머니와 형제들 또는 친구들도 그분을 이해하지 못했습니다.

사랑이 사탄의 영역으로 들어왔습니다.

그분은 사랑이셨고, 사랑을 계시하셨으며, 사랑을 행동으로 나타내셨습니다.

그분은 사랑하시는 분이신 경이로운 예수님이셨습니다.

그분은 사탄의 첫 번째 주인이셨습니다.

사랑이 사탄을 지배한다는 사실이 우리를 얼마나 전율시키는지요.

그 사실은 사랑이 이기심을 지배할 수 있다는 것을 깨닫게 합니다.

예수님은 세상 최초의 자유자이셨습니다.

그분 이전에는 누구도 자유로운 자가 없었습니다.

이는 얼마나 우리를 전율케 하는 말씀인지요. "그러므로 아들이 너희를 자유롭게 하면 너희가 참으로 자유로우리라"(요 8:36)

자유로운 자만이 다른 사람들을 자유롭게 할 수 있습니다.

사랑하는 자만이 다른 사람들이 사랑하도록 영감을 줄 수 있습니다.

그분은 세상이 지금까지 알아온 사람 중에 이기심으로부터 자유로운 첫 번째 사람이셨습니다. 그들이 그분을 그들 자신으로부터 제거하길 원했다는 사실은 그리 놀라운 일이 아닙니다.

그분은 자신의 유익을 구하지 않으셨습니다.

그분은 어떤 것도 주장하지 않으셨습니다.

그분은 모든 것을 주셨습니다.

그분은 새로운 종류의 사랑을 계시하셨습니다.

그분은 사랑이 처음으로 인간의 형체로 나타나신 사건이셨습니다.

그분은 육체가 되신 하나님의 말씀이셨습니다.

이제 당신은 "태초에 말씀이 계시니라 이 말씀이 하나님과 함께 계셨으니, 이 말씀은 곧 하나님이시니라. 그가 태초에 하나님과 함께 계셨고 만물이 그로 말미암아 지은 바 되었으니 지은 것이 하나도 그가 없이는 된 것이 없느니라"(요 1:1-3)라는 말씀을 이해할 수 있습니다.

그분은 참된 지식이요, 살아 계신 말씀이셨습니다.

이성은 이 사실을 이해할 수 없지만, 우리의 영은 기쁨으로 그것을 먹습니다.

"말씀이 육신이 되어 우리 가운데 거하시매 우리가 그의 영광을 보니 아버지의 독생자의 영광이요, 은혜와 진리가 충만하더라"(요 1:14)

히브리서 4:12에 대한 다음의 모팻Moffat 번역을 본 적이 있으십니까? "하나님의 로고스는 살아 있는 것으로, 활동적이며 어떤 양날 검보다 예리하여 혼과 영과 관절과 골수를 관통하여 나누며, 심령의 사상들과 개념들을 면밀하게 조사한다. 그래서 창조된 어떤 것도 그에게 감춰지지 못하며, 모든 것이 우리가 회계해야reckon 하는 그의 눈앞에 공개적으로 드러난다."

그분은 우리가 성경이라고 부르는 것을 언급하고 계신 것입니다.

우리가 반드시 회계해야 하는 살아계신 하나님의 로고스입니다.

말씀은 인격성을 띱니다.

말씀은 나의 사상을 면밀하게 조사합니다.

말씀은 나의 심령에 있는 가장 깊은 사상들과 개념들을 알고 있습니다.

이 말씀은 믿음의 입술과 사랑의 심령에서 생명을 얻습니다.

그분의 행동의 동기는 사랑이었습니다.

그분은 자신의 신성을 입증하기 위해 기적을 행하신 것이 아닙니다. 그분을 움직인 것은 사랑이었습니다.

그분은 인간이 처한 고난과 고뇌와 고통과 아픔을 해결하길 원하셨습니다.

마태복음 23:37은 주님의 삶에서 가장 생생한 사랑의 그림 중 하나입니다. "예루살렘아 예루살렘아 선지자들을 죽이고 네게 파송된 자들을 돌로 치는 자여 암탉이 그 새끼를 날개 아래에 모음 같이 내가 네 자녀들을 모으려 한 일이 몇 번이더냐 그러나 너희가 원하지 아니하였도다"

여기에는 흐느낌이 있습니다. 눈물과 고뇌가 섞여져 있습니다.

우리는 다음 구절(38절)을 도저히 읽을 수 없습니다.

"보라 너희 집이 황폐하여 버려진 바 되리라"

이제 당신은 십자가에서 그분이 하신 "다 이루었다!"라는 비통한 말씀을 이해할 수 있습니다.

그러자 성전의 휘장이 위로부터 아래까지 찢어졌습니다.

성전과 지성소가 황폐한 채로 남겨졌습니다.

하나님께서 그 성전과 지성소를 버리셨습니다.

피의 언약의 백성들은 그들의 여호와를 거부하였고, 그래서 그분께서는 그 사실에 대해 우셨습니다.

그분은 이 땅에서 그분 사역의 절정인 십자가로 향해 다가가셨습니다.

갈릴리 사람이신 여호와께서는 구유에서 태어나셔서 가난한 비특권층 사이에서 자라셨습니다.

"여우도 굴이 있고 공중의 새도 거처가 있으되 인자는 머리 둘 곳조차 없다"(마 8:20)

우리는 창조주께서 겪으신 외로움을 이해하기가 어렵습니다.

가족과 친척도 등을 돌렸습니다.

당시 종교지도자들은 그분을 박해하고 조롱했을 뿐 아니라, 자신의 여호와를 사회에서 축출해버리기까지 했습니다.

그분은 추방당한 자였습니다.

"나는 내 어머니의 태로부터 아이로 너희에게 던져졌노라"

사탄은 그분이 태어나는 순간부터 그분의 생명을 노렸습니다.

우리가 주님께서 이 땅에서 사신 삶에 대해 더 안다면, 아마도 외로움과 심령의 아픔으로 가득한 그분의 삶을 보게 될 것입니다.

"그는 슬픔의 사람이요 질고에 익숙한 사람이라"

그분은 멸시받고 버림받은 자입니다. 그러나 또한 그분은 사랑이십니다.

여기에 사람이 되신 하나님 the God man 에 대한 그림이 있습니다.
여기에 최고의 사랑에 대한 묘사가 있습니다.
"하나님이 너무나 사랑하사 독생자를 주셨으니"
그 아들은 너무나 사랑하셔서 고난을 당하셨습니다.
나는 그분이 십자가에서보다 감람산에서 더 큰 고통을 겪으셨다고 믿습니다. 왜냐하면 그분은 음부hades에 직면하고 계셨기 때문입니다.
십자가에서 그분은 음부의 고통을 느끼셨습니다.
감람산에서 그분은 자신이 죄가 되어야만 하고 자신의 전 존재가 버림을 받아야 한다는 사실을 알고 계셨습니다.
그러나 그분의 사랑이 그분을 멈출 수 없게 했습니다.
당신이 그분을 따라 감람산으로 가서 그분의 기도 소리를 들었다면, 낯선 새 힘이 당신을 붙잡았을 것입니다. 그것은 고뇌하는 신성이었습니다.
그분은 세상이 이전에는 결코 경험한 적이 없었던 사랑의 능력을 드러내고 계셨던 것입니다.
그것은 고난당할 수 있는 사랑의 능력Love's ability이요, 희생할 수 있는 사랑의 능력이요, 견딜 수 있는 사랑의 능력입니다.
그분이 "내 뜻대로 마시고 당신의 뜻대로 하옵소서." 또는 "내 뜻이 아니라 당신의 뜻이 철저히 완성되게 하소서."라고 부르짖었을 때, 그것은 무가치한 인간을 위해 죄가 되고 음부로 내려가서 저주받는 고통을 겪겠다는 사랑의 동의였습니다.

05

감람산에서 무슨 일이 일어났는가?

신성이 감람산에서 대속Substitution에 직면하고 있었습니다.

위기가 찾아왔습니다.

예수님과 세 명의 제자들은 그분이 기도하러 종종 잘 가시던 장소, 곧 그 오래 된 마디진 감람나무 아래로 내려갔습니다.

그들은 자주 그분이 기도하신 것을 보았지만, 이번에는 달랐습니다.

그들에게 기다리면서 지키고 있으라고 말씀하신 예수님께서 혼자서 몇 걸음을 떨어져서 얼굴을 숙이고 엎드리셨습니다.

그들은 그분의 음성을 들었지만, 그분의 말씀을 분별할 수 없었습니다.

그분은 죄가 된다는 사실에 직면하고 계셨습니다.

그분의 제자들은 이 사실을 알지 못했습니다.

그것은 신학적인 대속도 아니요, 형이상학적인 대속도 아닌, 그분이 실제로 타락한 인간을 위한 대속물이 되셨다는 것입니다.

그분은 인간의 신체적 몸에 참여한 자가 될 수 있었습니다.

그러나 아직 그분은 인간의 죄 또는 인간의 죽을 수밖에 없는 상태 mortality에 참여하지 않았던 것입니다.

예수님은 자연적인 생식이 아니라 성령에 의해 잉태되어, 처녀로부터 태어나셨습니다.

그분의 몸은 아담이 죄를 짓기 전 에덴동산에 있었을 때의 몸과 같았습니다. 그 몸은 죽을 수밖에 없는 몸도 아니요 그렇다고 불멸의 몸도 아니었습니다.

그분의 몸은 완벽한 인간의 몸이었습니다.

아담이 에덴동산에서 죄를 짓는 순간 그의 몸은 죽을 수밖에 없는 몸이 되어버렸습니다. 죽을 수밖에 없는 몸으로서 아담의 몸은 질병과 죽음에 굴복당하고 만 것입니다.

예수님께서 소유하신 몸은 완벽한 인간의 몸이었습니다.

당신은 "내가 내 목숨을 버리는 것은 그것을 내가 다시 얻기 위함이니 이로 말미암아 아버지께서 나를 사랑하시느니라 이를 내게서 빼앗는 자가 있는 것이 아니라 내가 스스로 버리노라 나는 버릴 권세도 있고 다시 얻을 권세도 있으니 이 계명은 내 아버지에게서 받았노라"라는 요한복음 10:17-18 말씀을 기억합니다.

당신은 이 말씀에 근거해서 누구도 예수님을 죽일 수 없었다는 사실을 알 수 있습니다.

그분의 몸은 죽을 수밖에 없는 몸이 아니었습니다.

그분이 십자가에 매달릴 때까지는 그분의 몸은 죽을 수밖에 없는 몸이 아니었습니다.

"하나님이 죄를 알지도 못하는 이를 … 죄로 삼으신 것은"(고후 5:21)

예수님은 죄가 되셨습니다.

그분의 영이 에덴동산에서 아담에게 찾아왔던 그 끔찍한 것, 즉 인간을 하나님으로부터 분리시켰던 것을 받았습니다.

예수님이 죄가 될 수 있다는 사실이 불가능해 보일 수도 있습니다.

그분은 하나님만큼이나 거룩하셨습니다.

죄가 그분을 건드린 적이 없었습니다.

참으로 오랜 기간 동안 그분은 죄의 한복판에서 사셨습니다.

"모든 일에 우리와 똑같이 시험을 받으신 이로되"(히 4:15) 죄가 그분의 일부가 된 적이 없었습니다.

이제 그분은 죄가 되셔야 하고, 그래서 그분의 아버지로부터 분리되셔야만 했습니다.

인간의 죄에 대한 대속물이 되신 그분은 그분을 거부하는 인간이 마땅히 가야만 하는 곳으로 가셔야 합니다.

그분은 인류가 공의the Justice에 진 모든 빚을 갚을 때까지 거기서 고통을 당하셔야 합니다.

예수님은 자신이 아버지로부터 나왔던 이유를 아셨습니다.

그분은 자신이 세상으로 들어왔던 이유를 아셨습니다.

그분은 오시기 전에 앞으로 직면하게 될 것이 무엇인지를 아셨습니다.

그분은 자신이 겪어야만 하는 고통이 무엇인지 아셨습니다.

이제 당신은 다음의 마태복음 26:36-46에 나온 고뇌의 부르짖음을 이해할 수 있습니다. "이에 예수께서 제자들과 함께 겟세마네라 하는 곳에 이르러 제자들에게 이르시되 내가 저기 가서 기도할 동안에 너희는 여기 앉아 있으라 하시고 베드로와 세베대의 두 아들을 데리고 가실새

고민하고 슬퍼하사 이에 말씀하시되 내 마음이 매우 고민하여 죽게 되었으니 너희는 여기 머물러 나와 함께 깨어 있으라 하시고 조금 나아가사 얼굴을 땅에 대시고 엎드려 기도하여 이르시되 내 아버지여 만일 할 만하시거든 이 잔을 내게서 지나가게 하옵소서 그러나 나의 원대로 마시옵고 아버지의 원대로 하옵소서 하시고 제자들에게 오사 그 자는 것을 보시고 베드로에게 말씀하시되 너희가 나와 함께 한 시간도 이렇게 깨어 있을 수 없더냐 시험에 들지 않게 깨어 기도하라 마음spirit:영에는 원이로되 육신이 약하도다 하시고 다시 두 번째 나아가 기도하여 이르시되 내 아버지여 만일 내가 마시지 않고는 이 잔이 내게서 지나갈 수 없거든 아버지의 원대로 되기를 원하나이다 하시고 다시 오사 보신즉 그들이 자니 이는 그들의 눈이 피곤함일러라. 또 그들을 두시고 나아가 세 번째 같은 말씀으로 기도하신 후 이에 제자들에게 오사 이르시되 이제는 자고 쉬라 보라 때가 가까이 왔으니 인자가 죄인의 손에 팔리느니라. 일어나라 함께 가자 보라 나를 파는 자가 가까이 왔느니라"

　예수님께서 제자들에게 "내 마음이 매우 고민하여 죽게 되었으니 너희는 여기 머물러 나와 함께 깨어 있으라"라고 말씀하신 사실에 깊이 주의합시다. 그리고 난 다음, 예수님께서는 얼굴을 땅에 대고는 "내 아버지여 만일 할 만하시거든 이 잔을 내게서 지나가게 하옵소서 그러나 나의 원대로 마옵시고 아버지의 원대로 하옵소서"라고 부르짖었습니다.

　이것이 주님께는 무슨 의미였는지 우리가 파악하기란 어렵습니다.

　그것은 사흘 동안 아버지로부터 분리되는 것 이상이었습니다.

　그분은 대적의 본성인 영적인 죽음에 참여해야만 했습니다.

　하나님께서는 그와 같은 일을 할 수 없다고 알려져 왔습니다.

하지만 그것은 감각지식의 추론일 뿐입니다.

하나님이 어떻게 해서 죄가 될 수 있었는지 이해하기는 힘들지만, 나는 그분이 죄가 되셨음을 압니다.

감각지식은 제한된 지식이기에, 하나님의 영적인 일들을 이해할 수 없습니다.

"그러나 자연인은 하나님의 영의 일들을 받아들이지 아니하나니 이는 그 일들이 그 사람에게는 어리석게 여겨지기 때문이요, 또 알 수도 없나니 이는 그 일들이 영적으로만이 분별되기 때문이니라."(고전 2:14, 한글킹제임스)

누군가 나에게 "아시다시피, 저는 그런 것을 받아들일 수 없습니다. 그런 것을 믿을 수 없습니다."라고 말할 경우, 나는 왜 그렇게 말하는지 이해합니다.

당신은 베드로와 야고보와 요한이 주님과 동행했을 때 살았던 감각 영역에 살고 있습니다.

그들의 마음은 영적인 일에 대해 어두웠습니다.

그들은 이해할 수 없었습니다.

우리는 하나님의 본성과 생명을 받았습니다.

우리는 예수님 안에 거하셨고, 또한 죽은 자들로부터 예수님을 일으키셨던 성령님과 똑같은 성령님을 모시고 있습니다.

그것이 바로 우리가 영의 일들을 이해하는 이유입니다.

예수님께서는 때가 되었고, 죄가 되셔야 한다는 사실을 아셨습니다.

예수님은 그 끔찍한 대적의 본성에 참여하셔야만 합니다.

그분의 몸은 죽을 수밖에 없는 몸이 될 것입니다.

사탄이 그분의 지배자가 될 것입니다.

이것이 감람산의 비극이었습니다. 예수님께서는 잃어버린 자의 고통을 겪으셔야 했습니다.

그분은 범죄자들에 속한 자로 간주되셔야 했습니다.

그분은 인류의 질병과 죄를 담당하셔야 했습니다.

그분은 그분의 아버지로부터 버림받으셔야 했습니다.

"[예수님의] 땀이 땅에 떨어지는 핏방울 같이 되는"(눅 22:44) 일은 그리 놀랄 일이 아닙니다.

그분이 "아버지시여, 다른 길이 있다면"하고 부르짖었다는 것은 그리 놀랄 일이 아닙니다.

그러나 다른 길은 없었습니다.

오직 그분께서 죗값을 치르셔야 했습니다. 그렇지 않으면 인류는 영원히 잃어버린 바 되고, 그리하여 하나님께서는 영영 자식이 없게 될 것입니다.

천사들이 와서 그분을 섬겼습니다.

천사들은 십자가에서 그분을 섬기지 않았습니다.

이 대목의 직역 중 하나는 "할 수 있다면, 내게서 이 잔을 가져가소서. 하지만 내 뜻이 아니라 당신의 뜻이 성취되소서."라고 적고 있습니다.

이것은 피할 수 없는 일에 나약하게 굴복하는 것이 아니었습니다.

인류의 커다란 필요에 직면해서 아버지께 "이 일을 완수하시어 인류를 구원하소서."라고 부르짖는 하나님의 아들의 영웅적인 순종이었습니다.

그것이 바로 바울이 "나를 사랑하사 나를 위하여 자기 자신을 버리신 하나님의 아들"(갈 2:20)이라고 외쳤던 이유입니다.

나는 십자가에서보다 감람산에서 더 깊은 영적인 고뇌가 있었음을 믿게 되었습니다.

영적인 죽음과 연합할 것을 예상하는 것은 너무도 소름끼쳐서, 거의 생각할 수조차도 없기 때문에 천사들이 섬기지 않았더라면 우리는 무슨 일이 일어났을지 알지 못합니다.

그럼에도, 예수님께서 감람산에서 나오셔서 잠들어 있는 제자들을 보았을 때 주님으로 다가섰습니다.

그분은 싸움에서 이겼습니다.

그분은 울지도 비통해 하지도 않으셨습니다.

그분은 정복자로 오셨습니다!

그리스도의 경력에서 제 심령에 충격을 가한 두 장소가 있습니다.

첫 번째는 예수님께서 감람산에서 가룟 유다와 군인들을 만나셨을 때입니다.

여기에서 예수님은 무적의 정복자, 완벽한 영웅으로 서 계십니다.

그분은 첫 번째 싸움에서 이기셨습니다.

이제 그분은 재판과 조롱과 십자가 형벌을 받는 자리에 있습니다.

나의 심령을 전율시키는 두 번째 그림은 그분이 무덤에서 나오셔서 제자들을 만나셔서 "만세!"(마 28:9)[1]라고 외치셨을 때입니다.

그분은 정복하셨습니다.

그분은 죄를 제거하셨습니다.

그분은 이제 '주 중의 주'로 서 계십니다.

---

1) All Hail, 킹제임스 외 다수의 영어 성경에서 이와 같이 번역함 (역자 주)

지옥의 수치와 고통은 끝났습니다.

그분은 영웅이신 하나님이시요, 나의 주님이시며, 나의 주인이자 정복자이십니다.

감람산에서의 전투는 영적인 전투였습니다.

감각지식은 그것을 이해할 수 없습니다.

그분은 감각지식의 영역 안으로 침입하셨습니다.

그분은 원수의 손아귀에서 인간을 속량하기로 작정하셨습니다.

그렇게 하기 위해서 그분은 그분 자신을 원수에게 내어주어야만 했습니다.

여기에 두 개의 큰 세력이 있는데, 하나는 보이는 것이고 다른 하나는 보이지 않는 것으로, 이 두 세력을 사탄이 지배합니다.

사탄은 산헤드린과 장로들과 로마정부를 통치했습니다.

사탄은 하나님의 아들의 영을 지배하여 자신에게 굴복시키려고 했습니다.

예수님께서는 사탄이 그분을 지배하게 될 때가 오고 있음을 아셨습니다.

그러나 이제 군인들과 산헤드린의 재판과 빌라도의 재판정에 대면하신 예수님께서는 왕으로 행동하셨습니다!

이것은 역사상 최대의 비극입니다.

아브라함과 언약을 맺으셨고 어머니가 자녀를 돌보고 양육하듯이 이스라엘 자손을 돌보셨던 분께서 그분 자신이 세운 대제사장 앞에 재판을 받는 자리에 서게 되었습니다.

그분은 단지 마리아의 아들일 뿐만 아니라, 하나님 곧 여호와 자신이기도 하셨습니다.

다음의 성경구절이 이 상황을 얼마나 생생하게 밝혀주는지요. "자기 땅에 오매 자기 백성이 영접하지 아니하였으나"(요 1:11)

그들은 그분을 십자가에 못 박으려고 그분을 받아들였습니다.

재판정에서 그분은 하나님의 위엄을 가지고 빌라도와 장로들과 대제사장 앞에 서셨습니다. 그분은 한 번도 자기가 누구인지 호소하지 않으셨습니다. 그분은 그들과 논쟁하지 않으셨습니다. 그분은 그들에게 자비를 구하지 않으셨습니다. "그분은 공회의 결정과 하나님의 미리 아신 뜻대로 넘겨지셨습니다."

대제사장은 사랑이신 분의 확고한 의지를 수행하는 역할을 하는 자였던 것입니다.

신성The Godhead이 재판정에서만큼 확실하게 드러난 적이 없습니다. 그분은 모든 면에서 하나님이셨습니다.

그분은 포기하지 않으셨습니다. 그분은 굴복하지 않으셨습니다. 그분은 순교자가 아니셨습니다. 그분은 사랑이셨습니다.

당신은 그분께서 바라보시던 시선이 베드로의 심령을 어떻게 깨뜨리셨는지 기억합니다.

본디오 빌라도가 십자가처형으로부터 그분을 구하려고 했다는 것은 그리 놀랄 일이 아닙니다.

사랑이 재판을 받고 있었습니다. 그렇습니다. 그분은 절대적인 주님이셨습니다.

그분은 육체로 나타나신 하나님이셨습니다.

06

재판정에서 무슨 일이 일어났는가?

　예수님을 체포하고 재판하는 일은 인류, 특별히 하나님의 선택받은 백성에게 일어난 비극 중 하나입니다.
　이 언약의 백성들은 그들을 민족으로 형성할 수 있게 해주었던 아브라함의 언약을 잘 알고 있었습니다.
　그들은 피의 언약의 의미를 알았습니다.
　아브라함의 피의 언약의 친구이신 여호와께서 처녀 마리아의 태에서 잉태되었고, 천사들의 찬양소리로 환영을 받으며 구유에 태어나심으로 이 땅에 오셔서 자신의 백성 가운데 자라났지만, 그들에게는 여전히 낯선 자로 남아있었다는 사실, 그것이 비극인 것입니다.
　그들은 그분을 알지 못했습니다.
　그들은 그분의 기적을 목격했습니다.
　그들을 향한 그분의 긍휼과 사랑을 모두가 인정했습니다.
　그분은 물을 포도주로 바꾸셨고, 단 한마디의 말로 나무를 죽게 했으며, 자연의 법칙을 지배했고, 병자를 낫게 하고 말로 죽은 자들을 일으키셨습니다. 그분의 백성들이 이 모든 것을 목격했습니다.

그분은 파도 위를 걸으셨고 폭풍을 잠잠케 하셨습니다. 그들은 분명히 그분이 하나님의 아들이라는 사실을 알았음에 틀림없습니다.

시기심이 지도자들의 심령을 지배하였기 때문에, 그들은 그분을 죽이려고 했습니다.

그분과 그의 백성은 함께 살 수가 없었습니다.

당신과 나는 그분이 여호와라는 것을 알 수 있습니다.

이스라엘 민족은 여호와를 감당할 수 없었습니다.

그래서 그들은 그분을 어떻게 했습니까?

그분은 언약에 따라 할례를 받으셨습니다.

그분은 그 피의 언약의 한 부분이셨습니다.

그분은 그분 자신에게 속한 자들에게 왔지만, 그분에게 속한 그들은 그분과 상관하지 않았습니다.

그분은 그들을 속량하러 오셨지만, 그들은 그분을 던져버렸습니다.

그분은 홍해를 가르시고 여리고 성을 무너뜨리신 여호와이셨습니다.

그분은 여호수아 시대에 해와 달이 그 자리에 멈추게 하셨습니다.

그분은 이스라엘 백성이 그분을 거부하여 포로가 되어도 그들을 축복하고 보호하셨습니다.

그분은 예수로서 감각세계에 나타나신 여호와이셨습니다.

그분은 그분의 언약의 백성의 보금자리로 주셨던 땅을 밟으셨습니다.

그분은 그들의 여호와이셨습니다.

그들은 그분의 피의 언약의 백성이었습니다.

그분은 그들을 사랑하셨습니다.

그들은 그분을 멸시하였으며, 그분을 체포하였습니다.

그들은 그들의 여호와를 재판정에 세웠습니다.

피의 언약의 의미를 이해하는 당신은 그들이 실제로 무엇을 했는지 생각하면 오싹할 것입니다.

그들이 재판하는 그 사람은 아브라함과 언약을 맺으셨던 분이셨습니다.

"그를 십자가에 못 박게 하소서, 그를 십자가에 못 박게 하소서. 그 피를 우리와 우리 자손에게 돌릴지어다."(눅 23:21, 마 27:25)라고 외친 모든 사람들은 그들의 육신에 할례의 표식이 있는 사람들이었습니다.

그들은 "아브라함의 피의 언약의 하나님을 십자가에 처형하라."라고 소리치고 있었던 것입니다.

나는 당신이 그들이 행한 짓의 비극을 깨달은 적이 있었는지가 궁금합니다.

그들은 그들 자신에게 얼마나 큰 불행을 초래했는지요!

"그의 피를 우리에게 돌리라." 그분은 그들의 피의 언약의 여호와이셨습니다.

그들은 그들의 피의 언약의 하나님을 부인했습니다.

그들은 그분을 이교의 통치자에게 넘겨서 채찍질을 당하게 하고, 가시면류관을 씌운 다음 십자가에 못 박았습니다.

그분의 언약의 사람들은 그분이 십자가를 지시고 가실 때 갈보리 언덕까지 그분을 따라가면서 조롱의 말을 던지고 증오했습니다.

바울은 "눈멂이 그들에게 임하였도다"라고 말했습니다.

그들의 언약의 하나님께서 그들 가운데 계셨지만, 한 사람도 그분을 알아보지 못했습니다.

그분은 그분의 백성들에게 사랑을 받지도 경배를 받지도 못했습니다.

스가랴 13:6은 이 점을 아주 생생하게 묘사합니다. "어떤 사람이 그에게 묻기를 네 두 팔 사이에 있는 상처는 어찌 됨이냐 하면 대답하기를 이는 나의 친구(또는 사랑하는 자들)의 집에서 받은 상처라 하리라"

그분은 그들을 그분의 피의 언약의 사랑하는 자들이라 불렀습니다.

바로 이들이 그들의 여호와께서 십자가에 못 박혀야 한다고 주장했던 것입니다.

이것이 시대의 비극이었습니다.

나는 유대인들이 그렇게 심한 고난을 겪는 이유가 종종 궁금했습니다.

그들 안에서 그들이 십자가에 못 박은 그 사람을 향한 쓰라린 미움이 생겨났던 것처럼 보입니다. 사람은 항상 자기가 배신한 자를 증오합니다.

그들은 오늘날 그분의 이름을 언급하는데 있어서 똑같은 태도를 취합니다.

그분은 그들의 피의 언약의 친구요 주님이셨습니다.

그분은 이스라엘의 집, 곧 그분의 피의 언약의 친구들에게서 배신을 당했습니다.

그분의 백성들은 그분을 원수로 취급했습니다.

그들은 그분을 십자가에 못 박으면서 "그의 피를 우리에게 돌릴지어다"라고 소리쳤습니다.

그것은 심판의 피였습니다.

그것은 새 언약에 있어 그들의 언약의 하나님께로 그들을 영원히 묶어줄 피임에 틀림없었습니다.

그들은 그것을 그들의 구원자요 아버지 하나님으로부터 그들을 분리시키는 심판의 피로 만들었습니다.

그분은 언약의 약속을 이행하려고 오셨습니다.

그분은 그들을 아들과 딸로 삼으려고 오셨습니다.

그분은 자신의 피로 새 언약을 세우려고 오셨습니다.

그러나 그들은 그분을 십자가에 못 박았습니다.

십자가는 표현된 사랑의 절정이었습니다.
행동이 없는 사랑은 없습니다.
행동하지 않는다면 사랑이 아닙니다.
사랑은 십자가에서 그 베일을 벗었습니다.
거기에 달렸던 사람이 되신 하나님the God man은 그분 자신의 의지로 오신 것이었습니다.
그분은 순교자가 아니셨습니다. 그분은 최고로 사랑하는 자a supreme Lover 이셨습니다.
"하나님께서는 너무나 사랑하셨습니다." 그 하나님이 그리스도이셨습니다.
하나님의 모든 속성들이 십자가에서 나타났습니다.
십자가에서의 장면 전체에는 거룩한 위엄, 낯선 정숙함, 놀라운 확신이 있었습니다.
예수님께서는 나사로의 무덤 앞에서 "돌을 치워라"라고 말씀하셨을 때만큼이나 담대한 주님으로서 십자가에 달리셨습니다.
빌라도와 제사장과 장로들이 예수님에게 사형선고를 내린 것도 아니었고, 로마병사들이 그분을 나무에 못 박은 것도 아니었습니다. 사탄의 보이지 않는 힘이 그들로 하여금 그렇게 하도록 유도한 것입니다. 그들은 단지 도구였을 뿐입니다.
그 권력자는 자신이 우위를 차지했고 주인이라고 믿었습니다. 그는 그 사람을 멸망시키는 것이 곧 자신을 멸망시키는 일임을 알지 못했습니다.
유대인의 상위계급들은, 공의의 관점에서 볼 때는 자신들이 유대민족을 십자가에 못 박고 있으며, 대제사장은 십자가에서 그리스도와 함께 죽을 것이라는 사실을 알지 못했습니다.
그들은 황소와 염소의 희생제사가 끝났다는 사실을 알지 못했습니다.
예수님께서 "다 이루었다!"라고 말씀하셨을 때 그들의 제사장직무도 끝났습니다.

07

십자가에서 무슨 일이 일어났는가?

감각지식은 영원한 비극 앞에서 벙어리가 됩니다.

신성이 인성을 위해 고난을 겪어야 합니다. "공의가 요구했고, 그래서 그분이 그 요구에 응하시게 됩니다." 공의는 인간이 자기의 죗값을 치러야 한다고 명령했습니다.

인간은 파산상태입니다.

인간은 불능상태이며, 무기력합니다.

인간은 노예입니다.

인간은 하나님께 다가갈 수 없습니다.

인간은 공의의 요구를 충족시킬 수 없습니다.

그래서 하나님의 심령으로부터 인간 문제의 해결책이 나왔습니다. 그분의 아들이 "제가 여기 있나이다. 저를 보내소서."라고 말합니다. 그리하여 그분은 십자가로 향하고 있습니다.

이 연구에서 이해하기 가장 힘든 부분 중 하나는 정작 그분의 제자들은 무슨 일이 일어나고 있는지 알지 못했다는 사실입니다.

그들은 이 땅에 계신 예수님이 어떤 분이신지 알지 못했습니다. 그들은 그저 감각지식의 인간들이었을 뿐입니다.

그들이 가졌다고 말하는 그 모든 지식은 그들이 볼 수 있고, 들을 수 있고, 느낄 수 있고 맛볼 수 있거나 냄새 맡을 수 있던 것을 통해서 그들에게 온 지식이었습니다. 이 오감이 그들의 유일한 지식의 교사였습니다.

"태초부터 있는 생명의 말씀에 관하여는 우리가 들은 바요 눈으로 본 바요 자세히 보고 우리의 손으로 만진 바라 이 생명이 나타내신 바 된지라 이 영원한 생명을 우리가 보았고 증언하여 너희에게 전하노니 이는 아버지와 함께 계시다가 우리에게 나타내신 바 된 이시니라"(요일 1:1-2)

"우리가 보고 들은 바를 너희에게도 전함은 너희로 우리와 사귐이 있게 하려 함이니 우리의 사귐은 아버지와 그의 아들 예수 그리스도와 더불어 누림이라"(요일 1:3)

우리의 학문세계가 이 오감을 통해 온 것 말고는 다른 지식을 갖지 않는다는 사실을 이해하십시오.

세상이 거부하는 또 다른 종류의 지식이 있습니다.

그것은 계시지식, 곧 하나님의 지식입니다.

제자들은 예수님께서 십자가에서 죄가 되실 것이라는 사실을 알지 못했습니다.

그들은 그분이 영적으로 죽으실 것이라는 사실을 알지 못했습니다.

그들은 그분이 그들의 대속물이 되셔서, 그들의 죄를 제거하실 것이며, 그들이 하나님의 본성인 영원한 생명을 합법적으로 받을 수 있게 해주실 것이라는 사실을 알지 못했습니다.

그들은 십자가에 달린 그 사람이 죽은 자들로부터 다시 일어나서 새로운 종류의 사람 곧 새로운 피조물의 머리가 되실 것이라는 사실을 알지 못했습니다.

누구도 영원한 생명을 받는 것에 대해 그들에게 말해준 적이 없었습니다.

누구도 이전에 영원한 생명을 받은 적이 없었습니다. 그것은 새로운 경험이며 혁명적인 경험이었습니다.

그들은 예수님의 말씀에 귀를 기울였고, 예수님께서 "내가 온 것은 양으로 생명을 얻게 하고 더 풍성히 얻게 하려는 것이라"(요 10:10)라고 말씀하시는 소리를 들었습니다.

그들은 예수님께서 "내 말을 듣고 또 나를 보내신 이를 믿는 자는 … 사망에서 생명으로 옮겼느니라"(요 5:24)라고 말씀하시는 것을 들었습니다.

그들은 그분이 "조에Zoe"라는 이상한 말을 사용하시는 것을 알았습니다. 그들은 두 종류의 생명, 곧 "조에"와 "프시케Psuche"가 있다는 사실을 알지 못했습니다.

그들은 두 종류의 죽음, 곧 신체적인 죽음과 영적인 죽음이 있다는 사실도 알지 못했습니다.

누구도 세상에 새로운 종류의 생명이 들어왔고, 누구든지 이 생명에 참여하는 자가 되면 새로운 피조물이 될 것이라는 사실을 그들에게 말해준 적이 없었습니다.

그들은 예수님의 몸이 십자가에서 죽게 되었을 때 그분이 어디로 가시는지 알지 못했습니다. 그들은 그분이 십자가에 달리셨을 때 일어나고 있던 끔찍한 비극을 보지 못했습니다.

그들은 "때가 제 육시쯤 되어 해가 빛을 잃고 온 땅에 어둠이 임하여

제 구시까지 계속했다."라는 누가복음 23:44에 언급된 기이한 현상을 목격했습니다.

창조주가 인간의 대속물이 되셨을 때 창조세계가 신음하게 되었습니다.

마태복음 27:51-54은 지진이 일어났다고 말씀합니다.

창조세계가 인간의 대속물이 되신 신성의 비극으로 인해 그 중심에서 흔들렸습니다.

마태복음 27:51은 우리에게 "성소 휘장이 위로부터 아래까지 찢어져 둘이 되고"라고 알려줍니다.

누구도 이것이 무슨 의미인지 알지 못했습니다.

지성소는 더 이상 여호와의 거처가 아니었습니다. 그분은 성전에서 나오셨습니다.

예수님께서는 아브라함의 언약과 그 언약의 율법을 성취하셨습니다.

더 이상 제사장직무가 필요치 않게 되었습니다.

대제사장이 세상의 죄를 제거하는 하나님의 어린 양의 위대한 희생제사를 드렸을 때 대제사장의 직무를 마쳤습니다.

속죄를 위해 피 뿌리는 장소인 이 땅의 지성소가 더 이상 존재하지 않을 것입니다.

예수님께서 "너희가 이 성전을 헐라 내가 사흘 동안 일으키리라"(요 2:19)라고 말씀하셨을 때 그들은 예수님의 말씀을 전혀 이해하지 못했습니다.

고린도전서 3:16은 "너희는 너희가 하나님의 성전인 것과 하나님의 성령이 너희 안에 계시는 것을 알지 못하느냐?"라고 말씀합니다. 오늘날 새로운 피조물이 하나님의 성전입니다.

예수님의 죽음과 대속이 이전의 성전을 필요 없게 만들었습니다. 그분이 새로운 대제사장이 되실 것입니다.

"오직 그리스도는 죄를 위하여 한 영원한 제사를 드리시고 하나님 우편에 앉으사"(히 10:12)

제사장들은 그들의 제사장직무가 끝났다는 사실을 알지 못했습니다.

십자가 주변에 서 있었던 유대인들은 하나님께서 이십오 년 후에 바울에게 주실 것을 알지 못했습니다.

갈라디아서 2:20은 "나는 그리스도와 함께 십자가에 못 박혔다."라고 말합니다. 유대민족 전체가 그분과 함께 십자가에 못 박혔습니다.

인류전체가 그분과 함께 십자가에 못 박혔습니다. 그들은 그 사실을 알지 못했습니다.

역사는 우리에게 예수님의 십자가 처형이 일어나고 50년 후에 대제사장 가문 중 한 명도 살아 있지 않았다는 사실을 말해줍니다. 심지어는 다윗 가문의 사람들도 없었습니다.

제사장제도는 "실로가 오실 때까지" 지속되었습니다. 실로는 왔지만 그들은 그분을 알지 못했습니다.

"규가 유다를 떠나지 아니하며 통치자의 지팡이가 그 발 사이에서 떠나지 아니하기를 실로Shiloh가 오시기까지 이르리니 그에게 모든 백성이 복종하리로다"(창 49:10)

그들은 십자가에 달리신 그 사람이 그들의 실로Shiloh라는 사실을 알지 못했습니다.

그들이 그분을 처형했을 때 그들은 제사장직무가 하나님 앞에서 중지될 것이라는 사실을 알지 못했습니다.

그들이 그분을 십자가에 못 박았을 때 자기들이 경배해왔지만 지키지 못했던 모세 율법의 기능이 중지될 것이라는 사실을 알지 못했습니다.

여기에는 우리의 심령이 흡수해야 하는 몇 가지 사실이 있습니다.

"그가 실로 우리의 질병을 지고 우리의 고통을 담당하셨는데도 우리는 그가 형벌을 받아 하나님께 맞으며 고난당한 줄로 생각하였도다. 그러나 그는 우리의 허물로 인하여 상처를 입었고, 그는 우리의 죄악으로 인하여 상하였도다. 우리의 화평을 위한 징계가 그에게 내려졌고, 그가 맞은 채찍으로 우리가 치유되었도다. 우리는 양같이 길을 잃어 각자 자기의 길로 돌이켰으나 주께서는 우리 모두의 죄악을 그에게 지우셨도다."(사 53:4-6, 직역)

이것은 그리스도의 대속적 희생에 대한 그림입니다.

이어서 9절에서 이사야는 "그가 악한 자들과 더불어 자기의 무덤을 마련하였으며 그의 죽음을 부자와 함께하였으니"(한글킹제임스)라고 말합니다.

여기에서 사용된 "죽음"이라는 히브리어 단어는 복수형으로서, 예수님께서 십자가에서 두 번 죽으셨음을 가리킵니다.

하나님께서 예수님께 우리의 죄를 놓으신 순간 그분은 영적으로 죽으셨습니다. "죄를 알지도 못하는 이를 … 죄로 삼으신"(고후 5:21) 순간, 그분의 보배로운 몸이 죽을 수밖에 없는 몸이 되었고, 그분은 육체적으로 죽을 수 있게 되었습니다.

당신이 주목하신다면, 예수님께서 죄가 되시는 순간 어둠이 골고다를 덮었고 예수님께서는 "내 하나님이여, 내 하나님이여, 어찌 나를 버리셨나이까?"라고 고통스러운 비명을 지르셨다는 사실을 알 것입니다.

그때가 하늘이 가장 어두웠던 때였습니다. 천사들도 그들의 얼굴을 숨겼음에 틀림없습니다.

하나님께서 예수님을 죄가 되게 하셨을 때 온 우주가 애통해 했습니다.

이제 우리는 "그를 상하게 하는 것이 주를 기쁘시게 하였기에 주께서 그를 고난에 두셨도다. 주께서 그의 혼을 속죄제물로 만드실 때 그가 자신의 씨를 보리니 그가 자신의 날들을 늘릴 것이요, 주의 기쁨이 그의 손에서 번창하리라. 그가 자기 혼의 고통을 보고 만족하게 되리라. 나의 의로운 종이 자기의 지식으로 많은 사람을 의롭게 하리니 이는 그가 그들의 죄악을 담당할 것임이라. 그러므로 내가 위대한 자와 더불어 한 몫을 그에게 나누어 줄 것이며, 그가 강한 자들과 더불어 탈취물을 나눌 것이니 이는 그가 자기의 혼을 부어 죽음에 이르게 하였으며, 또 그는 범죄자들과 더불어 헤아림을 받았으나 그가 많은 사람들의 죄를 지며 범죄자들을 위하여 중보를 하였음이라."라는 이사야 53:10-12 말씀(한글킹제임스)을 이해할 수 있습니다.

시편 22편은 예수님의 십자가처형에 대한 생생한 그림을 제공합니다. 시편 22편의 그림은 예수님의 십자가처형을 목격했던 마태, 요한, 마가가 제시한 것보다 더 생생합니다.

시편 22편에 묘사된 십자가처형 장면은 외로운 갈릴리 사람이 십자가에 달리기 천 년 전에 기록된 것입니다.

이는 그분이 "내 하나님이여 내 하나님이여 어찌 나를 버리셨나이까 어찌 나를 멀리하여 나를 돕지 아니하시오며 내 신음 소리를 듣지 아니하시나이까 내 하나님이여 내가 낮에도 부르짖고 밤에도 잠잠하지 아니하오나 응답하지 아니하시나이다 이스라엘의 찬송 중에 계시는 주여

주는 거룩하시니이다 우리 조상들이 주께 의뢰하고 의뢰하였으므로 그들을 건지셨나이다 그들이 주께 부르짖어 구원을 얻고 주께 의뢰하여 수치를 당하지 아니하였나이다 나는 벌레요 사람이 아니라 사람의 비방거리요 백성의 조롱 거리니이다"(시 22:1-6)라고 십자가에서 외치는 소리와 함께 시작합니다.

이것은 독백입니다.

당신은 그분이 십자가에 달리신 것을 볼 수 있습니다. 그분은 주위에 몰려든 군중을 주목하지 않으십니다. 깊은 육체적 고통, 그분의 원수 앞에서 벌거벗은 채로 달려있다는 끔찍한 수치, 그리고 아버지께서 자신을 저버리셨음을 아는 것이 그분을 비탄에 젖게 합니다.

그분은 이스라엘의 역사를 기억하십니다. 여호와께서는 이스라엘이 부르짖을 때 들으시고 그들을 구출하셨습니다.

그러나 그분은 가장 이상한 말을 하십니다. "그러나 주는 거룩하시니이다"(시 22:3) 이 말은 무슨 뜻입니까?

그분은 죄가 되어가고 계십니다.

당신은 "나는 벌레요 사람이 아니라."라는 바싹 마른 입술에서 외치는 소리를 들을 수 있습니까?

그분은 영적으로 죽었습니다. 벌레 같은 존재가 되었다는 말입니다.

그분은 "모세가 광야에서 뱀을 든 것 같이 인자도 들려야 하리니"라고 요한복음 3:14이 말씀하신 그대로 되셨습니다.

그분은 뱀처럼 들어 올려졌습니다. 뱀은 사탄입니다.

예수님께서는 자신이 들어 올려져서, 대적과 연합하게 될 것임을 아셨습니다.

그분은 하나님의 거룩한 사람이셨습니다.

그리고 시편기자는 그분을 벌레로, 사람들의 비방거리로 봅니다. "나를 보는 자는 다 나를 비웃으며 입술을 비쭉거리고 머리를 흔들며 말하되 그가 여호와께 의탁하니 구원하실 걸 그를 기뻐하시니 건지실 걸 하나이다. [난외주: 여호와께서 그를 구원하시는 것을 우리가 보자. 그가 십자가에서 내려오도록 하자. 그러면 우리가 그를 믿을 것이다 하나이다]"(시 22:7-8)

이제 독백은 계속됩니다. 그분은 대제사장의 주도 하에 무리들에 싸여 그곳에 매달려있습니다.

그분은 "오직 주께서 나를 모태에서 나오게 하시고 내 어머니의 젖을 먹을 때에 의지하게 하셨나이다 내가 날 때부터 주께 맡긴 바 되었고 모태에서 나올 때부터 주는 나의 하나님이 되셨나이다"(시 22:9-10)라고 부르짖습니다.

그분이 태어나자마자 천사가 요셉에게 그를 이집트로 데려가라고 전해주었던 사실을 당신은 기억합니다. 그분은 하나님께서 돌보시던 베들레헴의 아기이셨습니다.

그러나 지금 그분은 하나님께로부터 버림받아 십자가에 달려있는 하나님의 아들이십니다.

버림받은 갈릴리 사람으로서 그분은 거기 십자가에서 "나를 멀리 하지 마옵소서 환난이 가까우나 도울 자 없나이다"(시 22:11)라고 부르짖습니다.

제자들은 무기력합니다. 대제사장의 지휘를 받던 그분의 백성은 그분이 십자가에 못 박히신 것을 보았습니다. "도울 자 없나이다"(시 22:11)

그리고 이제 그분은 가장 이상한 말씀을 하십니다. "많은 황소가 나를 에워싸며 바산의 힘센 소들이 나를 둘러쌌으며 내게 그 입을 벌림이 찢으며 부르짖는 사자 같으니이다"(시 22:12-13)

그분이 말씀하시는 "바산의 소들"이란 무슨 뜻일까요? 그것은 이스라엘의 산헤드린과 장로들입니다. 그들은 무리의 지도자들입니다. 그들이 그분을 향해 입을 쩍 벌리고, 십자가에 못 박습니다.

그런 다음 이상한 문장이 나옵니다. "나는 물 같이 쏟아졌으며 내 모든 뼈는 어그러졌으며 내 마음heart;심장은 밀랍 같아서 나의 속에서 녹았으며"(시 22:14)

이것은 무엇을 말할까요?

요한복음 19:31-35이 우리에게 무슨 일이 일어났는지 알려줍니다. "이날은 준비일이라 유대인들은 그 안식일이 큰 날이므로 그 안식일에 시체들을 십자가에 두지 아니하려 하여 빌라도에게 그들의 다리를 꺾어 시체를 치워 달라 하니 군인들이 가서 예수와 함께 못 박힌 첫째 사람과 또 그 다른 사람의 다리를 꺾고 예수께 이르러서는 이미 죽으신 것을 보고 다리를 꺾지 아니하고 그 중 한 군인이 창으로 옆구리를 찌르니 곧 피와 물이 나오더라"(요 19:31-34)

예수님은 심장파열로 이미 죽어 있었습니다.

그런 일이 일어났을 때 몸의 각 부분으로부터 그분의 피가 파열된 곳을 통해서 심장을 지탱하는 주머니 속으로 쏟아져 들어왔습니다.

그런 후, 몸이 식어갈 때 적혈구가 응고하여 위로 떠올랐습니다. 혈청은 바닥으로 가라앉았습니다.

로마병사의 창이 피를 담고 있던 주머니를 꿰뚫는 순간 물이 먼저 쏟아졌습니다. 그런 다음 응고된 피가 그분의 옆구리로부터 땅바닥으로 흘러나왔고, 요한이 그 사실을 증언했습니다.

골고다의 참혹한 장면이 있기 천 년 전에 이미 시편 기자는 그 어떤 목격자보다 더 정확하게 그 상황을 묘사했습니다.

다음 문장을 들어보십시오. "내 힘이 말라 질그릇 조각 같고 내 혀가 입천장에 붙었나이다. 주께서 또 나를 죽음의 진토 속에 두셨나이다"(시 22:15)

그것이 바로 그들이 십자가에 달린 자에게 항상 한 모금의 포도 식초를 주었던 이유입니다.

그런 후 다음의 무시무시한 문장이 등장합니다. "개들이 나를 에워 쌌으며 악한 무리가 나를 둘러 내 수족을 찔렀나이다"(시 22:16)

이 개들은 누구를 말할까요? 로마병사들입니다. 그들은 그분을 십자가에 못 박았습니다. 그래서 아시다시피, 그분은 그들을 개라고 부르셨습니다. 유대인들은 항상 언약 밖에 있는 자들을 "개들" 또는 "사람이 아닌 자들"이라고 불렀습니다.

"내가 내 모든 뼈들을 셀 수 있나이다"(시 22:17) 그분의 몸에 있는 모든 뼈가 이 비인간적이고, 극악무도한 고통으로 인해 비명을 질러대고 있었던 것입니다.

그러나 나에게 있어 바짝 마른 입술에서 떨어진 가장 슬픈 한 문장은 "그들이 나를 주목하여 보고"(시 22:17)라는 구절입니다. 그 거룩한 분이 원수들 앞에 벌거벗은 채로 달려 있습니다.

"그들이 나를 주목하여 보고 내 겉옷을 나누며 속옷을 제비뽑나이다"(시 22:17-18)

십자가 그늘 아래
땅 바닥에 앉아
그분의 속옷을 걸고 내기하러
병사들이 몰려왔다네.

그들은 그분의 고뇌, 죽음, 땀, 고통엔
관심도 없고
그들은 마치 오늘날 우리 현대인과 같았다네.
그들의 마음은 온통 내기에만 있었다네.

당신은 십자가 처형이 시행되기 250년 전, 골고다의 비극이 일어나기 천 년 전에 기록된 그림을 보았습니다.

그러나 육체적 고난이나 골고다의 생생한 장면이 우리를 위해 죄가 되신 하나님의 아들의 실재성을 당신에게서 빼앗아 가지 못하게 하십시오.

우리는 십자가에서 예수님의 죽음이 육체적 죽음 이상이었다는 사실을 보았습니다.

그분은 신성한 선택과 계획에 의해서 거기에 있었습니다.

그분은 우리의 죄로 인해 실제로 죄가 되셨습니다.

그분은 인류를 위한 하나님의 대속물이셨습니다.

그분이 죄가 되셨을 때 하나님께서는 그분을 대적에게 넘기셨습니다.

"내 하나님이여, 내 하나님이여, 어찌 나를 버리셨나이까?"라고 그분의 입술에서 애끓는 문장이 나왔을 때 사탄이 그분의 주인이 되었습니다.

당신은 그분이 "다 이루었다"라는 문장을 뱉으셨던 것을 기억합니다.

당신은 그분이 말한 의미가 그분의 대속적 사역을 다 이루었다는 것이 아니라, 아버지께서 첫 번째로 하라고 하신 일을 이루셨다는 것을 이제는 이해할 수 있습니다.

먼저 아들로서 그분은 그분의 아버지의 뜻을 행하셨고, 그분의 아버지의 말씀을 말하셨고, 그분의 아버지의 일들을 하셨습니다.

둘째, 그분은 아브라함의 자손으로서 그분의 일을 다 이루셨습니다. 그분은 아브라함의 언약을 성취하셨습니다.

그분은 모세의 율법을 지키셨습니다.

이제 그분은 대속물이 되셔서 죄 문제를 처리하셔야 합니다.

그분은 죄를 제거해야 합니다.

그분은 인류에 대한 공의의 요구를 만족시켜야 합니다.

그분은 그분의 육체적인 생명으로는 그런 것을 할 수 없었습니다.

죄는 영적인 것이기 때문에, 영의 영역에서 처리되어야 합니다.

예수님께서 십자가에서 죄의 형벌을 치르셨다면 죄는 단지 육체적 행위에 지나지 않습니다.

예수님의 (육체적) 죽음이 죗값을 치렀다면, 모든 사람은 그 자신을 위해 죽을 수 있었을 것입니다.

죄는 영의 영역에 속한 것입니다.

예수님의 육체적인 죽음은 단지 목적을 위한 수단에 지나지 않았습니다.

바울은 히브리서 10:12에서 이렇게 말합니다. "오직 그리스도는 죄를 위하여 한 영원한 제사를 드리시고 하나님의 우편에 앉으사"

예수님께서 죽으셨을 때, 대적이 그분의 영을 붙잡고는 죄인의 영이 가는 곳으로 데려갔습니다.

휘장이 찢어진 것은 아브라함의 언약이 찢어진 것이었습니다.

"그 피를 우리와 우리 자손에게 돌릴지어다"(마 27:25)라고 이 사람들이 외쳤을 때 이들 가운데 몇이나 사랑의 피가 심판의 피가 되게 해달라고 요청하고 있다는 사실을 알았을까요?

그들은 자기 자신들을 십자가에서 처형하는 것임을 알지 못했습니다.

안나스와 가야바는 여호와 앞에서 그들의 마지막 희생물인 하나님의 어린 양을 잡았습니다.

그들은 사람들 앞에서 짐승을 잡을 것이지만, 하나님께서는 그것을 받지 않으실 것입니다.

이스라엘을 위한 더 이상의 속죄도 없고 그들의 죄를 덮는 일도 더 이상 없을 것입니다.

그들을 기다리고 있는 것은 속량이지만, 그들의 눈은 가려져 있습니다.

그들은 아브라함과 언약을 맺으셨던 여호와를 십자가에 못 박았지만, 그 사실을 모릅니다.

그분은 육신으로 나타나신 여호와이셨지만, 그들에게는 그 정체를 알아보는 눈이 없었습니다.

그분이 "다 이루었다!"라고 부르짖었을 때, 그것은 아브라함의 언약이 끝났다는 말이었습니다.

그 말은 그 백성의 이 땅에서의 삶the earth walk에 관한 한, 유대민족의 폐막을 알리는 신호였습니다.

08

휘장이 찢어졌을 때
무슨 일이 일어났는가?

　예수님께서 십자가에 달려있는 동안 많은 중차대한 일들이 일어났지만, 나는 당신이 영원히 중요한 의미를 담고 있는 두 가지 사건에 대해 생각해보기를 원합니다.

　당신은 예수님께서 마태복음 23:38에서 "보라 너희 집이 황폐하여 버려진 바 되리라"라고 말씀하신 것을 기억합니다.

　예수님은 이스라엘 백성에게 일어났던 것 중에 가장 놀라운 사건에 대한 예언을 발설하셨습니다.

　게다가, 마태복음 26:61은 "이르되 이 사람의 말이 내가 하나님의 성전을 헐고 사흘 동안에 지을 수 있다 하더라 하니"라고 말씀합니다.

　예수님은 산헤드린 앞에 서 계셨습니다. 마침내 대제사장과 장로들의 수중에 예수님이 있었고, 그들은 예수님을 반대할 수 있는 증인들을 데려왔습니다.

　그런 증인들 가운데 두 명이 예수님께서 "하나님의 성전을 헐고 사흘 동안에 지을 수 있다."라고 말했다고 고발했습니다.

그들은 예수님께서 가리키는 것이 무엇인지 또는 그런 일이 실제로 일어날 것이라는 사실을 거의 깨닫지 못했습니다.

여호와께서 거하신 지성소가 있던 성전은 휘장이 위로부터 아래까지 찢어진 순간 파괴되었습니다.

"예수께서 다시 큰 음성으로 소리 지르신 후, 숨을 거두시더라. 그런데, 보라, 성전의 휘장이 위에서 아래까지 둘로 찢어지고"(마 27:50-51, 한글 킹제임스)

그 일이 일어나기 직전에, 그분은 이상한 말씀을 하셨습니다. "다 이루었다!"

예수님께서 하신 "다 이루었다!"는 말씀은 무슨 뜻일까요?

먼저 "다 이루었다!"는 진술 자체에 주목하시기 바랍니다.

그분은 성육신하신 분이요, 사람이 되신 하나님the God man이신 여호와로 오셨습니다!

그분은 삼십삼 년 반 동안 그분의 아버지 앞에서 행하셨습니다.

그분은 그분의 아버지께서 두 번이나 "이는 내 사랑하는 아들이요, 내가 그 안에서 기뻐하노라."라고 말씀하신 음성을 들었습니다.

이전에 그분만큼이나 아버지 하나님을 기쁘게 해드린 사람이 없었습니다.

나는 그분을 아버지를 기쁘시게 하는 자라고 부릅니다.

다른 모든 사람은 자기 자신을 기쁘게 하려고 살아왔습니다.

마침내 하나님께서는 이 땅에서 그분의 뜻을 행하기 위해 사는 사람을 갖게 되셨습니다.

당신은 다음의 주목할 만한 네 성경구절을 기억합니다.

"이르시되 내게는 너희가 알지 못하는 양식이 있느니라. 제자들이 서로 말하되 누가 잡수실 것을 갖다 드렸는가 하니 예수께서 이르시되 나의 양식은 나를 보내신 이의 뜻을 행하며 그의 일을 온전히 이루는 이것이니라"(요 4:32-34)

"내가 아무 것도 스스로 할 수 없노라 듣는 대로 심판하노니 나는 나의 뜻대로 하려 하지 않고 나를 보내신 이의 뜻대로 하려 하므로 내 심판은 의로우니라"(요 5: 30)

"나는 나의 뜻대로 하려 하지 않고 나를 보내신 이의 뜻대로 하려 하므로"라고 하신 말씀에 주목하십시오.

예수님께서는 요한복음 6:38에서 "내가 하늘에서 내려온 것은 내 뜻을 행하려 함이 아니요 나를 보내신 이의 뜻을 행하려 함이니라"라고 재차 말씀하셨습니다.

예수님께서 이 땅에 오신 이유는 그분의 아버지의 뜻을 행하기 위해서였습니다.

예수님께서는 우리의 죄 때문에 죽으셨습니다. 왜냐하면 그것이 아버지의 뜻이었기 때문입니다.

그러나 어찌 되었든지 요한복음 8:29은 내게는 가장 달콤한 말씀입니다. "나를 보내신 이가 나와 함께 하시도다 나는 항상 그가 기뻐하시는 일을 행하므로 나를 혼자 두지 아니하셨느니라"

아버지께 예수님은 엄청나게 소중한 존재였음에 틀림없습니다.

우리를 위해 예수님을 주신 분께는, 예수님의 생명을 살아가는 자가 엄청나게 소중한 존재입니다.

예수님은 결국에는 인성의 실패가 되어버린 에덴동산의 첫 사람을 창조하셨던 분의 심령을 기쁘게 하고 즐겁게 하려고 사셨습니다.

다음으로, 예수님은 아버지의 심정을 만족케 하셨을 뿐만 아니라 아브라함의 언약으로 할례를 받기도 하셨습니다. 예수님은 이스라엘의 일부가 되셨습니다. 그분은 아브라함의 피의 언약의 친구이신 여호와이셨습니다!

이제 그분은 그 아브라함의 언약을 성취하셔야 합니다.

그것이 이스라엘에게는 무슨 의미였을까요? 그 언약이 이스라엘에게 그들의 민족적 생명, 그들의 율법, 그들의 제사, 그들의 제사장제도를 주었습니다.

그 언약이 이스라엘에게 그들의 민족적 터전을 주었습니다.

그 언약이 이스라엘에게 속죄의 피를 주었습니다.

그 언약이 이스라엘에게 하나님께서 거하시는 지성소가 있는 그들의 성전을 주었습니다.

그 언약이 이스라엘에게 그들이 십자가에 못 박았던 그들의 메시아, 곧 육신으로 나타나신 여호와를 주었습니다!

그리고 예수님께서 "다 이루었다!"라고 말씀하셨을 때 이스라엘에 관한 한 아브라함의 언약은 끝났습니다.

그 언약뿐만 아니라 그 언약과 관련된 모든 것 역시 끝났습니다.

그것은 언약의 율법, 곧 십계명의 끝이었습니다.

그들은 그 율법을 경배했었습니다. 그 율법은 사망의 법이요, 인간의 심령에 두려움을 낳았던 법이었습니다.

그것은 사랑의 법도, 생명의 법도 아니었습니다.

바울은 그 율법을 일컬어 "죄와 사망의 법"이라고 하였지만(롬 8:2), 그들은 그 법을 사랑했습니다.

아브라함의 언약이 자연인natural man;거듭나지 않은 일반인을 위한 언약이었듯이 그 법 역시 자연인을 위한 법이었습니다.

모형으로서 이스라엘의 죄를 지고 가기 위한 또 다른 속죄염소scape-goat;아사셀는 결코 없을 것입니다.

예수님께서 "다 이루었다!"라고 말씀하셨다는 것은 이스라엘의 성전 안에 있던 지성소의 끝이었습니다.

이것이 바로 예수님께서 "다 이루었다!"라고 말씀하신 다음, 그분의 영을 맡기시자 "휘장이 위에서 아래까지 찢어져 둘이 되고" 이스라엘의 성전이 황폐하게 버린 바 되었다는 의미입니다.

지진이 일어난 것은 그리 놀랄 일이 아니었습니다.

어둠이 내려와 예루살렘과 골고다를 덮었다는 것은 그리 놀랄 일이 아니었습니다.

사람의 아들의 심장은 십자가에서 파열되었습니다.

그분은 죄가 되셨습니다.

그분은 "다 이루었다!"라고 말씀하셨고, 모든 하늘이 그 음성을 들었습니다.

사람의 귀가 그 음성을 받아들이지 않았습니다.

나는 그것이 이스라엘과 유다 민족인 그들과 관련된 모든 것의 끝일 뿐만 아니라 새 언약의 시작이기도 했다는 사실을 당신이 깨달았는지가 궁금합니다.

당신은 누가복음 22:14-23에서 보듯이 예수님께서 죽으시기 직전에

"내가 고난을 받기 전에 너희와 함께 이 유월절 (양) 먹기를 원하고 원하였노라 내가 너희에게 이르노니 이 유월절이 하나님의 나라에서 이루기까지 다시 먹지 아니하리라"(눅 22:15-16)라고 말씀하셨던 것을 기억합니다.

이는 주의 만찬(성만찬)이 제정된 이야기입니다.

그 언어에 주목하십시오. "또 떡을 가져 감사기도 하시고 떼어 그들에게 주시며 이르시되 이것은 너희를 위하여 주는 내 몸이라 너희가 이를 행하여 나를 기념하라 하시고"(눅 22:19)

잔에 대해서 예수님은 "저녁 먹은 후에 잔도 그와 같이 하여 이르시되 이 잔은 내 피로 세우는 새 언약이니 곧 너희를 위하여 붓는 것이라"(눅 22:20)라고 말씀하셨습니다.

"이것은 죄 사함을 얻게 하려고 많은 사람을 위하여 흘리는 바 나의 피 곧 (새) 언약의 피니라"(마 26:28)

옛 언약은 죽었습니다.

새 언약이 태어났습니다.

새 언약은 오순절 날에 기능하기 시작했습니다.

이는 예수님께서 자신의 피를 하늘의 지성소로 가지고 들어가셔서 그곳에다 속량문서를 확증하는 붉은 인증으로서 부으신 후에야 수립된 것입니다.

우리는 그분의 피로 이루어진 새 언약을 제대로 인식한 적이 거의 없었습니다.

옛 언약의 사람들은 제한된 의를 가졌지만, 그 제한된 의를 근거해서도 이스라엘 백성이 보았던 기적과 경이로운 일들을 행하였습니다.

우리는 창세기 18장에 나온 아브라함의 놀라운 기도를 듣습니다.

우리는 이스라엘을 이집트에서 빠져나오도록 인도하였던 모세의 사역 아래 일어났던 기적들을 봅니다.

제한된 의를 지닌 여호수아, 엘리야와 엘리사, 다윗과 다니엘은 기적을 행하였습니다.

그것은 하나님의 제물인 수소의 피와 함께 아브라함의 피로 인증된 언약에 기초한 것이었습니다.

지금 우리는 새 언약을 가지고 있는데, 그 언약은 황소와 염소의 피로 인증된 것이 아니라 신성과 인성이 연합한 피로 인증된 언약입니다.

그 새 언약의 제물에 관한 기이한 특징은 아브라함의 언약을 대표하는 자들이 그들의 여호와이신 예수님을 십자가 제단에 드렸는데, 그 사실을 아무도 알지 못했다는 사실이었습니다.

예수님은 십자가에 못 박히도록 로마 정부의 손에 강제로 넘겨지셨습니다. 그리하여 제사장의 손과 로마 이방인의 손이 십자가 제단에 드렸던 희생제물 위에서 만났던 것입니다.

이스라엘은 제물과 동일시되었습니다.

이방인세계도 그 제물과 동일시되었습니다.

아브라함의 언약 아래서 어떤 제물도 손이 그 머리에 얹어질 때까지는 받아들여지지 않았듯이, 그리스도의 몸을 제물로 드리는 것 역시 제사장과 로마정부가 그들의 손을 "세상의 죄를 제거해야 하는 하나님의 어린 양"이신 우리의 사랑하는 주님께 얹었기 때문에 받아들여질 수가 있었습니다.

이 새 언약은 우리에게 심령의 할례, 즉 새로운 피조물의 시작을 제공 했습니다.

"또 그 안에서 너희가 손으로 하지 아니한 할례를 받았으니 곧 육(감각의 지배)의 몸을 벗는 것이요 그리스도의 할례라 너희가 세례로 그리스도와 함께 장사되고 또 죽은 자들 가운데서 그를 일으키신 하나님의 역사를 믿음으로 말미암아 그 안에서 함께 일으키심을 받았느니라"(골 2:11-12)

사람은 할례로 말미암아 아브라함의 언약으로 들어갔습니다.

우리는 심령의 할례 또는 새로운 탄생으로 말미암아 새 언약으로 들어갑니다.

첫 언약은 자연인을 위해 만들어졌습니다. 첫 언약과 관련된 모든 것이 자연인을 위한 것이었습니다.

새 언약은 재창조된 인간, 곧 그리스도 안에 있는 새 사람을 위한 것입니다.

새 언약은 새로운 피조물의 시작일 뿐만 아니라 새로운 제사장제도의 시작이기도 합니다.

"지금 우리가 하는 말의 요점은 이러한 대제사장이 우리에게 있다는 것이라. 그는 하늘에서 지극히 크신 분의 보좌 우편에 앉으셨으니, 성소와 참 장막에서 섬기는 이시라. 이 장막은 주께서 세우신 것이요 사람이 세운 것이 아니니라"(히 8:1-2)

당신은 히브리서 8:1-13을 매우 신중하게 읽어야 합니다.

우리는 히브리서 8:1-13 전체를 여기에 고스란히 옮길만한 지면의 여유는 없지만, 히브리서 8:1-13은 새로운 피조물에게 주어진 새 언약에 대해 말씀합니다. 히브리서 8:1-13은 "새 언약이라 말씀하셨으매 첫 것은 낡아지게 하신 것이니 낡아지고 쇠하는 것은 없어져 가는 것이니라"라는 의미심장한 문장으로 마칩니다.

이전에 있던 계명과 언약과 제사장제도와 희생제물은 폐기처분 되었습니다.

새 언약의 백성이라 불리는 새로운 피조물의 사람들과 함께 새 언약과 새 제사장직무가 시작되었습니다.

새 언약에는 새로운 법이 있습니다. "새 계명을 너희에게 주노니 서로 사랑하라 내가 너희를 사랑한 것 같이 너희도 서로 사랑하라 너희가 서로 사랑하면 이로써 모든 사람이 너희가 내 제자인 줄 알리라"(요 13:34-35)

옛 언약에는 두려움의 법이 있었습니다.

새 언약에는 생명의 법과 사랑의 법이 있습니다.

바울은 로마서 8:1-2에서 "그러므로 이제 그리스도 예수 안에 있는 자에게는 결코 정죄함이 없나니 이는 그리스도 예수 안에 있는 생명의 성령의 법이 죄와 사망의 법에서 너를 해방하였음이라"라고 알려줍니다.

두 법, 자연인과 맺은 옛 언약과 재창조된 인간과 맺은 새 언약의 대조에 주목하십시오.

우리의 심령은 새 언약의 사랑의 법이 교회를 절대적으로 다스려야 한다는 사실의 의미를 너무나 분명하게 붙잡아야 합니다.

레위기와 신명기는 십계명으로 알려진 옛 언약의 법에 대한 일종의 해설과 설명서입니다.

바울의 계시는 새 언약의 법에 대한 해설과 설명입니다.

고린도전서 13장은 이 새 언약의 법의 뚜렷한 특징을 아주 응축된 형태로 우리에게 제공해줍니다.

히브리서 9:11-12은 자신의 피를 가지고 하늘의 지성소로 들어가시는 그리스도에 대해 우리에게 묘사해줍니다.

"염소들과 송아지들의 피가 아니라 자기의 피를 가지고 단 번에 성소로 들어가셔서, 영원한 속량을 획득하셨도다."(히 9:12)라는 이 번역에 주목하십시오.

대제사장은 영적으로 죽은 이스라엘을 위하여 율법을 어긴 것을 덮고자 일 년에 한 번씩 짐승의 피를 가지고 성소로 들어갔습니다.

그러나 그리스도께서는 자신의 피를 가지고 단 번에 하늘의 지성소로 들어가셔서 우리로 영원한 속량을 얻게 하셨습니다.

우리의 속량이 영원하다는 이 사실이 얼마나 심령을 전율시키는지요.

히브리서 9:14은 우리에게 시사해주는 것이 매우 큽니다. "하물며 영원하신 성령으로 말미암아 흠 없는 자기를 하나님께 드린 그리스도의 피가 어찌 너희 양심(또는 영)을 죽은 행실에서 깨끗하게 하고 살아계신 하나님을 섬기게 하지 못하겠느냐?"

"이로 말미암아 그는 새 언약의 중보자시니"(히 9:15)

그분은 죄들을 위해 첫 언약 아래서 죽으셨습니다.

히브리서 9:24도 빼놓을 수 없습니다. "그리스도께서는 참 것의 그림자pattern;모형인 손으로 만든 성소에 들어가지 아니하시고 바로 그 하늘에 들어가사 이제 우리를 위하여 하나님 앞에 나타나시고"

베드로전서 2:3-10은 우리가 아버지께 드려야 하는 새로운 제사에 대한 그림을 제시해줍니다.

여기에는 교회의 이중적인 제사장직무에 대한 관점이 있습니다.

베드로전서 2:3-5에서 "예수 그리스도로 말미암아 하나님이 기쁘게 받으실 신령한spiritual;영적인 제사를" 드리는 거룩한 제사장직무를 봅니다.

이것은 믿는 자 개개인에게 있는 사적인 지성소입니다.

히브리서 13:15은 사적인 지성소에 대한 아름다운 그림을 제공합니다. "그러므로 우리가 예수로 말미암아 항상 찬송의 제사를 하나님께 드리자 이는 그 이름을 증언하는 입술의 열매니라"

거룩한 제사장직무에서 우리는 우리 주 예수 그리스도를 통해서 우리의 찬양과 우리의 경배와 우리의 사랑을 올려드립니다.

그것은 "범사에 우리 주 예수 그리스도의 이름으로 항상 아버지 하나님께 감사하며"라는 에베소서 5:20 말씀과 완벽하게 결합됩니다.

우리는 예수의 이름을 통하지 않고서는 결코 아버지께 감사를 올려드리지 못합니다.

왜일까요? 오, 그것이 아들을 영화롭게 하기 때문입니다. 그것은 그분의 중개자로서의 지위와 또한 그분의 위대한 대제사장적 사역을 우리의 심령에 지속적으로 강조합니다.

베드로전서 2:9-10에서 우리는 왕 같은 제사장직분에 대해 엿볼 수 있습니다.

"그러나 너희는 택하신 족속이요 왕 같은 제사장들이요 거룩한 나라요 그의 소유가 된 백성이니 이는 너희를 어두운 데서 불러내어 그의 기이한 빛에 들어가게 하신 이의 아름다운 덕을 선포하게 하려 하심이니라 너희가 전에는 백성이 아니더니 이제는 하나님의 백성이요 전에는 긍휼을 얻지 못하였더니 이제는 긍휼을 얻은 자니라"(벧전 2:9-10)

경이로운 사역이 있다는 사실에 주목하십시오.

이 사역은 세상을 향한 사역이자 교회를 향한 사역이기도 합니다.

그 사역은 세상 앞에서 그리스도가 그들의 속량자이심을 밝혀주는 사역입니다.

나는 회중 앞에 서서 왕 같은 제사장직무 가운데 그들을 섬깁니다.

그러나 심령은 항상 이 사실을 기억해야 합니다.

나의 왕 같은 제사장직은 거룩한 제사장직무 가운데 보내는 시간이 없다면 실제로는 기능하지 못합니다.

나의 입술이 거룩한 제사장직무 가운데 사랑의 열매를 맺고 아버지를 경배하고 교제하지 않는다면, 내가 왕 같은 제사장직무 가운데 그리스도의 몸에 말씀을 펼쳐 보여주려고 할 때 그 입술은 죽은 입술이 될 것입니다.

말씀은 사랑의 입술에서 살아 있는 것이 됩니다.

사랑의 입술이 항상 믿음을 창조하는 입술입니다.

당신이 하는 말은 사랑과 은혜로 만족케 되며 지혜로 조절됩니다.

왜냐하면 우리의 존재 전체에 사랑이 완전히 스며들게 될 때까지 우리는 성경책을 가지고 성소에 들어가서 우리 아버지를 경배하며 머물러 있었기 때문입니다.

히브리서 10:19-22은 우리가 새로운 지성소를 살짝 엿보게 해줍니다.

"그러므로 형제들아 우리가 예수의 피를 힘입어 성소에 들어갈 담력을 얻었나니 그 길은 우리를 위하여 휘장 가운데로 열어놓으신 새로운 살 길이요 휘장은 곧 그의 육체니라 또 하나님의 집 다스리는 큰 제사장이 계시매 우리가 마음에 뿌림을 받아 악한 양심으로부터 벗어나고 몸은 맑은 물로 씻음을 받았으니 참 마음과 온전한 믿음으로 하나님께 나아가자"(히 10:19-22) 우리의 이 땅에서의 삶은 말씀에 의해서 깨끗이 씻겼습니다.

히브리서 4:16에서 그분은 담대하게 은혜의 보좌로 들어오라고 우리를 초청하셨습니다.

그곳은 새로운 지성소요, 그분의 아들과 딸인 우리가 들어갈 자격이 있는 새로운 보좌가 있는 방입니다.

우리의 심령이 괴로움과 필요의 부담을 느낄 때만이 아니라 기쁨과 웃음으로 가득 찰 때도 우리는 그 보좌가 있는 방으로 들어갑니다.

우리의 심령이 감사와 사랑으로 가득 찰 때 우리는 보좌가 있는 방으로 들어갑니다.

우리의 아버지께서는 우리를 위해 항상 환영식을 개최하고 계십니다.

우리는 그곳으로 들어가서 우리의 구하는 바를 알려지게 합니다. 우리는 가장 충만한 확신을 가지고 아버지께 우리의 심령을 열어 보입니다.

우리는 "너희가 아버지께 내 이름으로 구하는 것은 무엇이나 너희에게 주시리라."(요 16:23, 한글킹제임스)라고 하는 예수님의 보장을 가지고 있습니다.

우리는 그분의 사랑의 자녀입니다.

지금 우리는 예수님의 입술로부터 나온 가장 중요한 문장에 이릅니다.

우리는 이미 그 문장을 인용했지만, 나는 당신이 그 문장에 다시 주목하기를 바랍니다.

그것은 마태복음 26:61과 고린도전서 3:16입니다.

그분은 그들에게 성전을 허물고 사흘 안에 다시 지을 수 있다고 말씀하셨습니다.

그들은 그 말씀을 이해하지 못했지만, 그분은 성전을 허무셨습니다. 그렇지 않습니까? 그분이 "다 이루었다!"라고 말씀하셨을 때, 성전은 빈 건물이 되었고 하나님께서는 새 건물로 옮길 준비를 하고 계셨습니다. 지성소를 보호하고 있던 휘장이 위로부터 아래까지 둘로 찢어졌고,

이제 이 땅에는 사람의 손으로 지은 지성소가 더 이상 없습니다.

"너희는 너희가 하나님의 성전인 것과 하나님의 성령께서 너희 안에 계시는 것을 알지 못하느냐 누구든지 하나님의 성전을 더럽히면 하나님이 그 사람을 멸하시리라 하나님의 성전은 거룩하니 너희도 그러하니라"(고전 3:16-17)

그곳이 바로 예수님께서 사흘 안에 일으키신, 또는 세우신 성전입니다.

그곳이 바로 하나님의 새로운 처소입니다.

하나님께서 거하시는 집단적 몸 된 교회뿐만이 아니라, 고린도전서 6:19은 우리에게 더 상세한 접촉과 관계를 보여줍니다.

"너희 몸은 너희가 하나님께로부터 받은 바 너희 가운데 계신 성령의 전인 줄을 알지 못하느냐 너희는 너희 자신의 것이 아니라 값으로 산 것이 되었으니 그런즉 너희 몸으로 하나님께 영광을 돌리라"(고전 6:19-20, ASV)

그분의 성전으로서 당신의 몸이 거룩한 것이라는 사실에 주목하십시오.

"그러므로 형제들아 내가 하나님의 모든 자비하심으로 너희에게 권하노니 너희 몸을 하나님이 기뻐하시는 거룩한 산 제물로 드리라 이는 너희가 드릴 영적 예배니라"(롬 12:1, ASV)

이 몸이 하나님의 지성소가 됩니다.

이 몸은 오늘날 이 땅에서 가장 신성한 것입니다.

나는 사탄이 그 몸을 얼마나 싫어했으면, 그 몸에다 질병과 병을 채워 넣으려했는지를 이해할 수 있습니다.

나는 왜 예수님께서 병든 몸들을 치유하는데 그분의 삼 년 반이라는 기간의 대부분을 보내셨는지 이해할 수 있습니다. 그분은 그 몸들이 어떤 몸들이 되어야 하는지 아셨습니다. 그분은 그 몸들 안에 있는 사람의 영이 재창조되어 하나님 아버지의 본성과 생명을 받게 될 때 그 몸들이 어떤 몸이 될지를 아셨습니다. 그분은 그럴 때 그 몸이 하나님께서 거하실 이 땅의 지성소가 될 것임을 아셨습니다.

우리 안에 하나님을 가질 수 있다니요, 이 얼마나 경이로운 일입니까!

"너희 안에 계신 이가 세상에 있는 자보다 더 크심이라"(요일 4:4)

나는 에베소서 2:19-22 말씀이 당신의 심령에 도전이 되었는지가 궁금합니다.

"그러므로 이제부터 너희는 외인도 아니요 나그네도 아니요 오직 성도들과 동일한 시민이요 하나님의 권속household;가족이라. 너희는 사도들과 선지자들의 터 위에 세우심을 입은 자라 그리스도 예수께서 친히 귀중한 모퉁잇돌이 되셨느니라. 그의 안에서 건물마다 서로 연결하여 주 안에서 거룩한 성전이 되어가고 너희도 성령 안에서 하나님이 거하실 처소가 되기 위하여 그리스도 예수 안에서 함께 지어져 가느니라"(엡 2:19-22)

"우리가 함께 알맞게 맞추어져 주님 안에서 거룩한 성전으로 자라가며 성령 안에서 하나님의 거처로 함께 지어져 가고 있다."는 사실에 주목하십시오.

이제 당신은 믿는 자들의 몸이 사랑 안에서 걷기 시작할 때 일어나는 이상한 현상을 이해할 수 있습니다. 그들이 함께 모여 있는 방이 사람들이 느낄 수 있는 무언가로 충전됩니다. 나는 사람들이 열려 있는 문을 지나칠 때 감지할 수 있을 정도로 회중 가운데 임하는 하나님의 능력이 강력하다는 사실을 알았습니다.

나는 그들이 "그날 저를 교회 안으로 끌어당겼던 어떤 능력이 있었습니다."라고 고백하는 기이한 소리를 들은 적이 있습니다.

그때가 그리스도의 몸이 성령의 거처가 되는 때요, 사랑이 우리 안에서 풀려지는 때입니다.

하나님의 기운atmosphere이 우리를 지배합니다.

골로새서 1:18에서 예수님은 교회의 머리로 불리고, 교회인 몸의 머리이신 그분께서는 죽은 자들로부터 첫 번째로 나신 분이십니다.

당신은 그분이 십자가에서 (영적인) 죽음을 맛보셨다는 사실을 기억합니다. 죄가 그분의 영에 얹어진 순간, 그분은 영으로 죽으셨습니다.

나는 이 책 다른 부분에서 그분이 먼저 영으로 죽으셨고, 그 다음에 몸으로 죽으셨다는 사실을 밝혔습니다.

그분은 영으로 살아나셨습니다.

"그는 영으로 살아나셨느니라."(벧전 3:18, 직역)

그런 후에 그분의 몸이 죽은 자들로부터 일으켜지셨습니다.

그분은 최초로 거듭난 사람이셨습니다.

그리고 오순절 날에 마가 다락방에 함께 모여 있던 사람들은 최초로 거듭난 무리였습니다.

그것이 바로 신성한 본성에 참여하는 자가 되는 사건이었다니, 얼마나 놀라운 일입니까!

하나님의 아들과 딸이 된다니요, 얼마나 놀라운 일입니까!

잠깐 부언하자면, 옛 언약은 이방인을 위한 것이 아니라, 오로지 이스라엘만 위한 것이었습니다.

어떤 이방인도 오랜 개종의 절차를 통과하지 않고서는 옛 언약으로 들어갈 수 없었습니다.

옛 언약은 그리스도인이 아니라 오로지 자연인을 위한 것이었습니다.

그 옛 언약은 성취되어 폐기되었습니다.

지금도 사람들이 그 언약 안으로 들어가려고 애쓰고 있다면, 그 얼마나 불행한 일입니까!

우리는 오늘날에도 모세의 율법을 지키려고 하는 많은 무리들이 있다는 것을 알지만, 모세의 율법은 완성되어 폐기되었습니다.

이 사실, 곧 누구도 팔레스타인 밖에서는 그 옛 언약을 지킬 수 없었다는 사실에 주목하십시오.

그들은 대제사장과 제사와 피의 속죄 없이는 그 언약을 지킬 수 없었습니다.

상업 활동의 이유로 고국을 떠난 이스라엘인들은 아브라함의 언약 아래서 피의 희생제를 지키기 위해 일 년에 한 번은 돌아올 의무가 있었습니다.

하나님께서 그 언약과 율법 및 그것들과 관련된 모든 것을 폐기하셨음에도 불구하고 오늘날에도 사람들이 그 언약 아래 들어가서 율법을 지키려고 애쓰는 것이 얼마나 불행한 일인지요.

새 언약에도 새 언약의 제사장제도와 제사와 지성소가 있습니다.

그러나 새 언약에는 속죄Atonement 대신에 속량Redemption이 있습니다.

새 언약에는 속죄염소 대신에 죄의 제거함Remission이 있습니다.

새 언약에는 할례 대신에 새로운 탄생이 있습니다.

새 언약에는 번제와 화목제와 음식제 대신에 아버지와의 교제fellowship가 있습니다.

새 언약에는 우림과 둠밈 대신에 예수의 이름이 있습니다.

새 언약에는 유월절 대신에 주의 성만찬이 있습니다.

우리는 종이 아니라 아들입니다.

우리에게는 죄와 사망의 법 대신에 사랑의 법이 있습니다.

우리에게는 죽음 대신에 생명이 있습니다.

우리에게는 정죄 대신에 의가 있습니다.

우리가 사랑의 법을 어긴다 해도 우리에게는 변호자가 있습니다.

이스라엘 백성에게는 심판과 돌에 맞는 것과 죽음이 있었지만,

우리에게는 우리를 지켜주시는 살아 계신 아버지께서 계십니다.

이번 장은 영원한 사랑에 대한 계시입니다.
그 계시는 예수님께서 사탄의 지배자였으나 그의 끔찍한 통제에 자신을 내주셨다는 것입니다.
그 계시는 하나님께서 육신으로 나타나셔서 죄가 되셨다는 것입니다.
그분은 "내 하나님이여, 내 하나님이여, 어찌하여 나를 버리셨나이까?" 하는 애끓는 소리를 내셨습니다.
그분이 인류의 대속물이 되어 인류의 죗값을 치르시는 것입니다.
그분이 아담의 죄의 열매를 대속물이 되어 담당하시는 것입니다.
그분이 자신을 십자가에 못 박은 자들을 위해 저주받은 자들이 당해야 할 고통을 겪으시는 것입니다.
그분은 이 땅을 걸으셨을 때 육신으로 나타나신 하나님이셨습니다. 그런 그분이 이제 죄가 되셔서 우리를 대신하여 고난을 당하셨습니다.
누군가 이 장 전체를 살아 있는 빛의 문자를 사용하여 단 한 단어로 쓸 수 있다면, 그 단어는 "사랑"입니다.
"하나님이 이같이 사랑하셨은즉"
우리의 언어는 우리를 위해 죄가 되신 분의 이 사랑을 표현하기엔 적합하지 않습니다.
신성이 인류를 너무도 사랑하고, 또한 가족을 갈망하기 때문에 죗값을 치르신 것입니다.
그분이 인간을 창조하셨고, 인간을 존재케 하셨기 때문에 고난을 겪으신 것입니다.
"죄를 알지도 못하신 분이 죄가 되셨습니다."
"그는 자신을 희생 제물로 드려 죄를 없애고 있습니다."
우리의 유한한 생각으로는 인류를 속량하시는 중에 겪은 신성의 고뇌를 절대로 알 수 없습니다.

09

사흘 동안 무슨 일이 일어났는가?

대속물이신 예수님께서 겪은 고난의 본질은 수십 세기를 내려오면서 사람들에게 도전이었습니다.

그분이 겪으신 고난의 본질은 무엇이었습니까?

그 고난은 정신적인 것이었습니까? 육체적인 것이었습니까? 설명하기는 어렵지만 영적인 것이었습니까?

그분과 아버지께서 그 고난을 계획하셨기 때문에 정신적인 고난일 수 없을 것입니다.

죄가 육체적인 것이 아니기 때문에 그 고난은 육체적인 것일 수 없을 것입니다.

누군가 살인을 생각할 수 있지만, 말하거나 행동해야만 법적인 책임이 있습니다.

아시다시피, 사람은 감각지식의 영역만을 다룹니다.

하나님께서는 영적인 영역을 다루십니다.

베드로는 주님의 부활 이후에 한 첫 번째 설교에서 다음의 주목할 만한 말을 합니다. "그가 하나님께서 정하신 뜻과 미리 아신 대로 내준 바 되었거늘 너희가 법 없는 자들의 손을 빌려 못 박아 죽였으나 하나님께서 그를 사망의 고통에서 풀어 살리셨으니 이는 그가 사망에 매여 있을 수 없었음이라"(행 2:23-24)

"사망의 고통"을 더 잘 표현하자면, 교회가 예수님의 영의 산고로부터 태어났음을 암시하는 "죽음의 산고"일 것입니다.

사도행전 2:27을 읽어보십시오. "이는 내 영혼을 음부에 버리지 아니하시며 주의 거룩한 자로 (요셉의 무덤에서) 썩음을 당하지 않게 하실 것임이로다."

사도행전 2:29-31도 읽어보십시오. "형제들아 내가 조상 다윗에 대하여 담대히 말할 수 있노니 다윗이 죽어 장사되어 그 묘가 오늘까지 우리 중에 있도다. 그는 선지자라 하나님이 이미 맹세하사 그 자손 중에서 한 사람을 그 위에 앉게 하리라 하심을 알고 미리 본 고로 그리스도의 부활을 말하되 그가 음부에 버림이 되지 않고 그의 육신이 썩음을 당하지 아니하시리라 하더니"

베드로는 놀라운 메시지를 전하였습니다. 그는 계시로 말했습니다.

그는 그런 후에 예수님께서 하나님의 우편에 앉으셨다고 사람들에게 말하였지만, 그것에 대한 어떤 암시도 제시되지 않았습니다.

"그분의 혼을 음부에 버리지 아니하며 그분의 몸이 요셉의 무덤에서 썩음을 당하지 않았다."라는 이 사실에 주목하십시오.

시편 88편은 음부에 있는 예수님의 대속적 희생을 우리에게 미리 보여줍니다.

이에 대해 보다 많은 설명이 필요하다면, 나의 책『아버지와 그분의 가족』의 "하나님께서는 어떻게 공의로우실 수 있는가"라는 장을 읽어 보십시오.

이제 나는 당신이 예수님께서 우리의 범죄함 때문에 실제로 드려지셨고, 공의의 요구를 만족하게 하셨을 때 일으켜지셨다는 이 사실에 주목하기를 원합니다.

우리가 생각해 보아야 할 두 세 개의 반론들이 있습니다.

당신은 예수님께서 십자가에 달린 강도에게 "오늘 네가 나와 함께 낙원에 있으리라"라고 말씀하신 것을 기억합니다(눅 23:43).

당신은 헬라어에는 구두점이 없다는 사실을 알 것입니다.

구두점은 어디를 강조할 것인가에 의해서 정해집니다.

로더햄Rotherham 번역은 이 구절에 대한 주석에서 이 대목을 다음과 같이 해석합니다. "내가 오늘 너에게 말하노니I say unto you Today," (즉 '오늘'이라는 단어가 강조되며, 미국개정역American Revision에는 이 단어가 대문자로 되어 있습니다.)

그래서 우리는 이 부분을 다음과 같이 읽어야 합니다. "내가 오늘 너에게 말하노니, 너는 나와 함께 낙원에 있을 것이다."

이는 마치 당신이 "난 오늘 너에게 말하지만, 포틀랜드에서 너를 만날 거야."라고 말하는 것과 같습니다.

즉 예수님은 영이 몸을 떠나신 직후, 낙원으로 가지 않으셨습니다.

낙원은 구약의 성도들이 그리스도의 속량사역이 완성되기를 기다리던 장소였습니다. 그들은 첫 언약이 성취되기를 기다리고 있었습니다.

다른 말로 하면, 즉 요즘 말로 하면 그들은 예수님께서 천오백 년 동안 '속죄의 피'라는 약속어음을 현금화하기만 기다리고 있었다는 말입니다.

그러나 이 속량사역은 십자가에서 성취되지 않았습니다.

예수님께서 죽은 자들로부터 일으켜지시고 자기의 피를 가지고 하늘의 지성소로 들어가셔서 우주의 최고 법정이 그 피를 받아들인 다음 구약의 성도들을 의롭게 할 때까지는, 속량사역은 성취되지 않았습니다.

이제 당신은 로마서 4:25을 이해할 수 있습니다. "그분은 우리의 범죄함으로 인해 드려지셨고 유대인과 이방인인 우리가 의롭게 되었을 때 일으켜지셨다."(롬 4:25, 직역)

당신은 그리스도께서 인간의 범죄에 대한 영적인 죗값을 실제로 치르지 않으셨다면 그 어떤 대속도 있을 수 없다는 사실을 이해합니다.

아담은 죄로 인해 사탄에게 그를 다스리는 통치권을 내어주었습니다.

사탄은 자신의 본성을 아담 안으로 불어넣었습니다. 사실상 아담은 에덴동산에서 죄의 본성으로 거듭났던 것입니다.

아담은 하나님의 본성을 갖지 않았었습니다.

아담은 완벽한 인간의 본성을 가졌었습니다.

아담은 완벽한 인간의 생명을 가졌었습니다.

이제 사탄은 그 자신의 본성을 아담의 영 안에 부어넣었습니다.

인간은 즉시로 거짓말쟁이가 되고, 굽실거리는 겁쟁이가 되었습니다.

그 본성은 여러 세대를 내려오면서 인류 안에서 재생산되었습니다.

요한복음 8:44-45은 아담의 범죄 이후에 인류에게 무슨 일이 일어났는지에 대한 완벽한 그림을 우리에게 제공합니다.

"너희는 너희 아비 마귀에게서 났으니 너희 아비의 욕심대로 너희도 행하고자 하느니라 그는 처음부터 살인한 자요 진리가 그 속에 없으므로 진리에 서지 못하고 거짓을 말할 때마다 제 것으로 말하나니 이는 그가 거짓말쟁이요 거짓의 아비가 되었음이라 내가 진리를 말하므로 너희가 나를 믿지 아니하는도다"(요 8:44-45)

진리truth라는 말은 실재reality를 뜻합니다.

사탄은 실재가 없습니다.

그것이 로마서 1:25을 설명해줍니다. 로마서 1:25은 보편적인 인간에 대해 언급하면서 "이는 그들이 하나님의 실재를 비실재적인 것으로 바꾸었다"(직역)라고 말씀합니다. 이 번역은 파격적이지만, 원문에 충실한 것입니다.

당신은 이제 인간이 처한 상태를 깨달을 수 있습니다.

인간은 하나님께로 다가가는 길을 잃어버렸습니다.

인간은 하나님 앞에 서는 자격이 없습니다.

인간은 하나님께 어떤 것을 요구할 수 있는 언약자격이 없습니다.

인간은 바울이 로마서 8:7에서 "육신의 생각은 하나님과 원수가 되나니 이는 하나님의 법에 굴복하지 아니할 뿐 아니라 할 수도 없음이라"라고 말하던 그대로가 되었습니다.

인간의 본성은 하나님께는 적대적인 본성입니다.

그 사실은 하나님께서 자기 아들 안에 행하신 위대한 대속을 통하여 합법적인 근거 위에서 인간이 그분의 본성인 영원한 생명에 참여한 자가 되도록 준비하셔야 했던 이유를 설명합니다.

이사야 53장은 우리를 대신하여 고난을 당하는 대속물에 대한 그림입니다.

그 고난은 정신적인 고난도 육체적인 고난도 아니었습니다.

그 고난은 영적인 고난이었습니다.

시편 22편은 그분의 육체적인 고난에 대한 그림을 우리에게 제시하지만, 이사야 53장은 하나님의 아들의 몸이 십자가에 매달려있을 때 그분의 영이 어떠했는지에 대한 그림을 우리에게 제시합니다.

"그는 멸시를 받아 사람들에게 버림받았으며 고통의 사람이요 질고를 아는 자라. 실로 그가 우리의 질병을 지고 우리의 고통을 담당하셨는데도 우리는 그가 형벌을 받아 하나님께 맞으며 고난당한(병든) 줄로 생각하였도다"(사 53:3-4, 직역)

유감스럽게도 우리는 그분이 실제로 우리를 대신하여 하신 일을 너무도 더디 깨닫습니다.

자, 하나님께서 질병을 영적인 것으로 여기신다는 사실에 주목하십시오.

하나님께서는 우리의 육체의 질병이 아니라, 우리의 영적인 질병을 그리스도의 영에 놓으셨습니다.

그렇다면 죄가 영적인 사실이듯이 질병도 영적인 사실입니다.

우리의 질병을 그리스도 위에 놓으신 장본인이 하나님이셨습니다.

"그가 찔림은 우리의 허물 때문이요 그가 상함은 우리의 죄악 때문이라 그가 징계를 받으므로 우리는 평화를 누리고 그가 채찍에 맞으므로 우리는 나음을 받았도다 우리가 다 양 같아서 그릇 행하여 각기 제 길로 갔거늘 여호와께서는 우리 모두의 죄악을 그에게 담당시키셨도다"(사 53:5-6)

성경을 주의 깊게 공부하는 사람이라면 그분이 죄 문제를 다루기 전에 질병 문제를 먼저 다루셨다는 사실에 주목할 것입니다.

그분이 그렇게 한 이유는 모르지만, 그분이 그렇게 하셨다는 사실만큼은 분명합니다.

아마도 우리가 감각을 너무 의식하기 때문에 하나님께서는 영의 사람the spiritual man을 다루시기 전에 감각의 사람the sense man을 먼저 다루실 필요가 있었을 것입니다.

우리는 그 사람이 하나님과 같은 부류에 있다는 이 사실에 주목해야 합니다.

그는 영원한 존재입니다.

그는 영적 존재입니다.

그는 하나님의 본성에 참여하는 자가 될 수 있도록 창조되었습니다.

그는 우리의 죄악 때문에 그의 영 안에서 상하였습니다.

우리에게 평화를 가져올 수 있는 징계가 그에게 내려졌고, "그가 채찍에 맞음으로 우리는 나음을 받았습니다."

그 채찍은 물리적인 채찍이 아니었습니다.

영의 영역에서 우리의 대속물을 다루는 것은 바로 공의입니다.

우리의 미국개정역American Revision은 다음과 같이 해석합니다. "하지만 그를 상하게 하는 것이 여호와를 기쁘시게 하였기에 그가 그를 고난에 두셨도다. 주께서 그의 혼을 속죄 제물로 만드실 때 그가 자신의 씨를 볼 것이요 그가 자신의 날들을 늘릴 것이요, 여호와의 기쁨이 그의 손에서 번창하리라. 그가 자기 혼의 고통을 보고 만족하게 되리라. 나의 의로운 종이 자기의 지식으로 많은 사람을 의롭게 하리니 이는 그가 그들의 죄악을 담당할 것임이라. 그러므로 내가 위대한 자와 더불어 한 몫을 그에게 나누어 줄 것이며, 그가 강한 자들과 더불어 탈취물을 나눌 것이니 이는 그가 자기의 혼을 부어 죽음에 이르게 하였으며, 또 그는 범죄자들과 더불어 헤아림을 받았으나 그가 많은 사람들의 죄를 지며 범죄자들을 위하여 중보를 하였음이라."(사 53:10-12)

이사야 53:10에 대한 다른 번역본은 "하지만 그를 상하게 하고 그를 병이 되게 하는 것이 여호와를 기쁘시게 하였다. 그는 고통과 병으로 가득하게 되었다."라고 해석합니다.

또 다른 번역본은 다음과 같이 해석합니다. "그는 재앙이 덮치듯 병으로 덮였다."

질병을 짊어지심으로써, "그에게 약함이 놓여졌다."

이 사실을 통해서 질병과 죄가 하나라는 점이 회피할 길 없이 입증됩니다.

질병과 죄는 공통의 기원을 지닙니다.

질병과 죄는 두 가지 다른 방식으로 자신을 표출하는데, 하나는 육체의 몸으로, 다른 하나는 영으로 자신을 드러냅니다.

로마서 8:3은 다음과 같이 선언합니다. "하나님은 … 육신에 죄를 정하사" 의심할 바 없이 이것은 질병과 죄를 의미합니다. 왜냐하면 질병과 죄는 사탄 안에 공통의 기원을 지니며, 하나님께서 정하신 정죄 아래 있기 때문입니다.

그러나 내 생각으로는 이번 장 가운데 가장 끔찍스러운 진술은 이것입니다. 즉, "주께서 그의 혼을 속죄 제물로 만드실 때" 또는 "주께서 그의 생명을 속죄 제물로 만드실 때"라는 진술입니다.

그러나 "비록 그의 혼 스스로 죄책을 감당할지라도"라는 이 번역에 주목하십시오.

이사야 53:11을 놀랍게 옮긴 몇몇 번역들이 있습니다.

그분이 그를 영으로 의롭게 하신 후에 "그러자 그는 하나님으로부터 태어났습니다."

"그는 … 영으로 의롭다 하심을 받으시고"(딤전 3:16)

그분은 영적 죽음으로부터 태어난 첫 번째 사람이었습니다. 다시 말해, 첫 번째로 거듭난 사람이었다는 말입니다.

이제 우리의 심령은 이 진리를 받아들일 수 있습니다. "그의 혼의 고통을 통해 그는 충만한 빛을 볼 것이고, 그의 지식으로 말미암아 나의 종은 내게 공의를 가져다 줄 것이며, 그들의 죄책의 짐을 그가 질 것이라." (사 53:11, 저자의 번역)

이 번역은 충격적입니다.

다음과 같이 변형시킨 해석이 가능합니다. "그는 그의 혼의 고통으로 굶주림과 갈증을 만족시킬 것이다."

이상의 번역들을 통해 당신은 우리의 위대한 주님의 대속적 희생을 살짝 엿볼 수 있습니다.

그분의 영에 세상의 죄의 본성이 철저하게 스며들게 되었습니다.

시편 88편에 따르면, 그분은 음부의 가장 낮은 곳으로 내려가셨습니다.

인간의 마음은 이 사실을 이해할 수 없습니다.

이 사실을 묘사할 언어가 없습니다.

우리는 이것에 비교할 만한 어떤 것도 가지고 있지 않습니다.

"하나님이 죄를 알지도 못하신 이를 죄가 되게 하셨느니라"(고후 5:21)

율법 아래서 행해진 속죄제사에는 이스라엘 백성들에게 청구된 죄가 있었습니다.

그리스도는 그분 자신에게 청구된 죄가 없으셨습니다.

그분은 죄가 되셨습니다.

이스라엘은 의롭게 여기심을 받았습니다.

우리는 우리에게 전이된 의를 갖습니다.

이 의가 우리로 아버지 임재 앞에 죄를 한 번도 지은 적이 없는 것처럼 설 수 있게 해줍니다.

시편 88편에 대한 두 세 개의 놀라운 번역을 볼 수 있습니다.

다음은 88:3에 대한 번역입니다. "내 혼이 고난으로 가득 차, 악으로 신물 날 지경이나이다. 내 혼이 죽음의 왕국인 스올에 이르렀도다. 나는 하나님이 없는 자가 되었나이다."

시편 88:6에 대한 번역입니다. "가장 낮은 구덩이, 칠흙같은 어둠의 구덩이에서"

시편 88:7에 대한 번역들입니다. "당신은 당신의 진노를 완전히 내 위에 두시나이다.", "당신은 당신의 모든 파도를 내게 부으셨나이다.", "당신은 당신의 모든 파도가 나를 치게 하셨나이다.", "당신은 당신의 모든 파도를 내게 임하게 하셨나이다."

시편 88:9에 대한 번역입니다. "나는 야위고 쇠약해졌도다."

시편 88:15-16은 우리의 마음을 아프게 하는 문장입니다. "나는 혼란스러워 하며 멸시 받나이다. 나는 당신의 공포를 짊으로 혼란스러워하나이다. 당신의 진노의 물줄기들이 나를 잘라내고 파괴하였나이다."

이는 우리의 인간 이성을 뛰어넘는 어떤 것에 대한 그림 곧 하나님께서 우리를 의롭게 하시려고 우리의 왕이신 구원자가 우리를 대신하여 고난을 당하신다는 그림을 우리에게 제공해줍니다.

당신도 이해하다시피, 의는 아무런 죄책감이나 정죄감이나 열등감 없이 아버지의 임재 앞에 설 수 있는 능력을 의미합니다.

우리는 사랑의 아버지의 임재 앞에 아들로서 그 자리에 섭니다.

우리는 아버지의 심령으로부터 재창조되었습니다.

우리는 그분의 소유된 자입니다.

당신은 믿는 자들의 거대한 무리가 그리스도 안에서 진정으로 어떤 존재인지를 이해하게 되는 그날은 위대한 날이 될 것임을 압니다.

"그런즉 누구든지 그리스도 안에 있으면 새로운 피조물이라"(고후 5:17)

그는 새로운 종족입니다. 세상이 오순절 날까지는 결코 안 적이 없는 종족입니다.

그는 거의 그리스도와 닮아있고, 그분과 전적으로 하나이기 때문에 그리스도께서 "나는 포도나무요 너는 가지다"라고 말씀하실 수 있습니다.

우리는 그분의 본성에 참여한 자가 되었습니다. 그 뿐만 아니라, 그분이 우리 몸에 오셔서 우리 몸 안에 거처를 마련하시기로 정하기도 하셨습니다.

나는 이것을 감각지식으로는 이해할 수 없습니다.

나는 단순히 그것이 사실임을 알며, 나의 영은 그것이 옳다고 말씀을 가지고 증언합니다.

그분은 지금 내 안에 계십니다. 예수님을 죽은 자들로부터 일으키신 그 위대하신 능력의 영께서 내 안에 계십니다.

그분은 말씀을 조명하셔서, 내 심령이 예수님 안에서 베일을 벗고 나타난 아버지의 경이로운 은혜를 파악할 수 있도록 해주십니다.

당신은 우리가 그리스도 안에서 진정으로 어떤 존재인지를 발견하려는 공부가 절대적으로 필요하다는 것을 모르시겠습니까? 성령님께서 우리 안에서 말씀을 통해 이루신 일은 하나님께서 "너는 사랑받은 자 안에 있단다."라고 속삭이실 때까지 우리를 하나님께 받아들여질 수 있게 하신 것입니다.

그 의미는 예수님께서 아버지의 심령에 가까운 만큼이나 당신도 아버지의 심령에 가깝다는 뜻입니다.

요한복음 17장에 나오는 예수님의 위대한 기도는 이 부분을 아주 떠들썩하게 밝히고 있습니다. "아버지께서 나를 사랑하듯이 그들을 사랑하시는 것을 그들로 알게 하옵소서."(요 17:23, 저자의 번역)

디모데전서 3:16에 따르면 하나님께서 "그를 영으로 의롭게 하신" 후에, 그분을 "영으로 살리셨습니다." "그리스도께서도 단번에 죄를 위하여 죽으사 의인으로서 불의한 자를 대신하셨으니 이는 우리를 하나님 앞으로 인도하려 하심이라. 육체로는 죽임을 당하시고 영으로는 살리심을 받으셨으니"(벧전 3:18)

예수님께서 죽은 자들로부터 일으켜지시기 전에 거듭나셨다는 이 사실은 주목할 만한 사실입니다.

"성경에 그를 가리켜 기록한 말씀을 다 응하게 한 것이라 후에 나무에서 내려다가 무덤에 두었으나 하나님이 죽은 자 가운데서 그를 살리신지라. 갈릴리로부터 예루살렘에 함께 올라간 사람들에게 여러 날 보이셨으니 그들이 이제 백성 앞에서 그의 증인이라 우리도 조상들에게 주신 약속을 너희에게 전파하노니 곧 하나님이 예수를 일으키사 우리 자녀들에게 이 약속을 이루게 하셨다 함이라 시편 둘째 편에 기록한 바와 같이 너는 내 아들이라 오늘 너를 낳았다 하셨고 또 하나님께서 죽은 자 가운데서 그를 일으키사 다시 썩음을 당하지 않게 하실 것을 가르쳐 이르시되 내가 다윗의 거룩하고 미쁜 은사를 너희에게 주리라 하셨으며"(행 13:29-34)

그리스도의 대속사역에 관련해서 가장 극적이고 놀라운 사건 중 하나가 일어납니다.

골로새서 2:15은 예수님께서 죽은 자들로부터 일어나시기 전에 음부에서 일어났던 싸움을 묘사합니다.

누가복음은 예수님께서 강한 자의 집에 들어가서 그를 결박시키는 이야기를 전해줍니다.

예수님께서는 의롭게 되시고 영으로 살아나신 후에 사탄의 지배자가 되셨습니다.

그래서 "통치자들과 권세들을 무력화하여 드러내어 구경거리로 삼으시고 십자가로 그들을 이기셨습니다."(골 2:15)

난외주에서는 더 극적으로 표현합니다.

"정사들과 권세들을 자신으로부터 떨어내셨으니(이는 마치 지옥의 모든 무리들이 그분께 달라붙어있었던 것 같습니다. 그분은 말로 할 수 없는 고통을 당하고 계셨는데, 갑자기 의롭게 되어 살아나셨습니다)"

"그분은 어둠의 무리들을 뒤로 던져버리십니다."

"마귀를 멸하시며"(히 2:14) 또는 "그가 그들을 패배시키셨으며" 또는 "그가 죽음을 다루는 그들의 능력을 마비시켰으며"

그래서 그분이 요한을 만나셨을 때 "곧 살아 있는 자라 내가 전에 죽었었노라 볼지어다 이제 세세토록 살아 있어 사망과 음부의 열쇠를 가졌노니"(계 1:18)라고 말씀하셨습니다.

그분은 사탄을 정복하셨습니다.

그분은 사탄에게서 그의 권세를 벗겨내셨습니다.

열쇠는 권세를 나타냅니다.

예수님은 지옥을 완전히 정복하셨습니다.

그분은 자신을 위해 사탄을 정복하지 않으셨습니다.

예수님은 우리 곧 당신과 나를 위해 사탄을 정복하셨습니다.

그것은 마치 당신이 개인적으로 사탄을 만나 그를 정복하여 그에게서 권세를 박탈하고 그를 다스리는 지배자로 군림하는 것과 같습니다.

이제 당신은 예수님께서 그분의 이름을 사용할 수 있는 대리인의 능력을 우리에게 주신 이유를 이해할 수 있습니다.

그분은 "너희가 내 이름으로 귀신을 쫓아내며 새 방언을 말하며 뱀을 집어 올리며 무슨 독을 마실지라도 해를 받지 아니하며 병든 사람에게 손을 얹은즉 나으리라"(막 16:17-18)라고 말씀하셨습니다.

마태복음 28:18-19을 기억하십시오. "하늘과 땅의 모든 권세를 내게 주셨으니 그러므로 너희는 가서 모든 민족을 제자(제자란 학생이라는 뜻입니다)로 삼아 아버지와 아들과 성령의 이름으로 세례를 베풀고"

그리고 이 학생(제자)들은 예수님께서 지옥에서 나타내셨던 권세, 곧 오늘날 그 강력한 이름 안에 들어있는 권세를 지니고 있습니다.

당신이 예수의 이름 안에 부여된 권세와 능력을 사용할 합법적인 권리를 실제로 가지고 있기에 그 이름을 사용할 수 있다는 이 사실만 깨달을 수 있기만 한다면 말입니다.

당신은 예수의 이름을 사용할 수 있는 대리인의 능력을 가지고 있습니다.

당신은 사탄의 세력을 다스리는 절대 지배자입니다.

이제 우리는 "예수는 우리가 범죄한 것 때문에 내줌이 되고 또한 우리를 의롭다 하시기 위하여 살아나셨느니라."라는 로마서 4:25 말씀을 이해할 준비가 되어있습니다.

예수님께서 돌아가셨을 때 당신이 베드로와 요한 및 기타 사람들과 함께 십자가 근처에 있었다면, 당신은 그들이 본 것 이상을 보지 못했을 것입니다. 그들 중 누구도 하나님께서 그리스도의 영을 다루고 계셨으며, 인간의 모든 질병과 죄로 "그리스도를 치시고 매질하신" 것을 알지 못했습니다.

이사야 52:13-15에 대한 교차참조 성경the cross-reference Bible의 난외 주는 많은 실마리를 던져줄 것입니다.

"많은 사람들이 그를 보고 아연실색하였다. 이는 그의 용모와 모습이 사람이라 할 수 없을 정도로 흉하게 되었기 때문이다"(사 52:14-15, 교차참조성경)

다른 이는 그것을 "많은 사람들이 그에 대해 깜짝 놀랐고, 군주들이 그로 인해 몸을 떨었도다."라고 번역합니다.

또 다른 이는 "그의 얼굴은 사람 같지 않고, 그의 모양은 사람의 모양 같지 않았도다."라고 번역합니다.

또 다른 이는 "그의 외모는 너무나 흉하여서 사람이라 할 수 없을 정도이며, 그의 모습은 더 이상 사람을 닮지 않았도다."라고 번역합니다.

누구도 예수님의 영이 어떻게 인간의 죄와 질병에 의해 그렇게 사람 같지도 않은 흉한 모습이 되었는지 이해할 수 없습니다.

이사야 53:5에 대한 몇몇 충격적인 번역이 있습니다. "고통과 고난과 슬픔의 사람은 깊은 비탄을 잘 알며, 괴로움(문자 그대로는 병)에 익숙하다."

이사야 53:4 역시 충격적입니다. "하지만 우리의 질병과 우리의 고통을 담당하신 이가 바로 그였다. 그는 우리가 그를 질병으로 맞고 하나님께 맞아서 괴로움을 당한 줄로 생각할 때 그 짐을 지셨도다."

이 구절에 대한 또 다른 번역이 있습니다. "실로 우리의 병을 그가 담당하셨고, 우리의 고통을 그가 자기 짐으로 가져가셨다. 하지만 우리는 그분을 하나님으로부터 매질 당하고 맞고, 비참하게 된 자로 여겼도다."

나는 당신이 이사야 53:11을 다음과 같이 변형하여 읽는 부분에 주목하길 원합니다.

"그가 자기 혼의 고통으로부터 자기가 자신의 지식으로 만족케 되는 것을 볼 것이다. 나의 종, 의인인 그가 많은 사람을 위해 의를 획득하며, 그가 그들의 죄책을 자기 짐으로 가져간다."(SMI) "그의 혼의 고통을 통해서 그는 충만한 빛을 볼 것이다(문자적으로는, 빛을 볼 것이다, 질리도록 가득해질 것이다) 그의 지식으로 말미암아 나의 종은 많은 사람들에게 의롭게 함을 가져다줄 것이며, 그들의 죄책의 짐을 질 것이다."(WHI)

다음의 이 번역은 더 분명합니다. "예수께서는 우리의 범죄함 때문에 드려지셨고 우리가 하나님 앞에 바로 설 때 또는 우리가 의롭게 될 때 일으켜지셨다."(롬 4:25)

의에는 두 단계가 있습니다.

그리스도께서 무덤에서 일으켜지셨을 때 모든 사람은 그들 각자에게 영원한 생명을 얻을 수 있는 합법적인 권리를 부여할 의가 그들의 계좌에 입금되었지만, 이 의는 그들이 예수 그리스도를 개인적으로 그들의 구원자로 받아들이고 그분을 그들의 주님으로 고백할 때까지는 그들의 것이 되지 않았습니다.

보편구원을 가르치는 이들은 의의 합법적인 면만 파악했을 뿐입니다.

이스라엘의 모든 자녀는 언약의 모든 유익을 얻을 수 있는 합법적인 권리를 가졌지만, 그들이 개별적으로 할례를 받을 때까지는 그들 개인적인 것이 되지 못했습니다.

우리가 개인적으로 예수 그리스도를 구원자로 받아들이고 그분을 우리 생명의 주님으로 고백하는 순간 영원한 생명은 우리 것이 됩니다.

우리는 그 사람(예수님)의 짧은 생애에 나타난 절정들에 대해 생각해봅니다. 감람산에서 절정이 있었고, 재판정에서도 절정이 있었고, 십자가에서도 절정이 있었지만, 그분의 부활이라는 절정은 오직 천사만이 묘사해줄 수 있었습니다.

그 사람은 인간의 죗값을 치렀습니다.

그는 죄가 되었습니다.

그는 의롭게 되었습니다.

아버지께서는 그분에게 "오늘 내가 너를 낳았도다."라고 말씀하셨고, 그리하여 그분은 영으로 살아 나셨습니다. "죽은 자들 가운데서 먼저 나신 이"입니다.

그분은 그분을 사로잡고 있었던 어둠의 세력들을 떨쳐내셨습니다.

그분은 그들에게서 권세와 인간을 다스린 통치권을 벗겨내셨습니다.

그분은 죽음의 지배자요 무덤의 정복자이셨습니다.

그분은 불멸성을 입고, 삼 년 반 동안 섞여있었던 방식과 똑같은 하나님의 방식으로, 제자들 가운데 나타나셨습니다.

그분의 입술은 단 두 마디 "만세"만을 말했습니다.

속량의 아침이 다가왔습니다.

새로운 피조물이 이제 실재가 될 수 있었습니다.

어린 양으로 죽으셨던 하나님의 아들이 새 언약의 주님이신 대제사장으로 일어나셨습니다.

사랑이 그 새로운 칭호 주위를 돌고 있습니다.

마리아가 그분의 발에 엎드리자, 그분은 "나를 만지지 말라. 내가 아직 내 아버지께 올라가지 않았노라."라고 말씀하셨습니다.

그분은 대제사장으로서 하늘로 올라가서 자신의 피를 가지고 새로운 지성소 안으로 들어가셨습니다.

10

부활할 때 무슨 일이 일어났는가?

예수님의 부활은 감각의 영역에서든지 아니면 영의 영역에서든지 지금까지 일어난 사건 중 가장 위대한 사건이었습니다.

사탄은 패배했습니다.

새로운 피조물의 머리는 승리자입니다.

그분은 새로운 피조물의 모든 지체들의 모범이시며, 새로운 피조물은 환경들과 모든 마귀적 세력을 이긴 자들이요 지배자들입니다.

그리스도는 대적 앞에서 그분의 신성의 충만한 분량까지 일어나셨습니다.

그분은 정사들과 권력들을 자신에게서 떨쳐내셨습니다.

그분은 모든 지옥 앞에서 그들을 구경거리로 만드셨습니다.

그런 다음, 정복당한 자들의 손에서 트로피를 취하신 그분은 죽은 자들로부터 일어나셨습니다.

당신은 그분이 "곧 살아 있는 자라 내가 전에 죽었노라 볼지어다 이제 세세토록 살아 있어 사망과 음부의 열쇠를 가졌노니"(계 1:18)라고 말씀하시는 것을 들을 수 있습니다.

그것은 마태복음 28:5-6에 나온 장면을 당신에게 기억나게 해줍니다. 여인들은 무덤으로 내려갔습니다. 그들은 무덤이 비어있는 것을 발견했고, 천사가 그곳에 있었습니다.

"천사가 여자들에게 말하여 이르되 너희는 무서워하지 말라. 십자가에 못 박히신 예수를 너희가 찾는 줄을 내가 아노라. 그가 여기 계시지 않고 그가 말씀 하시던 대로 살아나셨느니라. 와서 그가 누우셨던 곳을 보라"(마 28:5-6)

죄와 병과 죽음과 사탄을 다스리는 주님이 어린 양 예수님으로서 죽으셨습니다.

그분은 주이신 대제사장으로서 일어나셨습니다.

그분은 죽음과 무덤을 정복하셨습니다.

마리아가 그분을 만났을 때 그분의 발에 엎드리며, 그분을 자신의 주님으로 불렀습니다. 그분은 그녀에게 "나를 붙들지 말라 내가 아직 아버지께로 올라가지 아니하였노라"(요 20:17)라고 말씀하셨습니다.

십자가에서 하신 그분의 마지막 외침은 "나의 하나님, 나의 하나님 어찌하여 나를 버리셨나이까?"(마 27:46)이었습니다.

그분은 인간의 죗값을 치르셨습니다. 그분은 공의의 요구를 충족시키셨습니다.

이제 그분은 대제사장으로서 자신의 피를 가지고 하늘의 지성소로 들어가셔서 영원한 속량을 이루셨습니다.

주 예수님의 부활은 사랑이 풀어지게 했습니다.

그것은 하나님께서 사탄의 노예상태로 있던 사람들에게 영원한 생명,

완벽한 속량, 완벽한 자유를 줄 수 있도록 해주었습니다.

그것은 예수님을 새로운 피조물의 머리가 되게 했습니다.

그것은 이 새로운 피조물의 사람을 하나님과 같은 부류에 있는 창조적인 존재가 되게 했습니다.

어두운 무덤으로부터 모든 시대의 빛이 나왔습니다.

이제 우리는 "나는 세상의 빛이니 나를 따르는 자는 어둠에 다니지 아니하고 생명의 빛을 얻으리라"라는 요한복음 8:12을 이해할 수 있습니다.

새로운 피조물의 사람들, 새로운 종류의 사람들, 새 종족의 사람들이 이 땅에 살게 되었습니다.

한때 이 땅에는 육신의 거인들이 있었습니다.

지금은 영적인 거인들이 있습니다.

세상에는 감각지식의 거인들이 있습니다.

이제 베일을 벗은 바울의 계시와 함께 우리에게는 영적인 거인들이 있습니다.

요한복음 1:4은 이제 광채로 빛납니다.

"그 안에 생명이 있었으니 이 생명은 사람들의 빛이라"(요 1:4)

예수님께서는 자기 안에 생명을 가지고 계셨지만, 그분이 이 땅에서 활동하시는 동안에는 그 생명이 빛을 발할 수 없었습니다.

이제 그분은 작은 빛을 담고 있는 자들, 곧 새로운 피조물에게 그 생명을 주고 계십니다. 감각지식이라는 이 어둠의 한복판에서 우리는 빛으로서 빛을 비추어야 합니다.

예수님께서 곧잘 말씀하신 생명은 세상이 한 번도 가진 적이 없던 빛과 지혜와 창조적 능력을 생산하게 되었습니다.

인간이 타락한 이후로는 창조적 생각mind이란 존재하지 않았습니다.

그것은 무덤으로부터 나온 생명과 빛이었습니다.

그것은 세상을 비추었던 광채였고 이제 큰 줄기가 되어 줄지어 흘러나왔습니다.

누군가 시인의 기질이 있었다면 그 빈 무덤을 생명과 빛과 자유와 사랑과 새로운 피조물을 탄생시킨 것으로 생각하는 서정 시인이 되었을 것입니다.

그들은 자신들에게서 예수님을 제거했다고 생각했지만, 빈 무덤은 수백만의 예수를 낳았습니다.

누군가 예수님의 부활이 인류에게 어떤 의미를 지니는지 깨닫는다면 깜짝 놀란 채로 서 있게 될 것입니다.

열린 무덤은 여자에게 자유를 주었습니다. 여자는 노예였고, 오늘날에도 예수님의 부활이 사람들의 마음을 다스리지 못하는 곳 어디서나 그러합니다.

빈 무덤은 인간에게 새로운 종류의 사랑을 제공합니다.

인간이 지금까지 알아왔던 유일한 종류의 사랑은 이기심으로부터 자라난 사랑입니다.

자연인에게는 진짜 사랑이 없습니다. 그것(자연인의 사랑)은 세련된 이기심입니다.

자연인이 서정시와 시가를 써서 헌정한 그의 사랑의 대상이 이 사랑을 거절하고 감히 다른 사람을 사랑한다면, 그의 사랑은 증오와 살인으로 바뀝니다.

그리스도의 부활 밖에는 인간 문제를 해결할 해결책이 없습니다.

로마서 4:25은 "예수는 우리가 범죄한 것 때문에 내줌이 되고 또한 우리를 의롭다 하시기 위하여 살아나셨느니라"라고 말씀합니다.

예수님께서 세상에 가져오셨던 이 새로운 종류의 사랑이 지배권을 획득했다면, 지난 여러 세대를 휩쓸고 지금도 세상을 집어삼키는 동족상잔의 전쟁은 결코 일어날 수 없었을 것입니다.

우리는 애국심을 말합니다. 그러나 애국심은 때로 학살을 낳았습니다.

예루살렘의 그 무덤에서 일어나셨을 때, 주님은 모든 형태의 전쟁과 증오와 시기와 쓴 감정과 이기심을 분쇄할 새로운 종류의 사랑과 새로운 종류의 생명을 세상에 주셨고, 여기에서부터 새로운 종류의 윤리와 새로운 삶의 기준이 자라났습니다.

예수님은 사랑을 살아내셨습니다.

그리고 바울은 우리에게 그 사랑을 제시합니다.

그는 이렇게 말했습니다. "사랑은 자기의 것이 아닌, 항상 형제들의 유익을 구한다."(고전 13:5, 저자의 번역)

빈 무덤으로부터 나온 이 새로운 것은 지금까지 인간의 마음을 움직여왔던 것 중 가장 혁명적인 것이었습니다.

그것은 결코 이득을 취하지 않습니다.

그것은 결코 불친절한 것을 하지 않습니다.

그것은 결코 학대나 유혈의 참사를 낳지 않습니다.

그것은 하나님의 생명을 가진 새로운 피조물을 낳습니다.

그것은 하나님의 본성을 인간에게 전이할 뿐만 아니라, 실제로 그 생명이 인간 속으로 들어와서 그들의 몸을 하나님의 성전이 되게끔 만듭니다.

새로운 종류의 생명은 인간에게 하나님의 임재 앞에 아무런 죄책감이나 정죄감이나 열등감 없이 설 수 있는 능력을 줍니다.

그것은 인간으로부터 환경에 대한 두려움, 옛 시대의 불안, 강한 자 앞에서 약한 자의 움츠림을 제거했습니다.

그것은 모든 인간을 평등하게 만들었습니다.

그것은 강한 자가 약한 자의 짐을 지게 해주었습니다.

그것은 세상을 아기들이 태어나 자라기에 안전한 곳이 되게 했습니다.

이상한 날이 밝아왔습니다.

그날은 비할 데가 없는 새로운 피조물의 날이었습니다.

지난 날 예수님께서 구유에서 태어났던 날은 경이로운 날이었지만, 하나님께서 새로운 피조물을 마련하신 날은 더 위대한 날이었습니다.

부활의 아침으로부터 오순절 날까지 사십 내지 오십 일간은 교회의 탄생을 위한 하나님의 계획으로 가득 찼습니다.

부활의 아침은 모든 아침 중의 아침이었습니다!

그날은 증오가 소동을 일으켰던 곳을 새로운 종류의 사랑이 지배하는 새로운 날의 시작이었습니다.

예수님의 부활은 사탄이 패배 당했고, 사탄의 노예들이 사탄의 지배자가 되었다는 것을 의미합니다.

모든 새로운 피조물이 정복자가 되었던 것입니다.

새로운 피조물은 새로운 의 의식을 통해, 두려움이 장악했던 곳에 대한 지배권을 획득했습니다.

우리는 이제, 이전에 우리를 노예로 부리던 자를 아무 두려움 없이 다스릴 수 있는 자리를 차지하게 되었습니다.

새로운 피조물은 주인입니다.

"세상을 이기는 자가 누구냐? 하나님께로부터 난 자가 아니냐?"
(요일 5:5, 저자의 번역)

신비가 매혹적인 것이라면, 바로 이 사십일 기간 또한 매혹적인 것이 될 것입니다.

내가 알기로 이 주제에 대해 기록된 책은 단 한권뿐이지만, 이 기간 동안에는 가장 획기적인 사건들이 일어났습니다.

예수님께서는 부활하신 후에 자기 피를 가지고 지성소로 들어가셨습니다. 이는 당신도 기억하고 있듯이, 그분이 어린 양으로 죽으셨지만 새 언약의 대제사장으로 일어나셨기 때문입니다.

그분이 우주의 최고 법정 앞으로 자기 피를 가지고 들어가셨을 때 새 언약은 존재하게 되었습니다.

피가 받아들여졌습니다. 그 피는 황소와 염소의 피를 신뢰하였던 구약의 성도들을 깨끗케 하였고, 그들의 죄를 제거했습니다. 그 피는 새로운 피조물을 인증했습니다. 그것은 하나의 제물만 요구했습니다.

그러자 예수님께서는 낙원으로 가셔서 기다리고 있는 구약의 성도들에게 그분이 영원한 속량을 이루셨다고, 즉 속죄의 약속어음을 지닌 모든 자에게 현금화하셨다고 선포하실 수 있게 되었습니다.

이제 구약의 성도들은 하늘로 갈 준비가 되었습니다.

"내 아버지 집에 거할 곳이 많도다"(요 14:2)

그들은 가서 그들의 새 집을 차지할 수 있습니다.

그들 가운데 아담으로부터 십자가에 달린 강도에 이르기까지 약속을 신뢰했던 모든 이들이 있을 것입니다.

11
사십일 동안 무슨 일이 일어났는가?

이 사십일은 보통 사람들에게는 알려지지 않은 경이로운 기간이었지만, 주의 깊게 사복음서로 건너갔다가 다시 바울 서신을 통과해서 돌아온 우리는 여기저기에서 그 사십일 동안 무슨 일이 일어났는지를 슬쩍 엿보았습니다.

우리가 처음으로 만난 구절이 우리가 잘 알고 있는 성경구절일 것입니다. 히브리서 9:12은 "염소와 송아지의 피로 하지 아니하고 오직 자기의 피로 영원한 속량을 이루사 단번에 성소에 들어가셨느니라." (직역)라고 말씀합니다.

성령님께서는 바울을 통해서 예수님을 자신의 피를 가지고 하늘의 지성소로 들어가셔서 영원한 속량을 이루신 새로운 대제사장이라고 말씀하고 계십니다. 하지만, 우리가 간과하지 말아야 하는 것은 예수님께서 자신의 피를 가지고 지성소로 들어가시기 전 속량의 드라마에 인간과 약간의 만남이 있었다는 사실입니다.

그것은 요한복음 20:11-18에 나와 있습니다. 주님께서 마르다의 여동생 마리아에게 나타나셨습니다. 마리아는 그분이 예수님이신 줄 알지 못했습니다.

주님께서 아주 부드럽게 마리아에게 말씀하셨습니다. "여자여 어찌하여 우느냐?"(요 20:15)

그녀는 그가 동산지기라고 생각했습니다.

그 누구라도 그녀가 "주여, 당신이 옮겼거든 어디에 두었는지 내게 이르소서. 그리하면 내가 가져가리이다"(요 20:15)라고 말하는 대목을 읽는다면 흐르는 눈물을 멈출 수가 없을 것입니다.

예수님께서는 나사로의 무덤을 바라보시며 우셨습니다. 아시다시피, 나는 예수님께서 이 자리에서 다시 우셨을 것이라 생각합니다.

그분의 심령은 마리아의 충절에 의해 아주 깊은 감동을 받았음에 틀림없습니다. 그래서 그분은 그녀에게 몸을 돌이켜서 "마리아야."라는 한 마디를 하셨습니다.

그것은 그녀가 사랑했던 그 옛날부터 익숙한 음성이었습니다. 예수님께서 베다니의 그녀 집에서 얼마나 자주 "마리아야."라고 불렀는지요. 또 그녀는 예수님께서 얼마나 자주 "마르다야, 나사로야."하고 부르시는 음성을 들었는지요.

그 음성이 홍수처럼 그녀에게 쏟아졌습니다. 그녀는 돌이켜 예수님을 쳐다보았고, 그분의 발에 쓰러져 "랍오니"라고 속삭였습니다.

나는 그녀가 그분의 발을 움켜 잡으려했을 것이라 의심하지 않습니다. 나는 얼마나 자주 "오, 그분의 발과 그 아름다운 손에 난 상처에 입을 맞출 수만 있다면……."하고 말해 왔던가.

그러나 예수님은 그녀에게 속삭임보다는 조금은 큰 소리로 아주 부드럽게 "나를 붙들지 말라. 내가 아직 아버지께로 올라가지 아니하였노라"(요 20:17)라고 말씀하셨습니다.

당신은 예수님께서 말씀하신 의도를 압니다.

예수님은 어린 양으로 죽으셨습니다. 그분은 대속물로 죽으셨습니다.

예수님은 대제사장 주님Lord High Priest으로 일어나셨습니다.

당신은 지성소의 휘장이 위로부터 아래까지 찢어진 사건을 떠올립니다. 그 의미는 옛 언약의 대제사장이 더 이상 있지 않다는 뜻입니다. 옛 언약의 제사장제도는 사라졌습니다.

율법도 없습니다. 율법은 성취되었습니다.

더 이상의 제사(희생 제물)도 없습니다. 대제사장은 그 사실을 알지 못했지만, 영원히 위대한 희생 제물로 하나님의 어린 양을 드렸던 것입니다.

그리고 희생 제물이었던 어린 양이 새 언약의 대제사장으로서 죽은 자들로부터 일어나셨습니다.

아브라함의 언약은 완성되었습니다.

이제는 레위가문 출신은 아니지만 모든 권세를 지닌 대제사장이 되신 한분 새로운 대제사장이 계십니다.

그분은 멜기세덱의 반차를 따라 대제사장이 되신 분입니다. 그분은 제사장가문 출신이 아닙니다.

그리고 그분은 마리아에게 부드럽게 "나를 붙들지 말라. 내가 아직 아버지께로 올라가지 아니하였노라"(요 20:17)라고 말씀하셨습니다.

결과적으로 그분은 다음과 같이 말씀하셨던 것입니다. "우리의 대제사장이 일 년에 한 번씩 해왔듯이, 나는 내 피를 가지고 새로운 지성소로 들어가서, 자비석 위에 뿌리려 하는데, 나의 피는 영원한 희생 제물이 될 것이다. 마리아야, 나는 너의 속량을 완성할 것이다. 딸아, 너는 알지 못하지만, 나는 네 죄 때문에 죽었고, 그리하여 네 죄를 제거하였단다.

"지금 나는 너의 희생 제물의 인증을 아버지께 가지고 가고 있단다.

"내가 돌아올 때, 너는 나에게 손을 댈 수 있고, 나를 만질 수도 있고, 내가 살과 뼈가 있다는 사실을 알게 될 것이지만, 지금은 작별해야 한다. 나는 내 아버지께로 가고 있단다."

그리고 그분은 떠나가셨습니다.

우리는 여기에서 우리의 심령이 약간의 상상을 하도록 허용했지만, 그런 장면은 전부 하나님의 속량의 꿈과 계획의 일부였습니다.

당신은 그 사실을 히브리서에서 봅니다.

예수님께서 자신의 피를 가지고 하늘의 지성소로 들어가는 경이로운 일을 하시자, 우주의 최고법정이 그 피를 인정하고 받아들인 후에도, 그분은 해야 할 또 다른 일이 있었습니다.

아시다시피, 그분은 첫 언약 아래서 지은 죄들을 위해 죽으셨습니다.

히브리서 9:15은 "이로 말미암아 그는 새 언약의 중보자시니 이는 첫 언약 때에 범한 죄에서 속량하려고 죽으사 부르심을 입은 자로 하여금 영원한 기업의 약속을 얻게 하려 하심이라"라고 말씀합니다.

이 구절에서 주목할 사항은 예수님께서 자신의 피를 가지고 하늘의 지성소에 들어가신 순간 새 언약이 작동하기 시작했고, 그 즉시로 예수님이 타락한 인간과 아버지 사이의 중개자Mediator가 되셨다는 사실입니다.

예수님은 첫 언약 아래서 저지른 범죄를 속량하시려고 죽으셨습니다. 이제 옛 언약에 속한 자들은 그들의 영원한 유업을 받을 수 있습니다.

옛 언약에 속한 자들은 대제사장이 지성소로 짐승의 피를 가지고 들어갈 때마다 그것(영원한 유업)의 약속을 받았습니다.

그것은 약속어음이었고, 1,500년 전에 체결된 것이었습니다. 이제 예수님께서는 이 어음들을 현금화하셨습니다. 구약의 조상들은 속량되었습니다. 그들은 낙원에 있으면서 예수님을 기다리고 있었습니다.

낙원에 있는 그들 중에 십자가에 달려 죽은 강도가 있었습니다.

예수님은 이제 그분의 약속을 지키려고 하셨던 것입니다.

그분은 "내가 오늘 네게 말하노니, 네가 나와 함께 낙원에 있으리라"(눅 23:43, 저자의 번역)라고 말씀하셨습니다. 그분은 그 강도와 함께 낙원에 갈 것이라고 말씀하신 것이 아니라 강도가 그분과 함께 낙원에 있을 때가 있을 것이라고, 십자가에 달리신 바로 그날 말씀하신 것입니다.

이제 예수님께서는 그분의 약속을 지키려 하십니다.

베드로는 이 사실에 대한 약간의 실마리를 베드로전서 3:18-19에서 비춰줍니다. "그리스도께서도 단번에 죄를 위하여 죽으사 의인으로서 불의한 자를 대신하셨으니 이는 우리를 하나님 앞으로 인도하려 하심이라 육체로는 죽임을 당하시고 영으로는 살리심을 받으셨으니 그가 또한 영으로 가서 옥에 있는 영들에게 선포하시니라"

아시다시피, 예수님께서는 자신의 피를 지성소로 가지고 들어가실 때까지 그들에게 전할 어떤 것도 가지고 계시지 않았습니다.

에베소서 4:8-9이 그 점을 알려줍니다. "그러므로 이르기를 그가 위로 올라가실 때에 사로잡혔던 자들을 사로잡으시고 사람들에게 선물을 주셨다 하였도다 올라가셨다 하였은즉 땅 아래 낮은 곳으로 내리셨던 것이 아니면 무엇이냐"

그분이 말씀하신 의미는 무엇입니까? 그분은 구약의 성도들을 지키고 있던 곳, 곧 낙원으로 가셔서 그들에게 속량이라는 기쁨에 찬 소식을 선포하셨고, 이 사로잡힌 자들을 사로잡아서 올라가셨고, 그들(교회)에게 선물을 주셨습니다.

그리고 사도행전 1장에서 주목할 사항은 예수님께서 올라가셨을 때 어떤 구름이 그분을 받아들였다는 사실입니다.

사도행전 1:9-11은 "이 말씀을 마치시고 그들이 보는데 올려져 가시니 구름이 그를 가리어 보이지 않게 하더라 올라가실 때에 제자들이 자세히 하늘을 쳐다보고 있는데 흰 옷 입은 두 사람이 그들 곁에 서서 이르되 갈릴리 사람들아 어찌하여 서서 하늘을 쳐다보느냐 너희 가운데서 하늘로 올려지신 이 예수는 하늘로 가심을 본 그대로 오시리라 하였느니라"라고 말씀합니다.

보셨는지 모르겠지만, 성경 여러 대목에서 구름이 상당한 역할을 담당하는 장면을 볼 수 있습니다. 예를 들면, 변화산의 변용 가운데 예수님께서 말씀을 하시는데 어떤 밝은 구름이 예수님과 세 제자를 덮었고, 구름으로부터 나온 한 음성이 말하였습니다. 주님이 돌아오실 때는 인자가 하늘의 구름 가운데 오실 것입니다.

그리고 지금은 어떤 구름이 그분을 받아들였습니다.

우리의 대부분의 영적인 주석가들은 그 구름이 낙원으로부터 하늘로 데려간 구약의 성도들이라고 믿습니다.

나도 그들의 주장에 동의합니다.

위대한 희생의 첫 열매들인 아브라함과 다윗과 다른 사람들과 같은 이 구약의 성도들을 데려가시는 주님에 대해서 그들이 우리에게 제공했던 것은 아름다운 개념입니다.

이 땅의 누구도 예수님의 대속적 희생의 유익을 아직 받지 못했습니다. 누구도 거듭나지 않았습니다. 누구도 그것에 대해 어떤 것도 알지 못했었습니다.

가장 가깝게 지낸 자들이 사십일이 무슨 의미인지를 알았는지 의심스럽고, 또 그들의 사랑한 자들(죽은 이들)이 하나님을 만나러 갔다고 믿었는지 의심스럽습니다.

사십일 동안 또 다른 아름다운 일들이 일어났습니다. 그것은 엠마오로 가는 여행에서 일어났습니다(눅 24:13-35).

우리가 그 대목을 인용하자면 책의 지면이 부족하겠지만, 나는 당신이 그 구절들을 읽어보기를 바랍니다.

두 제자들이 이 작은 마을을 향해 가고 있었습니다.

그들은 일어났던 일, 곧 예루살렘을 가득 채운 예수님의 부활에 대한 보도를 이야기하고 있었습니다. 어떤 낯선 자가 그들 사이에 끼어들더니, 무슨 이야기를 하고 있는지 그들에게 물었습니다.

글로바는 "당신이 예루살렘에 체류하면서도 요즘 거기서 된 일을 혼자만 알지 못하느냐?"(눅 24:18)라고 반문하였습니다.

그러자 그 낯선 자는 그들이 말한 말의 의미가 무엇인지를 그들에게 물었습니다.

그들은 "나사렛 예수의 일이니, 그는 하나님과 모든 백성 앞에서 말과 일에 능하신 선지자이거늘, 우리 대제사장들과 관리들이 사형 판결에 넘겨 주어 십자가에 못 박았느니라"(눅 24:19-20)라고 말했습니다.

그들은 계속해서 "또 우리와 함께 한 자 중에 두어 사람이 무덤에 가 과연 여자들이 말한 바와 같음을 보았으나 예수는 보지 못하였느니라"(눅 24:24)라고 말했습니다.

그러자 예수님께서는 "미련하고 선지자들이 말한 모든 것을 마음에 더디 믿는 자들이여!"(눅 24:25)라고 말씀하셨습니다.

그들은 그때까지도 아직 자연인이었습니다. 그분은 그들에게 한 선지자일 뿐이었습니다.

그들은 성경을 이해할 수 없었습니다. 나는 엠마오로 가는 그 여행이 그들이 성령을 받은 후 예루살렘의 그 작은 집단에서 가장 탁월한 증거 중 하나가 되었을 것이라 상상해봅니다.

또 다른 사건은 누가복음 24:44-46에 나타납니다. "그때 그들의 지각을 열어 성경을 깨닫게 하시더라"(눅 24:45, 한글킹제임스)

그분은 오순절 날 후에 다시 그들의 마음을 열 필요가 없었습니다. 왜냐하면 그들은 그때(오순절 날) 영원한 생명을 받았고, 영적인 것을 이해할 수 있었기 때문입니다.

요한복음 20:22-23은 분명히 말하면 누가복음 24:44-46에 기록된 주님과 제자들의 만남의 사건과 동일한 사건입니다. 이제 예수님은 그들에게 숨을 내쉬면서 "성령을 받으라"(요 20:22)라고 말씀하셨습니다.

이것은 오순절 날에 성령을 받은 것과는 다릅니다.

이것은 영원한 생명을 받은 것과는 다릅니다.

이것은 단순히 예수님께서 그들에게 가르치시는 것을 깨닫도록 영감을 주시는 것입니다.

제자들 가운데 누구도 아직은 영원한 생명을 받지 못했습니다.

성령님께서 오셔서, 새 언약의 사역에 아직 착수하지 못하셨습니다.

옛 언약이 찢어진 휘장과 함께 사라졌음을 분명하게 이해하십시오. 새 언약은 예수님께서 자신의 피를 가지고 지성소로 들어가셨을 때 이루어졌습니다.

그러나 예수님께서 제자들을 남겨두시고 떠나신 10일 후에 성령님의 사역이 시작되었습니다.

아시다시피, 주님께서는 높은 곳에 계신 지극히 크신 분의 우편에 앉으시고 그분의 안식 가운데로 들어가셔야 했습니다.

그런 후에 성령님은 그분의 사역에 착수하셨습니다. 예수님께서 십자가에 못 박히신지 50일 후인 오순절 날에 성령님은 오셨습니다.

제자들은 다락방에서 기다리고 있었습니다.

그들은 매우 지혜롭지 못했습니다. 그들은 유다의 자리를 대신하는 사람을 뽑는 일에 자연인의 방법을 사용했습니다.

그들은 오늘날의 사람들이 동전던지기를 하면서 "앞면이냐 뒷면이냐?" 말하듯이 제비뽑기를 하였습니다.

아버지께서는 그들을 철저히 무시하셨습니다.

아버지께서는 예비하신 때에 유다의 자리에 다소의 사울을 지명하셨습니다.

사도행전 1:14은 "여자들과 예수의 어머니 마리아와 예수의 아우들과 더불어 마음을 같이하여 오로지 기도에 힘쓰더라."라고 말씀합니다.

우리는 이 장면에다가 바울 서신으로부터 어떤 것도 끌고 와서는 안 됩니다.

나는 이때까지는 누구도 거듭나지 않았다는 사실을 당신이 분명히 이해하기를 바랍니다. 그들은 예수님과 함께 있었습니다. 그들은 예수님의 기적을 보았지만, 성령을 받을 때까지는 영적인 것들을 이해하지 못했습니다.

그들은 성령의 부으심을 달라고 기도하지 않았습니다. 왜냐하면 그들은 그것이 무슨 의미인지 알지 못했기 때문입니다.

그들은 능력을 달라고 기도하지 않았습니다. 우리는 아주 종종 그런 것을 이 성경구절에 집어넣어 읽기도 합니다.

나는 아더Arthur의 『불의 혀Tongues of Fire』를 읽은 것을 기억합니다. 이 책은 놀라운 책입니다! 아더는 이 장면을 120명의 무리가 하나님의 능력이 임하기를 기다리고 있는 것으로 묘사합니다. 이것은 그의 상상에 지나지 않습니다.

나는 당신이 실제로 중요한 두세 가지를 알기를 원합니다.

우리가 아는 한, 예수님께서는 다락방에서 일어날 일에 대해 제자들에게 어떤 말씀도 하지 않으셨습니다.

예수님께서는 그것을 어떻게 준비해야 할지도 제자들에게 말씀하지 않으셨습니다.

성령님은 예수님이 가시자마자 바로 오실 수 없었습니다.

성령님은 하나님께서 계획하신 정확한 때에 오셨습니다.

120명의 기도는 성령님을 오게 할 수 없을 뿐 아니라 성령님이 오시는 것을 멈추게 할 수도 없었습니다.

하나님께서는 그들에게 그들의 죄들을 회개하라거나 특별한 믿음을 갖기를 요구하지 않으셨습니다.

하나님께서는 아버지의 약속이 올 때까지 그들이 다락방에서 기다리는 것만 요구하셨습니다.

이것은 꿈의 절정입니다.

속량은 마침내 성취되었습니다.

위대한 속량헌장의 합법적인 면이 존재하게 되었습니다.

대속으로 인한 끔찍한 고뇌와 고통으로부터 갓 벗어난 예수님께서 자기 피를 가지고 새로운 지성소로 들어가십니다.

예수님은 삼십 년이 넘는 동안 이 임무 가운데 있지 않으셨습니다.

예수님은 본향으로 돌아가고 계십니다!

얼마나 놀라운 본향으로의 귀환입니까!

그분은 그분 자신의 피를 들고 있습니다.

그분은 이제 새 언약의 대제사장이십니다.

그분은 사람입니다. 그분은 전에는 영이셨습니다.

그분은 절대로 그분의 인성을 버리지 않으실 것입니다.

영원토록 그분은 사람이 되신 하나님the God man이요, 교회의 머리이실 것입니다.

그분은 새 언약의 백성 가운데 첫째로 난 자입니다.

그분은 자기 피를 가지고 새로운 지성소로 들어가고 계십니다.

그분의 피는 완벽한 속량문서에 찍힌 붉은 인증입니다.

그분은 이제 인류를 재창조하기 위한 준비를 마쳤습니다.

하나님의 정당함이 입증됩니다.

인간은 하나님께서 인간이 타락할 줄 아셨음에도 불구하고 인간을 창조하셨다고 하나님을 비난했습니다.

이제 하나님께서는 인간의 죗값을 치르셨고, 그리하여 인간은 영원한 생명을 받고 그리스도 안에서 하나님의 의가 될 수 있습니다.

대단한 전쟁이었습니다. 그러나 사랑이 이겼습니다.

12

그분이 자기 피를 가지고 들어가셨을 때 무슨 일이 일어났는가?

영은 그 중대한 사건 앞에서 입을 다뭅니다.

그전에는 그와 같은 순간이 결코 없었습니다.

아버지께서는 아들이 십자가에 못 박히는 것을 보셨지만, 죄가 그 아들을 만졌을 때 그분은 아들에게서 등을 돌리셨습니다.

우리가 아는 한, 아들은 십자가의 그 끔찍한 순간 이후로 아버지의 임재 가운데 있지 않았습니다.

아버지께서는 아들의 고난을 보셨고, 죗값이 치러졌을 때 "충분하다!"라고 외치셨습니다.

아버지께서는 아들이 재창조되고, 그분 자신과의 교제로 회복되며, 아들이 지옥의 어둠의 세력들과 무시무시한 전투를 하여, 그들에게서 권세를 벗겨내며, 아들 자신으로부터 정사와 권세들을 떼어내며, 그들을 공개적인 구경거리로 삼고 승리를 거두는 것을 지켜보셨습니다.

그러나 이제 아들은 전체 드라마를 완성하게 되었습니다.

그분은 어린 양으로 죽으셨습니다. 그분은 대속물로 고난을 당하셨습니다.

그분은 그 어두운 영역에서 의롭게 되셔서 대적을 정복하셨습니다.

그리고 영웅이자 주님으로서 그분은 죽은 자들로부터 일어나셨습니다.

그러나 이제 그분은 대제사장이십니다.

자기의 피를 가지고 지성소로 들어가는 것이 그분께서 대제사장직무에서 행하신 첫 번째 일입니다.

그분은 매년마다 자기 피를 가지고 들어가실 필요가 없을 것입니다. 그것은 단번에 드린 희생 제사였습니다.

사탄은 정복되었습니다.

공의의 요구는 충족되었습니다.

인간은 속량되었습니다.

하나님께서는 이제 합법적인 근거에서 인간에게 영원한 생명을 주실 수 있습니다.

예수님께서는 구원자가 되셨고, 인간의 죄 문제를 다루셨으며, 그 문제를 해결하시고 인간을 구원하셨습니다.

인간의 몸값이 마침내 지불되었습니다. 빚은 청산되었습니다.

예수님께서는 보좌에 앉으셨을 때 안식으로 들어가셨고, 따라서 자동적으로 사람의 손으로 짓지 아니한 새 성소의 사역자가 되셨습니다.

그분은 새 언약의 중보자가 되셨습니다.

하나님 자신의 아들의 피로 인증된 새 언약이 그날 작동하기 시작했다는 것은 그 얼마나 놀라운 일입니까!

그 아들의 첫 번째 사역은 새 언약의 대제사장으로서 자기 피를 가지고 지성소로 들어가는 것이었습니다.

그 일이 이루어지자마자, 그분은 인간의 유일한 구원자로 인정되었고, 구원받은 사람의 중보자Intercessor가 되셨습니다.

중개자Mediator로서 그분은 잃어버린 자들과 하나님 사이에 서 있습니다. 하지만 중보자로서 그분은 구원받은 사람들을 위해 중보 하시려고 살아 계십니다.

그분은 그들을 위해 기도하십니다. 그분은 그들을 돌보십니다.

그분은 그들을 위해 죽으셨습니다.

그분은 그들을 위해 속량을 가능케 하셨습니다.

그분은 그들이 영원한 생명을 받을 수 있게 하셨습니다.

지금 그분은 이 새로운 피조물을 섬기고 돌보려고 살아 계십니다.

그분은 대제사장, 중개자, 구원자, 중보자이실 뿐만 아니라 그들의 하늘 변호사Heavenly Attorney요 법무장관 주님the Lord Advocate General 이기도 하십니다.

"만일 누가 죄를 범하여도 아버지 앞에서 우리에게 대언자advocate:변호자가 있으니 곧 의로우신 예수 그리스도시라"(요일 2:1)

이 얼마나 의미심장한 칭호입니까!

믿는 자가 죄를 지으면 의 의식sense of Righteousness을 잃게 됩니다.

믿는 자는 아버지께 다가갈 수 있는 권리를 잃지만, 그에게는 변호자가 있습니다. 그는 의로운 변호자입니다.

그리고 이 믿는 자가 대적이 가하는 고통에 붙잡혀있을 때 도움과 용서를 구하며 부르짖는다면, 예수님께서는 그 상황을 취하여서 그의 변호자가 되시며, 교제는 회복됩니다.

"만일 우리가 우리 죄를 자백하면 그는 미쁘시고 의로우사 우리 죄를 사하시며 우리를 모든 불의에서 깨끗하게 하실 것이요"(요일 1:9)

"나의 자녀들아 내가 이것을 너희에게 씀은 너희로 죄를 범하지 않게 하려 함이라. 만일 누가 죄를 범하여도 아버지 앞에 우리에게 대언자가 있으니 곧 의로우신 예수 그리스도시라. 그는 우리 죄를 위한 화목제물이니 우리만 위할 뿐 아니요 온 세상의 죄를 위하심이라"(요일 2:1-2)

이는 하나님 우편에 계신 그 사람의 모든 사역 가운데 가장 경이로운 사역이지만, 그것이 전부는 아닙니다.

히브리서 7:22은 "그(예수)는 새 언약의 보증이시니라."(저자의 번역)라고 말씀합니다. 그분은 마태복음 1장부터 요한계시록 22장에 이르는 신약 전체의 증인이십니다.

아시다시피, 이 새 언약 뒤에는 아버지와 예수님과 성령님의 완전 무결하심integrity이 있습니다.

그분들의 보좌가 모든 말씀을 지지합니다.

당신은 옛 언약이 작동하기 시작하고 하나님께서 옛 언약의 보증이 되셨을 때 그분이 아브라함에게 하신 말씀을 기억하십니까? "내가 나를 가리켜 맹세하노니"(창 22:16)

지금 예수님은 새 언약의 보증이 되십니다.

뿐만 아니라, 그분은 우리의 주이신 대제사장이기도 하십니다.

그분은 양식의 공급자이십니다.

그분은 아내에게 남편과 같은 존재이십니다. 참으로 그분은 우리의 신랑이십니다. 주이자 신랑이신 그분은 우리의 필요를 공급하십니다.

그분은 우리를 지켜주시며, 우리를 원수로부터 보호하시는 우리의 보호자이십니다.

시편 23편은 믿는 자가 이 땅에 살아가는 모습에 대한 완벽한 그림입니다.

"여호와는 나의 목자시니" 그분께서 나의 양식을 공급하시는 분이십니다. 어찌 내게 부족함이 있겠습니까? 그분은 나를 "푸른 풀밭에 누이십니다."(시 23:1-2) 즉 나는 신성한 풍요함 가운데 삽니다. 그분께서 내 삶의 모든 필요를 아시므로, 나는 그분의 보호 가운데 풍성한 푸른 풀밭에 눕습니다.

달콤하고 수정같이 맑고 샘솟는 물이 내 곁에 흐릅니다. 나는 예수님께서 돌보시는 자입니다.

"내 영혼soul을 소생시키시고"(시 23:3) 즉 나를 두렵게 했고, 걱정시키며, 두려움으로 가득 차게 했던 것이 있을지라도, 그분이 내 혼을 회복시키신다는 뜻입니다. 그분은 나를 두려움과 공포로부터 끄집어내셔서 안식과 고요함으로 옮겨주십니다.

"의의 길로 인도하시는도다"(시 23:3) 이는 우리가 원수들을 두려워하지 않는 새로운 종류의 의의 길입니다.

"의의 길"은 새로운 피조물의 길인 것입니다.

그래서 내가 대적이 모든 사람을 지배하는 영적 죽음의 영역에서 걸을지라도, "나는 해를 두려워하지 않습니다."

왜냐하면 나는 그분께서 "볼지어다 내가 세상 끝 날까지 너희와 항상 함께 있으리라"(마 28:20)라고 속삭이는 음성을 듣기 때문입니다.

보호하는 "주의 지팡이"와 풍요의 "주의 막대기"가 "나를 안위하시나이다"(시 23:4) 나는 보호를 받고, 돌봄을 받고, 그분 안에 숨겨집니다. 그분이 나의 보호이십니다.

그러나 다음의 말씀을 듣습니다. "주께서 내 원수의 목전에서 내게 상을 차려주시고"(시 23:5)

누구도 원수 앞에서 먹을 수 없습니다. 왜냐하면 식욕이 달아나기 때문입니다.

그러나 이 원수는 정복당한 원수입니다. 이들은 꽁꽁 묶인 원수입니다.

나는 패배하였고, 정복당했고, 눌림을 받았고, 아마도 치욕을 당했던 곳에서 이제 예수 그리스도 나의 주님을 통해서 생명의 영역에서 왕으로 통치합니다.

"기름을 내 머리에 부으셨으니"(시 23:5) 나는 내가 제사장직에 있음을 발견했습니다. 나는 왕의 가족에 속한 자입니다. 오직 그들(왕의 가족)만이 기름부음을 받기 때문입니다.

"내 잔이 넘치나이다"(시 23:5) 나에게는 말로 할 수 없는 기쁨이 있습니다. 이것은 내가 주님과 함께 살아가는 놀라운 삶입니다.

그리고 이제 은혜의 쌍둥이인 "선하심과 인자하심"(시 23:6)이 생명의 놀라운 길을 나와 팔짱을 끼고 걸어갑니다.

나는 영원토록 나의 주님의 임재 안에 거하고 있습니다. 할렐루야!

이것은 새로운 피조물의 실재에 대한 한 작은 그림일 뿐입니다.

우리는 인간의 심령이 오랜 기간 동안 갈망해왔던 것을 발견했습니다.

예수님께서 보좌에 앉으셨을 때, 그분의 일은 완성되었고, 그리하여 그분은 나를 그분과 함께 앉게 하셨습니다.

아시다시피, 그분은 그분과 함께 나를 일으키셨습니다. 그분은 그분과 함께 나를 앉게 하셨습니다.

나는 그분과 하나입니다.

그분은 머리이십니다. 나는 그 몸의 일부입니다.

그분은 포도나무입니다. 나는 가지입니다.

나의 생명은 그리스도와 함께 나의 구원자, 나의 주님이신 하나님 안에 감추어져 있습니다.

나의 은혜로우시고 경이로운 구원자요 대제사장께서는 나를 얼마 안 있어 그분 자신 안으로 받아들이기 위해 돌아오실 것입니다.

아버지의 가슴은 기쁨으로 충만합니다. 왜냐하면 그 다락방에서 성령님이 새롭고 강력한 가족을 낳으셨기 때문입니다.

사탄의 지배를 받아왔던 사람들이 갑자기 거듭납니다.

천사들이 이 기이한 장면을 주시합니다. 왜냐하면 그들은 사람의 심령에 있는 생명을 볼 수 있기 때문입니다.

천사들은 베드로와 요한과 예수님의 어머니와 다른 모든 사람들의 새로운 탄생을 목격합니다.

예수님은 삼십 년 전에 구유에서 태어나셨습니다. 그리고 이제 성령님은 그 다락방에서 120명의 사람들을 낳으셨습니다.

귀신들이 소스라치게 놀라면서 이 광경을 주시합니다.

귀신들은 기이한 광경, 곧 120명의 예수와 같은 사람들이 태어나는 것을 봅니다.

이 사람들은 하나님의 본성을 가지고 있습니다. 그들 안에는 이제 하나님의 능력이 있습니다.

그들 각자가 대적을 다스리는 지배자이며 그 사실을 알고 있습니다.

사탄의 지배를 받았던 사람이 하나님의 아들이 되었습니다.

그는 하나님의 생명과 하나님의 본성을 가지고 있습니다. 이제 하나님께서 그 사람 안에 거하실 수 있습니다.

거듭난 모든 사람의 몸은 성령님을 위한 성막이 됩니다.

믿는 자들의 집단적 몸은 하나님의 성전이라 불리게 될 것입니다.

기이한 새 일이 일어났습니다. 그들의 죄 문제는 해결되었고, 그들은 그리스도 예수 안에서 창조된 새로운 피조물이 되었습니다.

그들은 그리스도의 사흘 동안의 고난과 영적 고뇌의 열매들입니다.

13
다락방에서 무슨 일이 일어났는가?

오순절 날 120명의 사람들이 하나님의 가족으로 태어났던 그 다락방으로 여행을 떠나봅시다.

하나님의 정확한 계획에 따라 모든 것이 준비되었습니다.

그리스도의 대속 사역은 완성되었습니다.

구약의 성도들이 낙원에서 하늘로 옮겨졌습니다.

하나님의 어린 양의 피가 받아들여졌습니다.

예수님께서 높은 곳에 계신 지극히 크신 분의 우편에 앉으셨습니다.

성령님께서는 사람들을 재창조하시려고 하늘을 떠나 땅으로 내려오셨습니다.

그날은 틀림없이 놀라운 날이었습니다!

그리스도의 몸의 탄생과 관련해서 몇 가지 확실한 사실이 지적되어야 합니다.

첫째, 어떤 믿음도 요구되지 않았다는 사실입니다.

그 사람들은 회개해야 한다는 소리도 들은 적이 없었습니다.

그들은 무슨 일이 일어날지 알지 못했습니다.

누구도 거듭난 적이 없었습니다.

그들은 첫 언약이 성취되어 폐기되었으며, 새 언약이 그 자리를 차지했다는 사실을 알지 못했습니다.

할례가 새로운 탄생에 의해서 대체되었다는 사실이 그들에게 알려지지 않았습니다.

제사장직무가 기능 정지했다는 사실을 누구도 알지 못했습니다.

그들은 여호와께서 제사, 속죄, 제물들을 더 이상 받지 않으신다는 사실을 알지 못했습니다.

이 땅에는 더 이상 사람의 손으로 지은 지성소가 존재하지 않았습니다.

모세의 율법은 폐기되었습니다.

새로운 언약, 새로운 제사장제도, 새로운 법이 존재하게 되었습니다.

"낡아지고 쇠하는 것은 없어져 가는 것이니라"(히 8:13)

성전의 휘장이 위로부터 아래까지 찢어졌습니다.

여호와께서는 이 땅의 지성소를 떠나 새로운 성전, 곧 하늘에 있는 지성소로 가셨습니다.

그들은 새 언약을 유업으로 받았으며, 재창조됨으로써, 즉 위로부터 태어남으로써 새 언약에서 시작하게 되었다는 사실을 알지 못했습니다.

그들은 그것이 육체의 할례가 아니라 영적인 할례라는 사실을 깨닫지 못했습니다.

휘장이 찢어졌다는 사실이 제대로 평가받지 못했습니다.

그들은 찢어진 휘장의 의미를 이해할 수 없었습니다.

십자가와 사흘 동안에 일어났던 일은 그들에게는 닫혀있는 책이었고, 마찬가지로 그들은 그 일들을 사십일 동안 일어났던 일과 연결시키지 못했습니다.

그들은 그분이 자기 피를 가지고 하늘의 지성소로 들어가셨다는 사실을 알지 못했습니다.

그들은 그분이 지금 그들의 대제사장이심을 알지 못했습니다.

그들은 그들이 사랑했던 주님께서 지금 높은 곳에 계신 지극히 크신 분의 우편에 앉으셨다는 사실을 암시조차 받은 적이 없었습니다.

누구도 하나님께서 민족이 아니라 가족을 가지셨다는 사실을 제대로 음미하지 못했습니다.

그들은 여호와가 아니라 사랑의 아버지를 가졌다는 사실을 제대로 음미하지 못했습니다.

구약에서의 쓴 나물의 교제가 예수 그리스도를 통해서 아버지와 누리게 된 달콤한 교제로 대체되었습니다.

우리가 다락방에 있던 작은 무리의 사람들을 되돌아보면서 그들을 무슨 일이 일어날지 전혀 모르고 있는 이스라엘 사람들로 생각하기는 어려운 일입니다.

우리는 다락방에서 일어났던 일들은 영적인 재창조만 제외하고는 모두 감각의 영역에 일어났다는 사실을 깨달아야 합니다.

하나님께서는 두 영역, 즉 영의 영역과 감각의 영역 모두에서 일하셔야 했습니다.

이것은 전적으로 새로운 것으로 첫 언약과 연관된 모든 것이 감각의 영역에 있었습니다.

성령님이 오셨을 때 그들은 강한 바람처럼 급하게 부는 소리를 들었습니다.

그들은 불의 혀들을 보았습니다.

그들은 각자가 다른 방언들로 말하는 소리를 들었습니다.

그들은 무슨 일이 일어났는지 알지 못했습니다.

그들은 그들이 갑자기 하나님의 가족으로 태어났다는 사실을 알지 못했습니다.

누구도 그들이 새로운 피조물이라는 사실을 알지 못했습니다.

그들은 의에 대해 전혀 알지 못했습니다.

그들은 속량에 대해 전혀 알지 못했습니다.

그들은 이미 도달했지만, 자신들이 어디에 이르렀는지 알지 못했습니다.

그들은 영원한 생명을 받았습니다. 그들은 그들 안에 거하시는 성령님을 가지고 있었지만, 그들 중 누구도 그게 어떤 것인지 알지 못했습니다.

그들은 말로 할 수 없는 기쁨과 영광으로 가득했습니다.

하늘의 평화가 그들의 심령을 채웠습니다.

그들은 영원한 생명을 가졌습니다.

그들은 하나님의 의였습니다.

그들은 어떤 인간도 소유한 적이 없던 새로운 기쁨을 가졌습니다.

그들 각자가 지성소로 들어갈 수 있었습니다.

그들 중 누구도 정죄 아래 있지 않았습니다.

그들은 예수 그리스도를 죽은 자들로부터 일으키셨던 성령님과 똑같은 성령님을 가졌습니다.

그들은 이 모든 이적들에 대해 무지하였지만, 그것들을 누렸습니다.

잠깐 동안만 그 점에 대해 비판적으로 살펴봅시다.

예수님과 세례 요한에 따르면, 그들은 성령 안으로 잠겼던 것입니다.

고린도전서 12:13은 무슨 일이 일어났는지를 설명합니다. "유대인이나 이방인이나, 종이나 자유인이나 한 성령에 의하여 우리 모두가 한 몸 안으로 침례를 받았으며 또 모두가 한 성령 안으로 마시게 되었느니라." (고전 12:13, 한글킹제임스)

이것은 무슨 일이 일어났는지를 설명합니다.

그들이 성령 안으로 잠기게 된 순간, 그들은 성령으로부터 태어났던 것입니다.

자궁으로부터 나오지 않는다면 태어날 수 없습니다.

성령님은 그 다락방에서 그들을 낳으셨고, 그들은 영원한 생명을 받았습니다.

오늘날 사람들이 영원한 생명을 받을 때, 성령님은 그때의 다락방에서처럼 그들을 덮으셔서, 그들의 영에 하나님의 본성인 영원한 생명을 전이하십니다.

인간이 하나님의 생명을 받은 것은 그때가 인류역사상 최초였습니다.

예수님께서 부활하시기 전에 영원한 생명을 받은 것은 사실이었지만, 그분은 다른 사람들과 같은 부류가 아니셨습니다.

그분은 "죽은 자들로부터 처음으로 나신 분"이셨습니다.

이것은 골로새서 1:18에서 표현됩니다. "그는 몸인 교회의 머리시라 그가 근본이시요 죽은 자들 가운데서 먼저 나신 이시니 이는 친히 만물의 으뜸이 되려 하심이요"(골 1:18) 그리고 로마서 8:29도 그렇게 말합니다.

기이한 현상이 발생했습니다.

부드럽게 빛나는 불의 혀들이 그들 각자 위에 머물렀습니다.

이것은 그들이 세상에 가져갈 메시지가 강력한 힘과 함께 주어졌다는 사실을 가리킵니다.

스데반이 이를 입증합니다.

그들은 스데반을 돌로 쳐 죽임으로써만 처리할 수 있었습니다.

하나님께서는 이 새로운 피조물의 사람들에게 죽음과 증오에 직면해서 승리자로 설 수 있는 그분의 본성인 사랑의 본성을 주셨습니다.

이것은 대적이 소멸시킬 수 없는 메시지입니다.

왜입니까?

왜냐하면 자연인은 하나님에 굶주려있기 때문입니다.

자연인은 영원한 생명에 굶주려합니다.

자연인은 그 사실을 알지 못할 수 있거나 스스로 깨닫지 못할 수도 있지만, 이 메시지를 들을 경우 그 메시지가 그를 존재 깊은 곳까지 휘저을 것입니다.

새로운 피조물의 메시지는 인간이라면 누구나 가지고 있는 울부짖는 심령의 신음에 대한 대답입니다.

그 다락방에서 네 가지 강력한 사건이 일어났습니다.

첫째, 그들은 재창조되었습니다.

둘째, 불의 혀들이 그들 각자 위에 머물렀습니다.

셋째, 성령님께서 그들의 몸 안으로 들어갔습니다.

넷째, 그들은 다른 방언으로 말했습니다.

그들은 이와 같이 성령을 받은 첫 번째 사람들이었습니다.

첫 언약 아래서 성령님은 특별한 사역을 위해 사람들 위에 임하시곤 했지만, 항상 다시 떠나시곤 했습니다.

그들은 제자들이 다락방에서 받았던 것처럼 성령님을 받지는 못했습니다. 왜냐하면 그들은 거듭나지 않았기 때문입니다.

제자들은 거듭났습니다. 따라서 성령님께서 그들의 몸 안으로 들어가서 그곳에다 그분의 영원한 처소를 만드실 수 있었습니다.

우리는 그 사실을 깨닫지 못했지만, 그 다락방에서 예수님께서 예언하셨던 일이 일어났습니다.

하나님께서는 성전의 지성소를 떠나셨습니다.

찢어진 휘장이 그 사실에 대한 증거입니다.

성령님은 그 다락방에 있던 새 성전, 곧 사람의 손으로 짓지 아니한 성전 안으로 들어가셨습니다.

"너희는 너희가 하나님의 성전인 것과 하나님의 성령이 너희 안에 계시는 것을 알지 못하느냐 누구든지 하나님의 성전을 더럽히면 하나님이 그 사람을 멸하시리라 하나님의 성전은 거룩하니 너희도 그러하니라 [난외주: 너희가 그러한 성전이니라]"(고전 3:16-17)

어떻게 해서 집단적 몸이 성전으로 불리며, 개인적으로는 우리가 성막으로 불리는지 주목할 만하지 않습니까?

성령님이 그들의 몸 안으로 들어가셔서 그들을 장악하시는 순간, 그들은 방언으로 말하기 시작했습니다.

그것은 전율할 만한 순간이었음에 틀림없습니다!

그들 모두가 방언으로 말했는지 그렇지 않았는지 우리는 알지 못하지만, 그들 모두 성령을 받았다는 것을 알고 있습니다.

그곳에 모여 있던 여러 나라 출신의 무리들이 그들 자신의 모국어로 그 메시지를 이해했습니다.

성령님이 그 메시지를 각자에게 해석을 하셨는지 아니면 120명에게 다른 방언들을 말하는 특별한 은사를 주셨는지 우리는 알지 못합니다.

우리는 제자들이 거듭나서 하나님께서 그들 안에 거하셨는지 알지 못합니다.

아버지의 사랑의 꿈이 이루어졌습니다.

속량의 계획의 합법적인 면이 완성되었습니다.

이제 속량의 실제적인 면이 가시화됩니다.

아버지께서는 사람들이 영원한 생명을 받고 하나님의 아들과 딸이 되는 것을 보셨습니다.

대속물로서 예수님의 사역은 성공을 거두었습니다.

그분은 성령님께서 사람들을 영적으로 낳으신 것을 보셨습니다.

그분은 사람들이 죽음에서 생명으로, 패배에서 승리로 옮겨지는 것을 보셨습니다.

보통의 사람들이 이기는 자가 되었습니다.

그분은 정죄가 완전히 장악했던 곳에서 의의 통치를 보셨습니다.

그것은 새로운 피조물의 시작이요, 새 시대의 시작이며, 새로운 부류의 사람들, 곧 하나님 소유의 새 종족의 시작이었습니다.

그것은 성령 안에 있는 새 언약의 시작이었습니다.

이 새 언약은 사람들의 영을 하나님의 영과 연합하는 것이었습니다.

하나님께서 거하시어 가르치시는 하나님의 아들과 딸로 이루어진 새로운 가족이 탄생하게 되었습니다.

그것은 영원한 생명이 인간 안에 할 수 있었던 바가 나타난 것이었습니다.

그것은 새로운 종류의 사랑이 사람들의 심령 안에 부어짐이었습니다.

다락방의 드라마는 지금까지 인간의 의식에 떠올랐던 아버지께서 행하신 일 중에 가장 위대한 실재의 시작이었습니다.

사람들은 영원한 생명을 받았습니다.

하나님 자신이 사람들 안에 거하셨습니다.

사탄은 타락에서 십자가에 이르기까지 인류의 지배자였습니다.
사탄은 십자가에서 "사탄아, 내 뒤로 물러가라."(마 16:23)라고 말씀했던 그 사람을 정복했다고 생각했습니다.
바로 그 사람이 귀신들에게 "그녀에게서 나가라!"라고 명령했습니다.
사탄은 십자가에서 그 사람을 마음대로 할 수 있게 되었다고 믿었습니다.
사흘 동안 사탄은 그 사람을 인간의 상상력이 꿈꿀 수 있는 모든 것을 능가하는 고난을 겪게 했습니다.
그런 후, 사탄은 바로 그 사람이 스스로 어둠의 모든 세력들로부터 자유케 되어서, 사탄에게서 통치권을 벗겨내고, 죽음의 고통을 마비시키며 죽은 자들로부터 일어나신 것을 보았습니다.
이제 기이한 현상이 다락방에서 발생했습니다.
사탄은 사람들의 부활을 보았습니다.
사탄은 더 이상 사람들 삶에 죄가 존재하지 않는 것을 보았습니다.
사탄은 사람들이 저질렀던 죄들이 결코 한 번도 없었던 것처럼 제거된 것을 보았습니다.
사탄은 하나님의 본성이 그들의 영에 들어와 그들을 재창조하는 것을 보았습니다.
아담이 잃어버렸던 형상이 이 재창조된 사람들에게서 나타났습니다.
그들은 예수님 같은 사람들Jesus men and women입니다.
다락방은 사탄의 영원한 패배의 결과물입니다.
사탄은 충격을 받았음에 틀림없습니다.
사탄은 그때로부터 예수님께서 드러내신 권세를 지닌 사람들과 전투를 하게 되리라는 것을 알았음에 틀림없습니다.
두려움이 사탄의 심령을 사로잡았음에 틀림없습니다.

14

오순절 날에 사탄이 보았던 것

사탄은 십자가에서 예수님을 정복했습니다.

사탄은 대제사장들의 이기적인 심령을 부추겨, 시기와 분노 가운데 예수님을 십자가에 못 박게 했습니다.

아버지께서는 예수님께 세상의 죄를 얹으셨습니다.

예수님은 홀로 남으셨습니다.

하나님은 그분에게서 등을 돌리셨습니다.

사탄은 의기양양하게 음부 어두운 곳으로 예수님의 영을 데려갔습니다.

지옥이 만들어낼 수 있는 모든 고난과 고통이 예수님께 얹어졌습니다.

예수님께서 사흘 낮, 사흘 밤 동안 지옥의 고통을 당하셨을 때 우주의 최고 법정은 "충분하다!"라고 외쳤습니다.

예수님은 죗값을 치르셨고, 공의의 요구사항을 충족시켰습니다.

사탄은 그분이 의롭게 되시는 것을 보았습니다.

하나님께서 음부의 무리 앞에서 예수님을 영으로 살아나게 하셨습니다.

예수님은 새로운 피조물이 되셨습니다.

"하나님이 미리 아신 자들을 또한 그 아들의 형상을 본받게 하기 위하여 미리 정하셨으니 이는 그로 많은 형제 중에서 맏아들이 되게 하려 하심이니라"(롬 8:29)

"그는 몸인 교회의 머리시라. 그가 근본이시요 죽은 자들 가운데서 먼저 나신 이시니 이는 친히 만물의 으뜸이 되려 하심이요"(골 1:18)

예수님은 음부에서 새로운 피조물로 태어나셨습니다.

골로새서 2:15은 그 사실을 부분적으로 묘사합니다. "통치자들과 권세들을 무력화하여 드러내어 구경거리로 삼으시고 십자가로 그들을 이기셨느니라."

사탄은 패배했습니다.

"또 죽기를 무서워하므로 한평생 매여 종노릇하는 모든 자들을 놓아주려 하심이니"(히 2:15)

예수님은 죽음을 다루는 사탄의 권세를 마비시키셨습니다.

예수님은 사로잡힌 자들을 사로잡으셨습니다.

우리의 대속물로서 예수님은 지옥의 무리들을 패배시키셨습니다.

다락방에서 사탄은 그 결과들을 보았습니다.

사탄은 사람들이 재창조되는 것을 보았습니다.

사탄은 사람들이 영원한 생명을 받는 것을 보았습니다.

사탄은 사람들의 죄가 제거되고, 죄를 한 번도 지은 적이 없는 것처럼 그들에게서 죄가 삭제되는 것을 보았습니다.

사탄은 사람들 안에 있는 성령의 에너지와 능력을 보았습니다.

사탄은 새로운 피조물들이 자신의 지배자가 된다는 사실을 인식하게 되었습니다.

사탄은 이 사람들이 예수의 이름을 사용할 수 있는 권세를 지니고 있다는 사실을 깨달았습니다.

다락방에 있던 사람들은 예수님께서 이 땅에 활동하실 때 행하신 것과 똑같은 기적을 행할 수 있게 된 것입니다.

사탄은 예수님께서 "하늘과 땅의 모든 권세를 내게 주셨으니(마 28:18)"라고 말씀하신 때를 기억했음에 틀림없습니다.

예수님은 지옥의 지배자이셨고, 그리고 새로운 피조물의 사람들이 이 권세를 받았습니다.

사탄은 눈물만 가득하던 심령에 기쁨이 가득한 것을 보았습니다.

사탄은 패배자가 지배자가 되는 것을 보았습니다.

사탄은 자신의 노예였던 자들이 수갑을 벗어던지는 것을 보았습니다.

사탄은 비참으로 가득한 가정이 작은 천국으로 바뀌는 것을 보았습니다.

사탄은 자신의 죄수들이 풀려나는 것을 보았습니다.

사탄은 사람들이 새로운 피조물이 된 것을 보았습니다.

이 새로운 피조물은 예수님과 같은 사람들이 되었습니다.

그들이 없는 것들을 있는 것처럼 여겼더니, 그것들이 생겨났습니다.

그들이 있는 것들을 없는 것처럼 여겼더니, 그것들이 없어졌습니다.

사탄은 의심과 두려움이 오랫동안 왕좌를 차지했던 곳에서 믿음이 자라나는 것을 보았습니다.

사탄은 새로운 종족의 사람들, 곧 새로운 종족이 생기는 것을 보았습니다.

사탄은 새로운 탄생이 일어나는 것을 보았습니다.

사탄은 하나님께서 사람들을 사탄의 손아귀에서 끄집어내시고, 증오가 최고로 지배하는 곳에서 그들의 심령을 사랑으로 채우시는 것을 보았습니다.

사탄은 이기심이 잘려나가는 것을 보았습니다.

가장 기이한 현상은 사람들이 아무런 죄책감이나 열등감이나 정죄감 없이 하나님의 임재 앞에 서는 것을 보는 일이었습니다.

이것이 바로 지옥의 토대를 뒤흔들었습니다.

새로운 피조물의 가족은 새로운 언어로 말했습니다.

사랑의 말이 깃든 언어였습니다.

사탄은 사람들이 생명의 새로운 영역에서 왕으로 통치하는 것을 보았습니다.

사탄은 새로운 종류의 사랑이 사람들을 지배하는 것을 보았습니다.

사탄은 예수님을 멸절시키려고 죽였지만, 멸절시키기는커녕 오히려 예수님의 죽음과 부활이 이 새로운 피조물의 가족을 탄생시켰던 것입니다.

새로운 피조물들이 급속도로 많아졌기 때문에, 사탄은 그들이 자기를 멸망시키기 전에 먼저 그들을 멸망시켜야 한다는 사실을 깨달았습니다.

나는 다음의 질문을 받았습니다. "당신은 사탄이 전에 이 모든 사실을 알았다고 생각하십니까?"

"사탄은 그리스도께서 십자가에서 무엇을 하고 계셨는지 알지 못했나요?"

"사탄은 만일 그리스도께서 지옥에 가신다면 자신이 예수님을 정복할 거라고 알지 않았나요?"

"영원부터 만물을 창조하신 하나님 속에 감추어졌던 비밀의 경륜이 어떠한 것을 드러내게 하려 하심이라 이는 이제 교회로 말미암아 하늘에 있는 통치자들과 권세들에게 하나님의 각종 지혜를 알게 하려 하심이니"
(엡 3:9-11)

이제 속량의 강력한 계획이 정해진 때에 드러나도록 아버지와 예수님 사이에 봉인되었다는 이 경이로운 사실에 주목하십시오.

사탄은 그 사실에 대해 전혀 알지 못했습니다.

사탄은 이제 자기가 패배자라는 사실을 직시합니다.

사탄이 한 그리스도인을 파괴할 때마다 또 다른 그리스도인이 탄생했습니다.

사탄은 다른 어떤 것보다 이 새로운 피조물의 사람들의 입술에 있는 하나님의 말씀을 두려워했습니다.

사탄은 무엇보다 말씀을 파괴하려고 합니다.

예수의 이름으로 말씀을 전하도록 허락을 받는 곳마다 예수님과 같은 사람들이 태어났습니다.

중세암흑기로 알려진 칠백 년 동안, 사탄은 말씀을 질식시켰습니다.

루터가 말씀을 다시 탄생시켰습니다.

오늘날 많은 나라들에서 말씀이 외관상으로는 밝혀진 것 같지만, 말씀은 여전히 어떤 사람들의 심령에 남아있습니다.

사탄은 이 예수님과 같은 사람들이 말씀을 먹었고, 그렇게 함으로써 점점 더 주님을 닮아가게 되는 것을 보았습니다.

그렇다고 한다면, 만일 말씀을 파괴할 경우, 예수님과 같은 사람들의 증가도 멈추게 될 것입니다.

이제 사탄은 자기가 할 일을 압니다.

당신은 우리의 사역이 무엇인지, 우리가 이 살아 있는 말씀을 사람들에게 주어야 하며, 다른 어떤 것도 그것을 대신할 수 없다는 사실을 이제 직시할 수 있습니다.

하늘에 경축일이 있다고 한다면, 아마도 다락방에서 기적이 일어났던 날이었을 것입니다.

그날은 아버지와 예수님과 성령님께서 그리스도의 위대한 대속적 희생으로 인해 첫 번째로 태어난 자녀를 보셨던 때입니다.

천사들은 완전히 놀라는 표정으로 지켜보았음에 틀림없습니다.

당신과 나는 겉사람만 볼 수 있지만, 천사들은 그리스도 예수 안에서 재창조된 속사람을 볼 수 있었습니다.

천사들은 아버지께서 오랫동안 꿈꾸어 오셨던 것이 성취되는 것을 볼 수 있었습니다.

우리는 아버지께서 우리를 얼마나 사랑하셨는지 알지 못합니다.

아버지께서는 우리가 마귀의 지배를 받고 있었을 때 우리를 그렇게 사랑하셔서 우리가 영원한 생명을 받을 수 있게 하려고 그분의 아들을 희생하셨습니다.

교회가 아버지께는 얼마나 사랑스럽고 아름다운지 조금이라도 알 수 있었다면, 그 사실로 인해 교회는 바뀌었을 것입니다.

천사들 스스로 그들의 청지기가 되었습니다. 천사들은 그들과 동행하였고, 그들을 돌보았고, 그들을 위험으로부터 보호하고 방패막이가 되어 주었습니다.

나는 예수님께서 새로운 피조물을 어떻게 보셨으며, 그들에 대해 어떤 느낌을 가지셨는지 궁금했습니다.

예수님은 이 땅을 걸으실 때 그들을 사랑하셨고, 이제 그들은 새로운 피조물이며, 그분 자신의 피로 속량 받은 자들입니다.

그들이 예수님께는 말로 할 수 없을 정도로 귀한 존재임에 틀림없습니다.

당신은 바울이 그것을 어떻게 표현했는지 기억합니다. "그는 나를 사랑하셔서 그분 자신을 나에게 주셨다." 주님께서 우리를 얼마나 사랑하셨는지 알았다면, 우리는 분명히 바울과 똑같은 고백을 했을 것입니다.

15

하늘에서 새로운 피조물의 의미

만약 당신이 오순절 날에 세 종류의 세상[2]에 무슨 일이 일어났는지를 마음속에 그려볼 수 있다면 인류역사에서 가장 위대한 기적 중 하나가 당신의 심령에 드러나게 될 것입니다.

나는 오순절 날의 그 기적이 아버지와 예수님께 어떤 결과를 끼쳤는지가 궁금합니다.

그리스도께서는 지옥을 통과하심으로써 이날을 가능하게 만드셨습니다.

아버지께서는 이날을 가능케 하려고 지옥에 있는 수천의 존재들이 그분의 아들의 고난을 보게 하는 고통을 겪으셨습니다.

당신은 "무슨 일이 일어났습니까?"라고 묻습니다.

놀랍게도, 하나님의 가족이 세워졌습니다. 다시 말해 하나님의 가족이 존재하게 되었다는 말입니다.

---

[2] Three Worlds, 하늘과 이 땅과 지옥 (역자 주)

새로운 종족의 사람들 가운데 첫 번째 태어난 자녀들이 다락방에서 존재하게 되었습니다.

하나님께서는 에덴동산에서 그분의 사람(아담)을 잃어버렸지만, 이제 다락방에서 그분의 사람을 다시 발견하셨습니다.

새로운 피조물이 존재하게 되었습니다.

하나님의 아들들과 딸들이 태어났습니다.

하나님은 마침내 아버지가 되셨습니다.

예수님은 진정한 구원자이셨습니다.

예수님은 전에는 구원자가 결코 아니셨습니다.

예수님은 창조자, 곧 육신으로 나타나신 하나님이셨습니다.

예수님은 옛 언약과 그와 관련된 모든 것을 완성하신 위대한 성취자이셨습니다.

예수님은 대속물이셨습니다.

사흘 동안 예수님은 인간을 속량하시고 하나님을 정당화하려고 영원한 고통을 겪으셨습니다.

예수님은 공의의 요구사항을 만족시키셨고, 따라서 아버지 하나님께서는 그 경이로운 날에 그분의 본성을 인간에게 주실 수 있는 권리를 갖게 되셨습니다.

그날 120명의 사람들이 하나님의 가족으로 태어났습니다.

그뿐만 아니라, 사람이 하나님의 가족으로 태어났을 때 예수님은 하나님의 가족으로 태어난 사람을 위해 영원히 기도해주는 중보자가 되셨습니다.

성육신을 통해 어떤 사역이 시작되었는지 우리의 심령은 파악할 수 없습니다.

예수님은 위대한 중보자, 즉 모든 시대의 소위 기도하는 무리들의 머리이자 모범이셨을 뿐만 아니라, 그들의 변호자이기도 합니다.

어려움이 찾아오고 우리가 잠시 동안 대적에 굴복할 때, 우리에게는 높은 곳에 계신 지극히 크신 분의 우편에 앉으신 변호자가 계십니다.

그분은 우리의 법무장관이십니다.

그분은 위대한 주인이신 그리스도 나의 주님이십니다.

그러나 그게 전부가 아닙니다.

그 경이로운 오순절 날에, 그분은 산 돌들로 세워진 새 성전, 곧 그 기이한 존재, 다시 말해 새로운 종족의 사람들이요 새로운 종류의 예수님과 같은 사람들이라는 몸의 머리가 되셨습니다.

그분은 머리이십니다.

그분은 교회의 주이십니다.

그분은 돌보시는 분이요, 양식을 공급하시는 분이며, 방패와 보호자이십니다.

돌보시는 분이라는 용어가 나의 심령을 얼마나 전율시켰는지요.

그분은 나를 돌보십니다.

그분은 나를 지켜주십니다.

그분은 내가 필요한 모든 것과 내가 열망하는 모든 것을 아십니다.

그분이 바로 나의 주님이십니다.

그러나 그분이 새 언약의 보증이요 보증인이시라는 이 사실에 주의를 집중하지 않는다면, 그분에 대한 그림이 온전하지 않게 될 것입니다.

그분의 보좌가 이 언약(새 언약)을 지지합니다.

그 보좌가 그분의 피로 세운 새 언약의 보증security입니다.

그 보좌에는 어떤 인증이 있을까요? 그것은 바로 하나님의 아들의 피입니다.

이제 우리는 하나님을 우리의 아버지로 말할 수 있습니다.

그분은 항상 아버지이셨습니다.

영원토록 자녀들을 향한 아버지의 열망이 있었습니다.

아버지께서 그분의 사람을 위해 우리가 사는 이 세상을 창조하시는데 많은 세월이 걸렸습니다.

땅은 하나님께서 그분의 가족을 위해 지으신 사랑의 보금자리였습니다.

하나님께서 그분의 사람이 누리도록 땅에 광물과 금속과 가스와 석유를 채워 넣는데 많은 기간이 걸렸습니다.

그분은 경이로운 아버지의 심령을 지니신 하나님이십니다.

우리는 사복음서에서는 그 위대한 심령을 살짝 엿보지만, 서신서에서는 비로소 그 심령이 완전히 꽃핀 것을 보게 됩니다.

말로는 그것을 제대로 묘사할 수 없습니다. 왜냐하면 우리는 감각지식의 이미지에 둘러싸인 감각지식의 세계에 살고 있기 때문입니다.

우리가 보이는 모든 반응은 감각지식의 개념을 거쳐서 나타나는 것입니다.

하나님의 가족이 존재하게 된 그날은 천상의 날이었음에 분명합니다.

천사들이 송가를 불렀음에 틀림없습니다!

새로운 피조물이 탄생한 영광의 날, 즉 우리가 그런 식으로 표현할 수 있다면 새 언약이 이 땅에서 작동하기 시작한 그날에 어마어마한 합창소리가 천상을 통해 메아리쳤음에 틀림없습니다.

아시다시피, 언약이 예수님과 아버지 사이에 있었습니다.

교회는 그 경이로운 문서의 수혜자입니다.

그리스도의 피가 받아들여졌으며, 그 희생이 충분하다는 것이 입증되었습니다.

새 언약의 법이 존재하게 되었습니다.

이 사람들은 하나님의 본성을 받았습니다.

사랑이 본성이 되었습니다.

사랑은 실제로 존재하게 되었습니다.

사람들이 더 이상 그들의 소유를 주장하지 않고 모든 것을 공유하게 되는 것은 놀랄 일이 아니었습니다.

성전의 휘장이 찢어졌을 때 옛 질서는 죽었고, 하나님께서는 이 땅의 지성소를 떠나서 하늘의 지성소로 들어가셨습니다.

성령님께서 120명의 사람들을 재창조하셨습니다.

그 다락방에서 그리스도의 몸인 교회가 형성되었습니다.

그 몸이 성령님의 전입니다.

예루살렘에는 성전이 있었는데, 그곳에서 큰 희생이 치러졌습니다. 게다가 예루살렘에는 백성들이 모여 영감을 받고 교제를 나누었던 작은 성막도 있었습니다.

우리의 몸은 성령님께서 말씀을 통해 우리에게 영감과 교제를 주시는 작은 성막입니다.

천사들에게는 새로운 사역이 있었습니다.

천사들은 여호와의 종들을 섬겼고, 이제는 하나님의 자녀들을 섬깁니다.

이제 천사들은 여호와와 사람 사이에 있는 중개자로서 이전의 지위를 상실했습니다.

지금 예수님께서 위대한 중개자이십니다.

하나님의 모든 자녀는 지성소로 들어갈 수 있는 합법적인 권리가 있습니다.

첫 언약의 시기에는 오직 대제사장만이 지성소에 들어갈 수 있지만, 그것도 일 년에 한 차례 뿐이었습니다.

지금 하나님의 자녀인 우리는 원하면 언제든지 들어갈 수 있습니다.

우리는 경배하기 위해 들어갈 수도 있습니다.

우리는 우리의 구하는 바를 알려지게 하기 위해 들어갈 수도 있습니다.

우리는 교제하기 위해서 들어갈 수도 있습니다.

그리고 우리는 단순히 사랑으로 함께 모이기 위해 들어갈 수도 있습니다.

성령님의 사역은 가장 먼저 재창조하시는 것이었습니다.

성령님은 하나님의 자녀들을 낳으셨습니다.

성령님은 그들의 심령에 확신을 가져오십니다.

성령님은 영원한 생명이 그들을 위해 무엇을 할 수 있는지를 그들에게 보여주십니다.

성령님은 하늘의 아버지께서 옛 언약의 여호와보다 훨씬 더 나은 분이심을 그들에게 계시하십니다.

성령님은 그들의 생명과 그리스도 안에 있는 생명 사이의 엄청난 차이를 보여주셨을 뿐만 아니라, 사람이 영원한 생명을 받은 후 그에게 이루어질 거대한 가능성을 계시하시기도 하셨습니다.

성령님은 그들의 자녀들에게 미칠 효과를 드러내셨습니다.

성령님은 사랑 안에서 걷는 것, 곧 주님께서 사셨듯이 사는 것이 무슨 의미인지를 이 새 사람에게 밝혀주셨습니다.

성령님은 이 사람들이 신성한 본성에 참여하는 자가 되었음을 알게 하셨습니다.

아마도 이 새로운 피조물들이 받을 수 있는 가장 큰 보상은 그들이 위대한 하나님 아버지의 심령에 기쁨을 가져올 수 있다는 깨달음이었을 것입니다.

아버지는 세상의 아버지들이 자기 자녀들에게 느끼는 것과 같은 전율을 그분의 자녀들에게서 느낄 수 있었습니다.

성령님께서 우리로 하여금 하나님의 가족 안에 있는 우리의 관계와 특권과 권리를 알게 하시는 것은 얼마나 위대한 사역입니까.

성령님은 지금 세상에서 완수해야 하는 하나님의 프로그램을 가지고 계시며, 그것을 새 종족의 사람들을 통해 수행하셔야 합니다.

킹제임스 성경의 옛 번역처럼 다시 채우는 것이 아니라 땅을 정복하고 복종시키라고 하나님께서 아담에게 말씀하셨다면, 이 새로운 피조물의 사람이 사랑과 평화와 기쁨으로 이기심과 사악함과 쓴 감정을 정복하는 일은 얼마나 위대한 사역인지요.

새로운 종류의 사람이며 새로운 종류의 사랑입니다.

나는 예수님께서 요한복음 13:34-35에서 말씀하신 것을 기억할 수 있습니다. "새 계명을 너희에게 주노니 서로 사랑하라 내가 너희를 사랑한 것 같이 너희도 서로 사랑하라 너희가 서로 사랑하면 이로써 모든 사람이 너희가 내 제자인 줄 알리라"(요 13:34-35)

사랑의 종족입니다.

사랑의 언약입니다.

사랑의 계명입니다.

사랑의 가족입니다.

강퍅함과 이기심의 날은 사랑 안에서 끝이 납니다.

지난 이십오 년간의 끔찍한 전쟁이 옳고 그름과 사랑과 기쁨에 대한 우리의 의식을 어둡게 만들어서, 우리는 이 진리를 거의 받아들일 수 없지만, 아버지의 꿈은 사랑이 우리 각자를 지배하고 다스리는 것이었습니다.

아시다시피, 세상에는 두 가지 세력이 있는데, 그것은 이기심과 사랑입니다.

이기심은 우리에게 슬픔과 비탄과 눈물을 낳았습니다. 그것은 사람들이 관여한 모든 전쟁과 잔악한 행위의 원인이었습니다.

세상은 새로운 종류의 사랑, 곧 아가페 사랑을 아직 알지 못합니다.

소수만이 그 사랑을 실제로 알았지만, 그보다 더 적은 수가 그 사랑의 충만함을 누립니다.

그 사랑은 이기심을 철저히 제거합니다.

수년 동안 나는 영적인 죽음이 무엇인지 궁금했습니다.

나는 영적인 생명이 아버지의 본성이라는 사실을 알았습니다.

나는 영적인 죽음이 사탄의 본성임에 틀림없다는 사실을 알았습니다.

그러자 나는 아버지의 본성이 우리의 행동, 곧 우리의 사랑의 행위를 통해 드러난다는 사실을 알았습니다.

섬광처럼 나는 사탄의 본성이 이기심이라는 사실을 깨달았습니다.

하나님께서는 '이처럼 사랑하사' 주셨습니다.

사탄은 너무나 이기적이어서 하나님과 인류에게서 가치 있는 모든 것을 강탈하려고 했습니다.

이기심은 강탈자입니다.

이기심은 오랜 세월 동안 경쟁상대가 없을 정도로 군림해왔습니다.

이제 강력한 새로운 힘(세력)이 감각의 영역을 뚫고 들어왔습니다.

그 강력한 힘은 사랑입니다(나의 책 『새로운 종류의 사랑The New Kind of Love』을 읽어보십시오).

그 힘은 하나님으로부터 발원합니다.

그 힘은 그리스도 안에서 밝히 드러났습니다.

그 힘은 우리 안에서 작동하고 있습니다.

사용할 수 없는 사랑은 별로 유익하지 않을 것입니다.

그것이 바로 예수님께서 우리에게 지혜가 되신 까닭입니다.

지혜는 우리가 말해오고 있었던 이 모든 것들에 대한 지식을 사용할 수 있는 능력입니다.

지혜는 인간에게 주어진 하나님의 유효성과 능력입니다.

지혜는 지식을 유익하게 사용할 수 있는 능력입니다.

지혜는 창조의 모든 부분에서 나타납니다.

땅과 땅에 감추어진 모든 놀라운 가스와 광물질과 기름은, 만일 하나님께서 그것들을 찾을 수 있는 지혜를 새로운 피조물에게 주시지 않았다면, 절대로 발견되지 않았을 것입니다.

우리가 인식하고 인정해야 하는 점은 인간에게서 재창조된 부분은 영이라는 사실입니다.

이 영이 진짜 사람입니다.

이 영이 모든 창조적 능력을 낳습니다.

그것이 발명 분야이든, 문학 분야이든, 미술 분야이든, 음악 분야이든 상관없이 그 능력은 같은 원천으로부터 나옵니다.

당신은 그런 능력들이 하나의 자궁, 곧 재창조된 영으로부터 태어난다고 말할지도 모릅니다.

과학과 예술이 이 놀라운 어머니로부터 태어났고, 뿐만 아니라 사랑과 기쁨도 재창조된 영의 후손입니다.

그녀는 인간 영의 중심이라 불립니다.

자연인의 영은 이런 것들을 낳을 수 없습니다.

그것이 바로 영원한 생명을 받아들이지 않았던 민족들이 창조적 능력 없이 퇴보하는 이유입니다.

그들에게는 예수님께서 세상에 가져오신 새로운 종류의 생명에서 나온 새로운 종류의 사랑이 없습니다.

우리는 지금 새로운 피조물을 위한 그분의 위대한 대속 사역의 다른 편에서 있습니다.
우리는 위로부터 태어났던 사람들을 바라보고 있습니다.
이 사람들은 하나님의 생명과 본성을 받았습니다.
이제 그들에게 사용하도록 제공된 것은 무엇입니까?
아직도 우리에게 밝혀지지 않은 비밀과 진리들이 있습니까?
우리가 그것들을 의식했더라면, 그것은 우리에게 어떤 영향을 끼쳤을까요?
아버지께서 그리스도 안에서 행하신 모든 것이 우리에게 속해 있습니다.
"아버지께서 그리스도 안에서 하늘에 속한 모든 신령한 복을 우리에게 주시되"(엡 1:3)
우리는 예수님께서 이 땅에 사시는 동안에 사용하셨던 지혜를 쓸 권리가 있습니다. 예수님은 우리에게 지혜가 되셨기에, 우리에게 이미 주어진 능력을 사용할 수 있도록 우리를 가르치십니다.
"우리가 다 그의 충만한 데서 받으니"(요 1:16)
지금 우리는 그분께서 완성하신 사역의 모든 부요로 들어가기 위해 그 충만함을 사용할 수 있는 능력을 가지고 있습니다.
그러나 우리에게 온 가장 진귀한 축복 중 하나는 우리가 매일의 삶 가운데서 아버지의 심령을 기쁘시게 할 수 있다는 것입니다.
우리는 그분께 감사드릴 수 있습니다.

16

사람들이 사용하도록 제공된 것

예수님께서 아버지의 우편에 앉으셨을 때, 죄 문제는 해결되었습니다.

죄인의 문제는 아직도 개별적으로 해결되어야 했습니다. 인간의 속량의 큰 문제는 완전히 성취되었습니다.

예수님은 공의의 요구사항을 만족시켰습니다.

예수님은 사탄을 정복하셨고, 사탄에게서 권세를 박탈하셨습니다.

예수님은 사탄의 속박 아래 있던 사람들이 대적으로부터 벗어날 수 있게 하셨습니다.

인간이 타락할 줄 알고도 인간을 창조하신 것 때문에 하나님께 가해졌던 모진 비난은 더 이상 지속될 수 없었습니다.

하나님께서는 자신의 아들을 대속물로 삼으셔서, 모든 인간의 죗값을 치르심으로써 인간의 보편적 울부짖음에 응답하셨습니다.

다른 말로 하면, 새로운 종류의 교제가 이루어진 것입니다.

즉, 하나님 자신과의 교제입니다.

이것이 이루어졌을 때, 하나님께서는 인간에게 그분 자신의 본성을 줄 수 있는 합법적인 권리를 갖게 되셨습니다.

그것이 죄 문제에 대한 유일한 해결책이었습니다.

하나님께서 합법적인 근거 위에서 인간에게 영원한 생명을 주실 수 있었다면, 인간은 사탄의 노예왕국에서 빠져나와 승리자 인간Master man이 될 수 있었습니다.

하나님께서는 인간을 새로운 피조물이 되게 하실 수 있는 합법적 권리를 가지고 계셨습니다.

인간의 죄를 용서하신 다음, 인간을 버려두고 떠나는 것은 아무런 쓸모없는 짓이 되었을 것입니다. 왜냐하면 인간은 곧장 죄짓게 되었을 것이기 때문입니다.

하나님께서는 인간을 새로운 피조물로 만드셔야 합니다.

하나님께서는 인간을 사탄에 종속되게 했던 것을 인간의 본성으로부터 제거하신다음, 인간을 의롭게 해줄 하나님 자신의 본성을 인간에게 전이하셔야 합니다.

이 모든 일은 합법적인 근거에 기초해야 합니다.

인간은 합법적으로 대적의 자녀입니다. 따라서 인간은 합법적으로 하나님의 자녀가 되어야 합니다.

하나님께서는 어떤 식으로든 이 인간을 의롭게 만드셔야 합니다.

인간은 아무런 죄책감이나 정죄감이나 열등감 없이 하나님의 임재 앞에 설 수 있어야 합니다.

동시에 모든 두려움이 제거되어서, 인간이 어떤 열등감도 없이 사탄 앞에 설 수 있어야 합니다.

이것은 하나님의 본성이 인간에게 전이될 때만 이루어질 수 있습니다.

인간 영의 재창조가 있어야 합니다.

인간은 두 가지 본성을 가지고 있을 수 없습니다. 왜냐하면 그것은 인간을 속박하였을 것이기 때문입니다.

인간은 완전하고, 완벽한 새 사람이 되어야 합니다.

인간은 새로운 피조물이 되어야 합니다.

고린도후서 5:17-18은 우리에게 말씀합니다. "그런즉 누구든지 그리스도 안에 있으면 새로운 피조물이라 이전 것은 지나갔으니 보라 새 것이 되었도다 모든 것이 하나님께로서 났으며 그가 그의 아들의 죽음으로 말미암아 우리를 자기와 화목하게 하셨으니"

하나님께서는 그분 자신의 아들의 대속적 희생을 통해서 사탄이 지배하지 못할 새 사람을 지을 준비를 갖추셨습니다.

사실상 이 새 사람은 흑암의 군주에게 속한 어둠의 세력을 다스리는 지배자가 된 것입니다.

아마도 모든 것 중 가장 경이로운 사실은 하나님께서 재창조된 인간의 몸에 성령님이 들어오셔서 그곳을 그분의 처소로 삼을 수 있게 하셨다는 것입니다.

하나님께서 인간과 함께 하시어, 모든 어려운 지경에서 인간을 후원하시는 것은 놀라운 일입니다. 예수님께서는 "그(성령님)는 너희와 함께 거하심이요 또 너희 속에 계시겠음이라"(요 14:17)라고 말씀하셨습니다.

하나님께서는 인간 안에 거하시는 것뿐만 아니라, 또 다른 놀라운 진리가 있습니다.

대속물이신 예수님은 인간들이 함께 살고 두려움 없이 서로 충실할 수 있게 하셨습니다.

서로 간에 교제할 수 있게 하셨습니다.

그분의 살아 있는 말씀과 교제할 수 있게 하셨습니다.

당신은 교제가 공평하게 공유한다는 뜻임을 이해합니다.

이 새로운 형제애에는 어떤 독재자도 없습니다.

우리 모두는 서로를 섬깁니다.

노예와 주인은 대등합니다.

그것이 아버지께서 자신의 가족을 향해 꾸신 꿈이었습니다.

그것은 감각 지배의 종말입니다.

재창조된 인간 영이 새로운 피조물을 지배해야 합니다.

세상의 위대한 모든 지도자들은 감각지식의 사람들이었습니다.

이제 우리는 영적인 지도자들이 되어야 합니다.

그리스도께서는 교회의 머리이시요, 몸의 머리이십니다.

그리스도께서는 영을 통해서 새로운 피조물의 사람을 다스릴 수 있습니다.

지혜

이 새 사람에 대한 가장 독특한 특징 중 하나는 그의 지혜입니다.

새 사람은 새로운 종류의 지혜를 소유합니다.

이 세상의 지혜는 감각적이요, 이기적이며 마귀적입니다(약 3:15).

그것은 사탄 자신의 지혜입니다.

당신은 현재의 전쟁에서 그 지혜를 봅니다.

새로운 종류의 지혜는 온유하며, 쉽게 간청을 받아들이고, 사랑으로 지배받으며, 온유와 기쁨으로 가득 차 있습니다.

우리는 이 책에서 창조적 능력이 재창조된 인간 영에 있다고 배웁니다.

하나님께서는 이 새로운 창조 안에서 인간을 점령하셨습니다.

하나님께서는 우리에게 하나님 자신의 본성을 전이하셨습니다.

하나님의 창조적 능력은 우리에게 우리의 경이로운 기계의 시대, 의학의 시대, 화학의 시대를 가져다주었습니다.

그 시대는 대단한 시대였습니다.

새 사람에게 주어진 또 다른 하나님의 선물인 평화에 대해 주목하시기 바랍니다.

세상은 이 평화에 대해 아는 것이 전혀 없습니다.

이 평화는 고요한 안식입니다.

그것은 하나님과 함께, 그분의 보호와 돌보심과 함께 갇혀있다는 의미입니다.

이 새 사람은 모든 이해를 초월하는 평화를 가지고 있을 뿐만 아니라 말로 할 수 없는 영광으로 가득 찬 기쁨도 가지고 있습니다.

행복Happiness은 우리의 환경과 주변상황, 우리의 신체적인 즐거움으로부터 나옵니다.

반면 기쁨Joy은 내적인 것입니다.

기쁨은 오로지 재창조된 영에만 있는 것입니다.

기쁨은 새 생명을 지배하는 요소입니다.

기쁨은 인간을 안식으로 데려갑니다.

당신은 완전한 안전감을 지닙니다. 왜냐하면 당신의 아버지께서 당신을 지켜주고 계시기 때문입니다.

아버지는 이 새로운 피조물의 사람을 통해서 작동하는 그분 자신의 본성이신 새로운 종류의 사랑을 인간에게 전이하심으로써 이 모든 것을 절정에 이르게 하십니다.

이번 장은 당신을 놀라게 할 수도 있을 것입니다.

"시제tense"는 당신에게 가장 값진 도움이 되든지 아니면 최악의 적이 되기도 합니다.

당신이 당신의 심령이 열망한 것을 미래에 얻으려면 그것은 물질화 되지 않을 것입니다.

당신은 "저는 치유를 받게 될 것입니다. 저는 그리스도께서 저의 질병을 담당하신 줄 알아요. 그래서 저는 치유 받을 권리가 있어요."라고 말합니다.

그것은 당신의 질병에 아무런 영향을 끼치지 못합니다.

당신의 시제가 당신을 죄수로 만들었습니다.

당신이 "저는 그리스도께서 저의 질병을 담당하신 줄 압니다. 저는 그렇게 하신 그분께 감사드립니다. 저는 그분이 채찍에 맞으심으로 인해 제가 나은 줄 압니다."라고 말한다면, 이제 시제가 당신과 함께 역사합니다.

당신이 속량의 합법적인 면과 실제적인 면의 차이를 명확하게 알 때, 당신은 당신의 가장 어려운 문제 중 하나를 해결하게 되었을 것입니다.

속량의 합법적인 면은 하나님께서 그리스도 안에서 당신을 위해 행하신 것입니다.

속량의 실제적인 면은 성령님께서 말씀을 통해서 당신 안에서 행하시는 것입니다.

당신은 포기하거나 거룩하게 구별하거나 심지어는 금식을 함으로써 그런 고백을 발견하지 못할 것입니다. 그것이 당신 것이라고 당신이 말씀 위에서 행동하기 시작할 때만 그런 고백을 발견할 것입니다.

당신이 이미 그것을 소유한 것처럼 행동하기 시작하십시오. 다시 말해, 당신이 지금 그것을 소유하고 있다고, 즉 지금 그것이 당신 것이라고 고백하기 시작하십시오.

당신이 그것을 실천한다면, 이번 장은 당신에게 당신의 "약속의 땅"을 줄 것입니다.

17
시제가 우리에게 중요한 까닭

우리는 감각이 종종 시제를 지배한다는 사실을 깨달은 적이 없습니다. 우리의 대부분의 찬송가는 미래시제 아니면 과거시제입니다.

우리의 지도자들은 우리가 마땅히 어떤 존재인지, 우리가 마땅히 무엇을 해야 하는지를 우리에게 이야기합니다.

그들은 우리가 마땅히 무엇을 얻기를 갈망해야 하는지 우리에게 말해주지만, 어떻게 그것을 얻을 수 있는지는 거의 알려주지 않습니다.

그러나 우리 믿는 자들이 성공을 거두기 위해서 영적인 영역에서 필요로 하는 모든 것은 이미 그에게 속해있습니다.

우리는 그리스도를 우리의 구원자로 받아들였을 때, 그분을 우리의 주님으로 고백한 것이라는 사실을 깨닫지 못한 채 "나는 전부 포기하네." 또는 "모든 것을 제단에 내려 놓았네."라고 노래 불렀습니다.

"네가 만일 네 입으로 예수를 주로 시인하며 또 하나님께서 그를 죽은 자가운데서 살리신 것을 네 마음에 믿으면 구원을 받으리라 사람이 마음으로 믿어 의에 이르고 입으로 시인하여 구원에 이르느니라"(롬 10:9-10)

예수님의 주되심을 고백한다는 이 사실에 주의 깊게 주목하십시오.

그렇게 되면 그는 포기하려야 할 수가 없습니다. 왜냐하면 그는 그 자신의 것이 아니라 이미 값으로 산 것이 되었다는 사실을 깨닫게 되기 때문입니다(고전 6:20). 당신은 당신에게 속하지 않은 것을 포기할 수도, 당신 것이 아닌 것을 드리겠다고 제단에 내려놓을 수도 없는 것입니다.

당신은 하나님께 속한 자입니다.

당신은 스스로 동의함으로 인해서만 하나님께 속한 자가 된 것은 아닙니다. 당신은 결혼식에서 동의하는 아내와 같습니다. 그녀는 남편에게 자신을 줍니다. 그녀는 하루하루 반복되는 결혼식을 치루지 않습니다. 그녀는 남편에게 속한 자입니다.

믿는 자는 그리스도께 속한 자입니다.

그것은 영원한 연합입니다.

그것은 과거 시제에 속한 것입니다. 그것은 이루어졌습니다.

그것은 당신이 영원한 생명을 받았고 그리스도 예수 안에 있는 새로운 피조물이 되었을 때 완성되었습니다.

당신이 그렇게 인식할 때, 당신은 점점 더 그것의 실재를 알게 되어, 그분과 당신의 연합, 곧 그분과 당신의 하나 됨을 의식하면서 매일 살게 됩니다.

그분은 당신의 것이며, 당신은 그분의 것입니다.

그분이 대속적 희생에서 당신을 위해 일하신 전부가 당신 것입니다.

당신은 그것을 얻으려고 고군분투할 필요가 없습니다.

당신은 그것을 얻기 위해 항복할 필요가 없습니다.

당신은 그것을 얻기 위해 기도할 필요가 없습니다.

그것은 당신의 손과 발이 당신 것인 것과 마찬가지로 당신 것입니다.

능력을 얻기 위해서 우리가 고군분투하고 기도하고 금식하는 전부가 소용없는 짓이며, 그런 것들이 극복하기엔 너무 어려운 종류의 불신을 우리 안에 구축했던 것입니다.

"우리 가운데서 역사하시는 능력power;권능대로 우리가 구하거나 생각하는 모든 것에 더 넘치도록 능히 하실 이에게"(엡 3:20)

여기에서 "권능power"이라는 의미는 "할 수 있는 능력ability"을 뜻합니다. 그래서 우리는 그 부분을 "우리 가운데서 역사하시는 하나님의 할 수 있는 능력대로"라고 번역할 것입니다.

그래서 빌립보서 2:13은 "우리 안에서 행하시는 이는 하나님이시니"라고 말씀합니다.

당신이 당신 안에 하나님을 가지고 있는 것은 당신 안에 발전소를 가지고 있는 것입니다.

당신이 당신 안에 하나님을 가지고 있고, 그분이 하실 수 있는 능력에 양보하며 그분이 당신을 통제하시도록 허락한다면, 당신이 필요한 모든 것은 이미 쓸 수 있도록 연결되어 있습니다.

나는 과거에 매일 주님께 내 자신을 성별하여 헌신하곤 했습니다.

한참 후에 나는 같은 곳을 빙빙 돌고 있는 자신을 발견했습니다.

나는 매일매일 똑같은 일을 해오고 있었습니다.

나에게는 어떤 진보도 없었습니다.

우리의 많은 영적인 지도자들은 실패의 철학 위에서 일해 왔습니다.

그러한 철학들은 불신에 근거합니다.

그들은 무의식적으로 우리에게 의심하도록 가르칩니다.

그들은 속량의 두 국면, 곧 합법적인 측면과 실제적인 측면이 있다는 사실을 깨닫지 못했습니다.

속량의 합법적인 측면은 항상 과거에 속합니다.

그것은 과거의 위대한 대속에서 우리를 위해 행하신 것입니다.

하나님께서 우리를 속량하셨습니다.

우리의 속량은 과거시제에 속합니다.

하나님은 우리를 다시 속량하실 필요가 없습니다.

당신이 그리스도를 고백하고 그분의 주되심을 인정하는 순간, 당신은 새로운 피조물이 됩니다.

아시다시피, 아버지께서 그분 자신의 본성을 당신에게 전이하신 순간, 당신은 이제 본성상 하나님의 자녀입니다.

그것은 과거에 속한 것입니다.

그것은 다시 일어날 수 없습니다.

우리는 지금 그리스도 안에 있고, 그분과 하나이며, 포도나무의 가지입니다. 그것은 과거입니다.

당신은 성령님께 들어오셔서 새로운 피조물을 점령하시도록 요청합니다.

하나님께서 새로운 피조물인 당신 안에서 행하고 계시는 모든 일이 속량의 실제적인 부분입니다.

당신이 속량의 합법적인 측면과 실제적인 측면의 차이를 이해할 때, 당신은 당신을 위해 일어났던 것과 하나님께서 말씀에 의하여 성령님을 통해서 당신 안에서 행하고 계시는 것과 예수님께서 아버지의 우편에서 당신을 위해 지금 하고 계시는 것을 이용할 수 있을 것입니다.

믿는 자가 실패하는 이유는 그가 그리스도 안에서 실제로 어떤 존재인지에 대한 분명한 이해가 부족하기 때문입니다.

그럴 때 그는 조용히 "나는 새로운 피조물이다. 나는 지금 내 안에 내 아버지 하나님의 본성인 생명을 가지고 있다. 나는 그분의 사랑의 본성에 참여하는 자이다. 내가 사랑 안에서 행하는데 필요한 전부는 그분의 본성이 나를 지배하도록 허락하는 것이다."라고 말할 수 있습니다.

누군가 "내가 어떻게 그것을 할 수 있을까요?"라고 물을지도 모릅니다.

그것은 쉽습니다. 그냥 말씀에 근거하여 행동하기 시작하십시오.

아시다시피, 믿는 것은 하나님께서 하라고 당신에게 요청하셨던 것 위에서 행동하는 것입니다.

행동하지 않고는 믿는 것도 없습니다.

믿음은 명사입니다. 당신은 행동했습니다.

당신은 도착했습니다. 그래서 그 근거 위에서 당신은 하나님의 가족에서 아들과 딸로서 당신의 자리를 차지하기 시작합니다.

당신은 당신을 지지하는 하나님의 살아 있는 말씀을 가지고 있고, 또 그 말씀을 지지하는 것은 하나님의 보좌이며, 그리고 그 보좌를 지지하는 것은 하나님 자신이십니다.

당신은 아주 안전합니다.

당신이 더하기 **빼기**를 알듯이 이 사실을 알 때, 당신은 두려움 없이 고백할 것입니다.

당신은 온 세상에 당신이 어떤 존재인지, 또 당신이 무엇을 할 수 있는지를 담대하게 말할 수 있게 될 것입니다.

당신은 완벽하게 두려움 없이 "내가 기도하면 아버지께서는 내 기도를 들으신다."라고 말할 수 있게 될 것입니다.

당신은 두려워하지 않으면서 "내가 직면할 수 있는 그 어떤 환경이나 어려움보다 내 안에 계신 분이 더 크시다. 나는 그리스도 안에서 환경을 지배하는 자가 된다. 나는 하나님께서 내 안에 거하시는 실재를 인정하게 되었고 내주하시는 하나님을 의식하는 자God-inside-minded가 되었다." 라고 말합니다.

당신은 내가 무슨 말하는지 이해하십니까? 우리는 자동차를 의식하는 자automobile minded가 되었습니다. 우리는 걷거나 마차를 임대한다는 생각을 더 이상 하지 않습니다. 우리는 밖으로 나가 차를 타고 목적지로 갑니다.

우리 중 몇몇은 항공을 의식하는 자air minded가 되었습니다. 편지를 쓰는 대신에 우리는 전보를 치거나 전화를 걸거나, 아니면 비행기를 타고 시속 2-3백 마일로 하늘을 가로질러 갑니다.

지금 우리는 말씀을 의식하는 자Word-minded가 됩니다.

말씀은 정확히 말씀이 말하는 그대로를 뜻합니다.

내가 말씀을 읽으면, 그 말씀은 내 심령을 향한 하나님의 현재 시제의 메시지입니다. 왜냐하면 말씀은 항상 지금Now이기 때문입니다.

아버지께서는 항상 지금이십니다.

예수님은 지금의 나의 주님이십니다. 따라서 나는 성령님의 도움을 받아서 말씀의 실재를 내 자신 안에 건축하고 있습니다.

아시다시피, 이것이 하나님께서 내 안에서 행하고 계시는 것의 실제적 측면입니다.

하나님께서는 그분 자신을 내 안에 건축하십니다. 그분과 말씀은 하나입니다.

하나님께서는 그분 자신을 내 안에 건축하실 때 그분의 믿음을 내 안에 건축하십니다.

하나님께서는 그분의 지혜를 내 안에 건축하십니다. 예수님은 나에게 하나님으로부터 온 하나님의 지혜가 되십니다(고전 1:30).

심령이 이런 실재적인 것을 흡수할 때, 마음은 새로워지며 재창조된 영과 교제하게 됩니다.

그 의미는 당신이 말씀과 교제, 또한 아버지와 교제 가운데 있게 될 것이라는 뜻입니다.

이제 당신에게는 한계가 없을 것입니다.

당신은 그분과 단단히 묶여 있습니다.

그분의 능력이 당신의 능력이 되었습니다.

그렇습니다. 그분은 당신 것입니다.

그분의 모든 것, 그분 자체가 당신 안에 계시며, 그래서 당신은 그것을 이용하기 시작합니다.

당신은 당신을 일할 수 없게 만드는 질병이 몸에 있다는 것을 발견했습니다. 그때 당신은 "나는 그것을 할 힘이 없기 때문에 이 일을 해낼 수 없어."라고 말합니다.

당신은 "나는 갈 수 있는 능력이 없기 때문에 거기에 갈 수 없어. 나는 이것을 할 수 없어, 저것을 할 수 없어."라고 말합니다.

그리하여 당신은 당신 자신 안에다 당신의 질병과 의심과 두려움을 먹이는 요소를 건축합니다. 그것들이 얼마 후에 당신을 절대적으로 압도할 때까지 그렇게 합니다.

　당신은 이제 무력합니다.

　당신의 고백은 그것들을 먹이고 있는 것에 휘발유를 끼얹어서 당신의 저항을 소멸시키고 있습니다.

　당신은 이 사실을 인식하고 인정해야 합니다. 당신은 새로운 피조물입니다.

　당신 안에는 하나님의 생명이 있고, 또한 예수님을 죽은 자들로부터 일으키신 대단히 강력한 성령님이 당신 안에 계십니다. 만약 예수님을 죽은 자들로부터 일으키신 성령님이 당신 안에 거하신다면, 그분은 아버지의 생명을 당신에게 충만히 주셔서 당신 안에 있는 질병이나 의심이나 두려움을 뽑아내실 것입니다.

　그 생명은 당신을 하나님의 힘strength에 이르게 할 것입니다.

　"죽을 것이 생명에 삼킨 바 되게 하려 함이라"라는 고린도후서 5:4의 마지막 부분을 아실 것입니다.

　그 생명은 하나님의 생명으로, 헬라어로는 "조에Zoe"라고 합니다.

　하나님의 생명이 당신의 육신의 몸에 부어져서, 그 몸 안에 있는 질병을 파괴합니다.

　예수님의 재림이 지체된다면, 우리 모두는 육체적으로는 죽게 되겠지만, 하나님께서는 우리가 살아 있는 동안에 우리 몸이 건강하고 강건하게 되도록 계획하십니다.

　때로 내가 수술이 행해지고 신체의 일부가 잘려지는 곳에서 사람들을 위해 기도했을 때, 그들은 하나님의 생명이 그들에게 부어지고 상실된 부분이 재창조되는 것을 느낄 수 있었습니다.

나는 등뼈가 으스러진 사람을 위해 기도해 준 적이 있습니다. 척추가 망가져서 형태조차 없었습니다. 우리가 척추에 대해 기도했을 때, 새 척추가 생겼습니다. 그 새 척추는 완벽하였기에, 얼마 되지 않아 그는 철제 버팀 쇠를 벗고는 자기 몸을 구부릴 수 있었습니다.

다른 예를 들어보겠습니다. 디스크가 파열된 어떤 사람이 있었습니다. 그는 열여섯 해 동안 그 질병으로 고생했습니다. 그는 금속벨트를 찼습니다. 그는 일하는 동안 지속적인 고통 속에 살았습니다. 그가 말씀 위에서 행동하자마자 그 파열은 온전해졌고 그의 몸은 완벽하게 정상이 되었습니다. 그는 금속벨트를 풀었고, 완벽하게 건강하게 되었습니다.

아시다시피, 그것이 바로 말씀 위에서 행동하는 것입니다.

그것이 바로 현재시제의 의식입니다.

그것에 관한 한 어떤 종교적인 것도 없습니다.

그것은 살아 있는 말씀이 우리 의식 가운데 실재가 되는 것입니다.

이제 당신은 우리가 이런 것들을 미래에 두고 믿음의 자리에 소망을 놓는 것이 무엇을 뜻하는지 이해합니다.

나는 말합니다. 내가 치유를 받게 되기를 소망한다고.

나는 언젠가는 치유를 갖게 되는 것을 확신합니다.

그런 고백에는 아무런 가치도 없습니다.

그것은 단지 망상에 지나지 않습니다.

그것은 믿음이 아닙니다.

이것은 그저 감각지식의 소망일뿐입니다. 그러나 이제 나는 말씀을 알기에, 내가 기도하면 응답을 얻습니다.

나는 예수님께서 이 질병을 담당하신 것을 압니다.

나는 이사야 53:4-6이 절대적 사실임을 압니다. "그는 실로 우리의 질병을 지고 우리의 고통을 당하였거늘, 우리는 생각하기를 그는 징벌을 받아 하나님께 맞으며 (우리의 질병으로 인해) 고난을 당한다 하였노라. 그가 찔림은 우리의 허물 때문이요, 그가 상함은 우리의 죄악 때문이라. 그가 징계를 받으므로 우리는 평화를 누리고 그가 채찍에 맞으므로 우리는 나음을 받았도다."(사 53:4-5)

이것을 일인칭 단수형으로 바꾸어보면, 간단명료해집니다.

그분은 실로 내 질고와 내 고통을 지셨고, 나는 이것을 제대로 인식하게 되었습니다.

나는 그것이 이루어진 사실임을 압니다.

아시다시피, 사람이 그리스도를 영접하는 순간, 그는 이 모든 것 안으로 들어갑니다.

예수님께서는 우리의 죄를 담당하신 것과 마찬가지로 그 사람의 질병도 지셨습니다.

그 사람은 자기의 옛 죄로 고생하지 않습니다.

그 사람이 그리스도를 영접한 순간, 그 죄들은 모두 제거되었습니다.

그 사람의 질병에도 똑같이 적용됩니다.

어떤 사람이 재창조되어, 그의 옛 죄들이 완전히 제거되어 마치 그런 죄들이 있어본 적이 없는 것처럼 깨끗하게 된 후에도 대적이 그를 완전히 속여서 그의 옛 삶의 기억을 다시 가져와서 계속해서 그를 장악하도록 허락했다고 가정해봅시다.

그는 평화를 잃습니다.

그는 아버지와의 교제의 감각을 잃습니다.

그는 의의 의식을 잃습니다.

그는 가장 어두운 의심과 두려움에 빠집니다.

그는 대적이 그렇게 하도록 절대로 허락해서는 안 됩니다.

대적은 그의 옛 질병을 그에게 또는 그 안에 놓을 수 없습니다.

대적은 그의 옛 본성을 그 안에 도로 가져올 수 없습니다.

그가 재창조되었을 때 이 모든 것은 제거되었습니다.

마찬가지로 대적은 우리의 질병을 위장하여 우리를 속박 속에 묶습니다.

대적은 질병을 위장시켜서 그것들이 우리에게 실재가 되게 하여 우리로 하여금 우리의 치유에 대한 의식을 잃어버리게 하며 사탄이 우리의 지배자가 될 수 있게 합니다.

여기가 바로 우리가 행동의 능력만이 아니라 말의 능력의 비밀도 배우길 원하는 지점입니다.

"우리에게는 위대한 대제사장, 곧 하늘들로 올라가신 하나님의 아들 예수께서 계시므로 우리는 우리의 고백을 굳게 붙들어야 하리라." (히 4:14, 한글킹제임스)

킹제임스 성경의 옛 번역에는 신앙고백profession이라고 되었습니다. 그러나 고백confession이 훨씬 더 나은 번역입니다.

기독교는 고백입니다. 왜일까요? 그 이유는 기독교는 믿음이며, 믿음은 당신의 고백에 달려있기 때문입니다.

당신은 치유가 그리스도 안에서, 곧 그분의 위대한 대속 안에서 이루어졌다는 사실을 보았습니다.

아버지께서는 당신의 질병을 예수님의 영에 실제로 놓으셨습니다.

바로 그 암이, 종양이, 결핵이 그분의 영에 놓였고, 그분은 그로 인해 병에 걸리게 되었으며, 그리하여 십자가에서 그분은 우주가 알고 있던 병든 자 가운데 가장 심한 병자가 되었습니다.

아버지께서는 우리의 죄들을 그분에게 놓으셔서, 우리의 죄들로 인해 죄가 되셨을 뿐만 아니라 우리의 질병으로 인해 병이 들기도 하셨습니다.

그러므로 아버지의 마음에서는 "친히 나무에 달려 그 몸으로 우리 죄를 담당하셨으니 이는 우리로 죄에 대하여 죽고 의에 대하여 살게 하려 하심이라. 그가 채찍에 맞음으로 너희는 나음을 얻었나니"라는 베드로 전서 2:24은 진짜입니다.

그것이 바로 아버지께서 당신을 바라보시는 방식입니다.

당신의 죄들과 질병은 제거되었습니다.

당신은 그리스도 안에서 하나님의 의가 되었습니다.

당신은 그리스도의 속량의 사역 안에서 완벽하게 치유되었습니다.

당신이 이 사실을 발견할 때, 암이 여전히 있음에도 불구하고 당신은 당신이 완벽하게 치유된 것으로 인해 아버지께 찬양하기 시작합니다. 그러면 감각의 지배를 받는 당신의 친구들은 당신을 이해할 수 없습니다. 그들은 당신이 미쳤다고 생각합니다.

당신은 아직 당신이 말하는 대로 되지 않았지만, 지금 믿음으로 당신의 위치를 차지하고 그리스도 안에서 진정으로 당신이 어떤 존재인지를 고백하고 있으며, 고통에도 불구하고 당신의 고백을 굳게 붙잡고 있습니다.

그 모든 사실에도 불구하고 당신은 그분께서 당신이 나았다고 말씀하신 사실을 굳게 붙잡으며, 그러므로 그분이 당신이 나았다고 말씀하시면 당신은 나은 것입니다.

당신은 큰 소리로 "나는 하나님께서 말씀하신 그런 자이다. 나는 그분께서 내가 할 수 있다고 말씀하신 것을 할 수 있다. 그분께서는 내가 담대히 은혜의 보좌로 가서 내 기도가 응답되게 할 수 있다고 말씀하신다. 그분은 내가 원수의 모든 능력을 능가하는 권세를 가지고 있으며, 내가 그분의 아들, 예수 그리스도의 이름으로 귀신과 병을 다스리는 지배자라고 말씀하신다. 그리고 나는 그분이 거짓말을 하실 수 없음을 안다. 나는 그분이 말씀하신 것은 참이라는 것을 안다. 나는 담대하게 나의 위치를 차지하고, 어떤 상황이 오더라도 나의 고백을 굳게 붙잡는다." 라고 담대하게 말합니다.

이제 당신은 현재시제 안에 삽니다.

그분은 그분 자신이 어떠하다고 말씀하신대로 그런 분입니다. 그리고 당신은 그분께서 당신이 어떠하다고 말씀하신대로 그런 자입니다.

그분의 말씀은 거짓일 수 없으며, 따라서 당신은 당신의 고백으로 그 말씀을 붙잡습니다.

당신이 고백하기를 두려워한다면, 대적은 그것을 이용할 것입니다.

당신이 고백에서 흔들린다면, 즉 한 순간에는 그것이 옳다고 말하다가 다음 순간에는 감각에 귀를 기울인다면, 대적은 당신을 농락할 것입니다.

그러나 당신은 "내가 낫지 않았는데도 나았다고 말하는 것이 옳은 건 아니잖아요?"라고 말합니다.

아닙니다. 당신도 알다시피, 두 종류의 진리가 있습니다.

성경, 그 중에 특별히 우리가 지금 다루고 있는 바울 서신의 계시 진리가 있고, 그 다음으로는 감각지식의 진리가 있습니다.

나는 계시 진리가 나의 부은 발목이 나았다고 내게 가르치는 것을 발견합니다.

나는 그 사실을 사람이 금을 발견한 것처럼 발견하고는 흥분과 기쁨으로 가득 차, 들뜬 음성으로 내 친구들에게 "이보라고, 그가 채찍에 맞음으로 나는 나았어."라고 말합니다.

그러면 내 친구들은 "그것참 어리석은 소리군. 봐, 너도 보다시피 네 발목은 아직도 부어 있잖아."라고 말합니다.

"나도 알아. 하지만 말씀은 하나님께서 그 질병을 예수님께 얹으셨다고 선포해. 그리고 하나님께서 말씀하신 것은 진짜야."

내가 내 고백을 붙잡으면, 대적은 내 몸에 대한 지배력을 상실하며, 나는 완벽하게 정상이 되고 건강해집니다.

이제 나는 믿음과 소망의 차이를 압니다.

이제 나는 소망이 기다리는 것은 잘 하지만, 받는 것은 잘 하지 못한다는 사실을 압니다.

예수님께서는 선지자들이 표현하려고 했던 것들을 이 땅에 사시는 동안 몸소 구체적으로 보여주셨습니다.

예수님은 그분의 아버지와 같으셨습니다. 그분은 말로 그런 일들을 행하셨습니다.

그분은 말을 사용하는 법, 그 말들을 권세와 능력으로 채우는 법을 우리에게 가르쳐주셨습니다.

주님의 삶에서 가장 탁월한 것이라고 내 심령에 다가온 부분은 그분께서 말을 통해서 행사했던 권세입니다.

그분은 우리에게 말의 가치에 대한 새로운 개념을 제시하셨습니다.

그분은 또 다른 교훈, 곧 의의 가치를 우리에게 가르쳐주셨습니다.

예수님은 부족의식이나 필요의식이 전혀 없으셨습니다.

나는 우리가 예수님처럼 되어야 한다는 것이 아버지의 갈망이었다고 믿습니다.

우리는 우리의 의를 사용해야, 아무런 죄 의식 없이 하나님의 임재 안에 들어갈 수 있으며, 열등감 없이 사탄 또는 사탄의 역사 앞에 설 수 있습니다.

예수님의 고백은 그분 자신을 믿는 그분의 믿음의 또 다른 경이로운 예입니다.

"나는 생명의 떡이다"(요 6:35)

"나는 세상의 빛이니 나를 따르는 자는 어둠에 다니지 아니하고 생명의 빛을 얻으리라"(요 8:12)

그분은 모든 점에서 우리에게 도전하십니다.

다시 그분은 "내가 아버지에게서 나와 세상에 왔고 다시 세상을 떠나 아버지께로 가노라"(요 16:28)라고 말씀하셨습니다.

그분은 자신이 누구인지 아셨습니다.

그분은 자신이 어떤 존재인지 아셨습니다.

그분은 자신이 왜 오셨는지 아셨습니다.

18

사복음서의 예수님

여기에 주님께서 하신 진술이 있습니다. "나를 믿는 자는 내가 하는 일을 그도 할 것이요 또한 그보다 큰 일도 하리니 이는 내가 아버지께로 감이라"(요 14:12)

이 진술은 나를 상당히 괴롭혔습니다.

나는 예수님께서 말씀하신 것이 무엇을 뜻했는지가 궁금했습니다.

사역초기에 나에게는 예수님께서 그분보다 더 큰 기적을 우리가 행할 수 있었음을 암시하신 것처럼 여겨졌습니다.

그 당시 감각지식의 가르침이 나를 상당히 지배하고 있었습니다.

하지만 나는 그런 해석에 결코 만족해본 적이 없습니다.

어느 날 진리가 나에게 떠올랐습니다.

우리는 또 다른 종류의 기적을 행할 수 있습니다.

이 기적들은 영의 영역에서 일어날 수 있으며, 또 이 기적들은 물리적 영역에서 일어난 기적보다 더 큰 것이었습니다.

우리는 사람들을 그리스도께로 인도할 수 있었고, 그리고 그들은 영원한 생명을 받았습니다.

　우리의 기적들은 사람들의 재창조와 연결된 것이었습니다.

　예수님의 기적들은 전부 감각의 영역에서 이루어졌습니다.

　예수님의 제자들과 따르는 자들은 그들이 물리적 영역에서 보고 듣고 느끼거나 체험한 것들만 믿었습니다.

　그들의 지식은 감각에 의해 제한되었습니다.

　하나님께서는 그분의 아들을 감각의 영역으로 보내셔서, 사람들이 그 아들의 기적을 목격하며, 그 아들을 사람으로 여기도록 하셨습니다.

　"그는 감각senses에 나타나신 하나님이셨으니"(딤전 3:16, 저자의 번역)

　"말씀이 육신이 되어 우리 가운데 거하시매 우리가 그의 영광을 보니 아버지의 독생자의 영광이요 은혜와 진리가 충만하더라"(요 1:14)

　말씀이 감각의 영역으로 들어왔습니다.

　삼 년 반의 공적 사역기간 동안 제자들은 그분을 따라다녔습니다.

　그들은 그분의 기적을 목격했습니다.

　예수님께서는 바람과 파도를 다스리셨습니다.

　우리가 닦여진 길을 걷듯이, 그분은 실제로 갈릴리 바다를 걸으셨습니다.

　그들은 무리를 향한 그분의 긍휼을 목격했습니다.

　그분은 진정으로 감각에 나타난 사랑이셨습니다.

　그분은 자연인을 능가한 지혜를 소유하셨습니다.

　그분은 말하자면, 철저하게 사람들을 아셨습니다.

　그들은 그분의 가르침을 들었습니다.

　그들은 그분의 말씀에 전율하였습니다.

　그들은 날마다 기적이 일어나는 것을 보았습니다.

그분은 말로 사람들을 고치셨습니다.

그분은 말로 죽은 자들을 일으키셨습니다.

그분은 말로 빵이 증가하게 만드셨습니다.

그분은 말로 물을 포도주로 변하게 하셨습니다.

그들은 그분에 대해 "그 사람이 말하는 것처럼 말한 사람은 이때까지 없었나이다"(요 7:46)라고 말했습니다.

그분이 감각의 영역으로 가져오신 계시 가운데 가장 위대한 것은 말에 부여될 수 있는 권세와 능력에 대한 계시였습니다.

그들은 새로운 삶의 방식을 목격했습니다.

그것은 사랑의 방식인데, 아직 그들은 그 방식을 이해하지 못했습니다.

누구도 그 방식을 모방하려고 시도했던 것 같지는 않습니다.

이 길은 새로운 생명의 길이었습니다.

예수님께서는 "내가 곧 길이요 진리요"(요 14:6)라고 말씀하셨을 때, 누구도 그분이 말씀하신 의미를 이해하지 못했습니다.

우리가 이런 식으로 말해도 된다면, 그분은 또 다른 특권을 가지셨는데, 그것은 아무런 죄책감이나 무가치 의식 없이 아버지의 임재 안으로 들어가실 수 있는 능력이었습니다.

그분 주위로 몰려든 무리들은 하나님을 두려워했습니다.

그들은 하나님을 두려워하도록 배웠습니다.

그들은, 대제사장이 이스라엘 백성의 죄들로 인하여 일 년에 한 번씩 지성소로 들어갔을 때 경험한 공포를 알았습니다.

예수님께서 유대인들의 하나님을 아버지라고 부르셨을 때, 그들은 깜짝 놀랐습니다.

그분은 이스라엘의 여호와와 친밀한 사이처럼 보였습니다.

나사로 무덤에서 그들은 그분이 "아버지여 내 말을 들으신 것을 감사하나이다. 항상 내 말을 들으시는 줄을 내가 알았나이다"(요 11:41-42)라고 말씀하시는 것을 들었습니다.

그들은 예수님과 아버지 사이의 신성한 친밀함을 감지할 수 있었고, 그것이 그들을 경악하게 만들었습니다.

새로운 피조물인 우리는 주님께서 이 땅에서 활동하실 당시를 되돌아보면서 그분의 기적적 삶에 어떤 제한이 있었던 것을 알아차릴 수 있습니다.

제한이 없으신 분의 활동에서 어떤 제한을 파악하기란 어렵습니다.

그분은 장군이 군대를 통솔하듯이, 자연법칙을 통제하셨습니다.

우리가 아는 한, 모든 법칙이 그분의 뜻에 복종했습니다.

그분은 사람들의 병든 몸을 치유하실 수 있었지만, 사람들의 죄들을 제거할 수는 없으셨습니다. 왜냐하면 그 죄들은 그분이 죽으시고 부활하신 후에야 비로소 제거되었기 때문입니다.

그분은 죄들을 용서할forgive 수는 있었습니다. 왜냐하면 율법 아래에서 죄들은 용서를 받았기 때문입니다. 그러나 그분은 죄들을 제거하실remit 수 없으셨습니다. 왜냐하면 그 죄들은 그분이 죽으시고 부활하신 후에야 비로소 제거될 수 있었기 때문입니다.

그분은 사람들에게 자연적 생명(프시케)을 전이하실 수 있었지만, 영원한 생명(조에)을 주실 수는 없었습니다.

그분은 "내가 온 것은 양으로 생명을 얻게 하고 더 풍성히 얻게 하려는 것이라"(요 10:10)라고 말씀하셨습니다.

그분은 그들에게 "나를 믿는 자는 사망에서 생명으로 옮겼느니라" (요 5:24)라고 말씀하셨습니다.

그분이 말씀하신 의미는 그들이 영적인 죽음의 영역에서 영적인 생명의 영역으로 옮겨갔다는 뜻입니다.

이것은 예수님께서 이 땅에 살아계신 동안에는 일어나지 않았습니다.

그분은 사람들을 재창조할 수 없으셨습니다.

그분은 "너희가 나를 믿는다면, 내가 너희에게 영원한 생명을 줄 것이다."라고 말씀할 수 없으셨습니다.

그분은 "내가 너희를 재창조할 것이다. 내가 너희를 새로운 피조물이 되게 할 것이다."라고 말씀할 수 없으셨습니다.

누군가 "제자들이 그분을 믿지 않았습니까? 마리아와 마르다가 그분을 믿지 않았다는 말입니까?"하고 물었습니다.

아니요, 그들은 어떤 식으로든 그분을 믿었습니다. 하지만, 그들은 무엇을 믿었을까요?

그들은 "그분이 성경대로 그들의 죄를 위해 죽으셨고, 그분의 이름을 통하여 그들이 생명을 얻는다."는 사실을 믿었을까요?

그들은 그분이 하나님과 사람 사이의 중개자이심을 믿었을까요?

아닙니다.

그들은 그분이 그들의 메시아, 곧 하나님의 아들이심을 믿었습니다.

그들은 그분의 대속적 희생에 대해서는 전혀 알지 못했습니다.

그들은 그분이 그들의 죄의 대속물로서 십자가에서 달려 죽으실 것이라는 사실을 알지 못했습니다.

그들은 그분이 죽은 자들로부터 일어나셔서, 자기 피를 가지고 하늘의 지성소로 들어가실 것이라는 사실을 알지 못했습니다.

그들은 이 모든 사실에 대해 무지했습니다.

"예수님께서 이 땅에서 활동하실 때 사람들이 그분을 믿었던 믿음"과 "지금 우리가 예수님을 우리의 주님이요 구원자요 대속물로서 믿는 믿음"의 차이를 믿는 자가 이해하는 것이 아주 중요합니다.

예수님께서는 그들을 의롭게 하실 수 없었습니다.

예수님께서는 그들을 사랑하셨지만 그들을 의롭게 하여서, 그들이 아무런 죄책감이나 정죄감이나 열등감 없이 하나님의 임재 안에 설 수 있게 하는 권세가 없으셨습니다.

예수님께서는 그들의 질병을 고칠 수 있으셨지만, 그들의 본성을 바꿀 수는 없으셨습니다.

그분은 그들의 몸으로부터 귀신을 쫓아낼 수는 있으셨습니다.

그분은 그들의 육신의 몸에 대한 귀신의 능력을 깨뜨릴 수는 있으셨습니다.

그분은 사탄의 권세와 정죄와 심판으로부터 그들을 속량할 수는 없으셨습니다.

그분은 그들에게 아버지와 교제할 수 있는 능력을 줄 수는 없으셨습니다.

아버지께서 그들을 열렬히 사랑하셨음에도, 그들은 아버지와 교제할 수 없었습니다.

그들은 영적으로 죽어있었습니다.

그들은 아직 죽음에서 생명으로 옮겨가지 않았습니다.

"너희를 불러 그의 아들 예수 그리스도 우리 주와 더불어 교제하게 하시는 하나님은 미쁘시도다"(고전 1:9)

그들은 제자, 학도, 사도가 되도록 부름을 받았지만, 그분이 죽으시고 부활하실 때까지 그분과의 교제로 부름을 받지 못했습니다.

당신이 요한복음 15:14-15에 나온 주님의 고별사를 떠올려본다면, 주님께서는 이런 말씀을 하셨습니다. "너희는 내가 명하는 대로 행하면 곧 나의 친구라. 이제부터는 너희를 종이라 하지 아니하리니, 종은 주인이 하는 것을 알지 못함이라. 너희를 친구라 하였노니, 내가 아버지께 들은 것을 다 너희에게 알게 하였음이라"(요 15:14-15) 그분은 그들을 친구라고 부르실 수 있었지만, 형제라고는 부를 수 없으셨습니다. 당신이 이 차이를 염두에 두는 것이 중요합니다. 오늘날 예수님은 우리의 친구가 아니십니다. 그분은 우리의 주님이요 구원자이십니다. 친구는 가족 밖에 있는 누군가입니다.

대부분의 가르침들은, 예수님께서 제자들을 친구라고 부르셨기 때문에 제자들이 그분이 죽으시기 전에 그분과 동행했을 때 이미 그리스도인이었다고 주장해왔습니다.

그런 가르침에 의하면, 제자들은 성령을 받는 것을 제외한 모든 것을 이미 가졌다는 것입니다.

이것이 맞는 말이라면, 그리스도께서 죽으실 필요가 없으셨을 것입니다. 왜냐하면 자연인은 새로운 피조물의 사람들인 우리가 소유하고 있는 모든 것을 가지고 있을 것이기 때문입니다.

그러나 아시다시피, 그것은 맞는 말이 아니었습니다.

"성경대로 예수님께서 우리 죄를 위하여 죽으시고"(고전 15:3)

"그가 … 자기를 단번에 제물로 드려 죄를 없이 하시려고"(히 9:26)

아시다시피, 그리스도께서 그들의 대속물로서 고난을 받으실 때까지 하나님께서는 자연인의 범죄와 죄를 제거하실 수 있는 근거가 전혀 없었습니다.

"예수께서 이르시되 나는 생명의 떡이니 내게 오는 자는 결코 주리지 아니할 터이요, 나를 믿는 자는 영원히 목마르지 아니하리라"(요 6:35)

그것은 그리스도께서 죄 문제를 다루시고, 자기 피를 가지고 지성소로 들어가셔서, 그분의 희생이 받아들여진 후 그분이 아버지 우편에 앉으실 때까지는 참이 될 수 없었습니다.

그분께서 우리가 그분의 몸을 먹고 그분의 피를 마셔야 한다고 선언하셨던 것은 보혈의 새 언약을 가리키는 것이었습니다.

우리가 주님의 만찬에 참여할 때, 우리는 그리스도와 아버지 사이에 체결된 새 언약을 비준하고 있는 것입니다. 그리고 우리는 그 언약의 수혜자입니다.

예수님은 그 새 언약의 보증입니다.

예수님은 "나는 세상의 빛이니 나를 따르는 자는 어둠에 다니지 아니하고 생명의 빛을 얻으리라"라고 요한복음 8:12에서 말씀하신 생명의 빛을 그들에게 줄 수 없으셨습니다.

"그 안에 생명이 있었으니 이 생명은 사람들의 빛이라"(요 1:4)

이 성경구절은 예수님의 대속적 희생 이후에 실제로 이루어졌습니다.

아시다시피, 생명의 빛은 실제로 하나님의 지혜입니다.

고린도전서 1:30은 우리에게 "너희는 하나님으로부터 나서 그리스도 예수 안에 있고 예수는 하나님으로부터 나와서 우리에게 지혜와 의로움과 거룩함과 구원함이 되셨으니"라고 우리에게 말씀합니다.

예수님은 우리에게 지혜가 되셨습니다.

그 지혜는 빛입니다.

그것은 우리에게 하나님의 능력을 전이하는 것입니다.

그것은 지식을 뛰어나게 사용할 수 있는 능력입니다.

요한복음 12:35-36에서 예수님은 "아직 잠시 동안 빛이 너희 중에 있으니 빛이 있을 동안에 다녀 어둠에 붙잡히지 않게 하라 어둠에 다니는 자는 그 가는 곳을 알지 못하느니라 너희에게 아직 빛이 있을 동안에 빛을 믿으라 그리하면 빛의 아들이 되리라"라고 말씀하셨습니다.

요한일서 1:5을 떠올려보십시오. "우리가 그에게서 듣고 너희에게 전하는 소식은 이것이니 곧 하나님은 빛이시라 그에게는 어둠이 조금도 없으시다는 것이니라"

요한일서 1:6-7을 읽어보십시오. "만일 우리가 하나님과 사귐이 있다 하고 어둠에 행하면 거짓말을 하고 진리를 행하지 아니함이거니와 그가 빛 가운데 계신 것 같이 우리도 빛 가운데 행하면 우리가 서로 사귐이 있고 그 아들 예수의 피가 우리를 모든 죄에서 깨끗하게 하실 것이요"

여기에서 당신은 인간의 영 안에 영원한 생명이 있는 이유를 봅니다.

우리가 하나님의 아들들과 관계를 맺게 되는 이유는 우리가 아버지의 본성인 영원한 생명을 받았기 때문입니다.

이것은 위대한 대속이 일어날 때까지는 일어날 수 없었습니다.

요한복음 4:14에서 예수님께서는 사마리아 여인에게 다음과 같이 말씀하셨습니다. "내가 주는 물을 마시는 자는 영원히 목마르지 아니하리니 내가 주는 물은 그 속에서 영생하도록 솟아나는 샘물이 되리라" 라고 말씀하셨습니다.

예수님께서는 그들의 죗값을 치르실 때까지는 어느 누구에게도 그 물을 줄 수 없으셨습니다.

사람들은 재창조되었을 때 생명의 물을 받을 수 있었습니다.

이제 이런 사실들에 주목하십시오. 그분은 그들의 몸을 치유하셨지만, 그들은 다시 아프게 되었습니다.

그분은 그들을 먹이셨지만, 그들은 다시 배고파했습니다.

그분은 그들을 입히셨지만, 그들은 다시 헐벗게 되었습니다.

그분은 그들을 죽은 자들로부터 일으키셨지만, 그들은 다시 죽었습니다.

그분은 사람들의 모든 육체적 필요를 충족시킬 수 있었지만, 그들을 위해 죽으실 때까지는 그들의 영적 상태를 바꾸실 수 없으셨습니다.

그분은 그들의 육신의 몸으로부터 사탄을 쫓아낼 수 있으셨지만, 사탄에게서 그들의 영에 대한 권세를 아직은 박탈할 수 없으셨습니다.

"통치자들과 권세들을 무력화하여 드러내어 구경거리로 삼으시고 십자가로 그들을 이기셨느니라"(골 2:15)

당신은 "예수님께서 요한복음 15:5에서 '나는 포도나무요 너희는 가지라 그가 내 안에 내가 그 안에 거하면 사람이 열매를 많이 맺나니 나를 떠나서는 너희가 아무 것도 할 수 없음이라' 고 말씀하신 것은 무슨 의미입니까?"하고 물을 수도 있을 것입니다.

요한복음 14:1에서 17장까지는 예수님의 예언이요 약속입니다.

그것은 제자들이 거듭난 후에야 그들에게 이루어질 수 있는 바를 계시합니다.

이는 오순절 날의 사건이 발생한지 70년 후에 기록된 것으로, 거듭난 사람들에게만 해당된 내용이었습니다.

바울이 알았던 그리스도

바울은 베드로와 요한이 삼 년 반 동안 교제하였던 사복음서의 예수님을 알지 못했습니다.

바울은 고린도후서 5:16에서 우리에게 "그러므로 우리가 이제부터는 어떤 사람도 육신을 따라 알지 아니하노라 비록 우리가 그리스도도 육신을 따라 알았으나 이제부터는 그같이 알지 아니하노라"라고 말합니다.

이 성경구절이 오랫동안 나를 괴롭혔습니다. 나는 바울이 말한 의미가 궁금했습니다. 그러다가 그 의미가 확연하게 드러났습니다. 나는 바울이 요한이 소유한 그리스도와 동일한 그리스도를 가졌지만, 요한은 감각지식의 눈으로만 그분을 알았음을 깨닫게 되었습니다.

요한은 예수님에 대한 감각지식의 개념을 가지고 있었습니다.

하나님께서는 바울에게 예수님에 대한 계시를 주셨습니다.

바울은 육신의 사람을 보지 않고, 영의 사람을 보았습니다.

바울은 그분을 대속물로 보았습니다.

바울은 그분이 십자가에서 죄가 되신 것을 보았습니다.

바울은 다른 사람들이 보았던 나무에 못 박히신 그 사람을 보지는 못했습니다.

바울은 그분의 영이 인류의 죄들과 질병을 지시는 것을 보았습니다.

바울은 그분의 영이 죄가 되신 것을 보았습니다. 육신의 몸을 입은 인성humanity 안에 감추어진 것은 신성Deity이었습니다.

바울에게 있어 그것은 항상 신성이었습니다.

바울은 그분이 인간의 자리를 차지해서, 인간이 가야 할 곳으로 가서, 인간이 아담의 비극으로 인해 마땅히 겪어야 할 고통을 받으시는 것을 보았습니다.

바울은 우주의 최고 법정이 그분께서 인간의 죗값을 치렀으며, 공의의 요구사항을 충족시켰다고 선포하는 자리에 계신 그분을 보았습니다.

바울은 그분이 의롭게 되신 것을 보았습니다.

바울은 그분을 죽은 자들로부터 첫 번째로 태어나신 분으로 보았습니다.

바울은 하나님께서 "오늘 내가 너를 낳았다"(히 1:5)라고 말씀하셨을 때 계신 그분을 보았습니다.

다른 말로 하면, 바울은 그분이 인간을 위해 저주받은 자의 고통을 당하고 계셨던 어둠의 영역으로부터 다시 태어나신 그분을 보았다는 말입니다.

이제 그분은 의롭다고 선언 받으셨을 뿐만 아니라, 의롭게 되셨습니다.

바울은 예수님께서 어둠의 세력들을 다스리는 지배자가 되시는 것을 보았습니다.

"통치자들과 권세들을 무력화하여 드러내어 구경거리로 삼으시고 십자가로 그들을 이기셨느니라"(골 2:15)

그분께서 어둠의 세력들을 지배하셨습니다.

이제 그분은 "내가 전에 죽었었노라 볼지어다 이제 세세토록 살아 있어 사망과 음부의 열쇠를 가졌노니"(계 1:18)라고 말씀할 수 있으십니다.

히브리서 2:14은 우리에게 "그분은 죽음을 다루는 사탄의 권능을 마비시켰느니라."(로더햄 번역)라고 말씀합니다.

그분은 죽음의 속박을 깨뜨리시고 음부를 떠나셨습니다.

그분은 자신의 불멸의 몸으로 들어가셨습니다.

그분이 십자가에 달리시고 죄가 그분의 몸을 만졌을 때, 그분의 몸은 곧바로 죽을 수밖에 없는 몸, 곧 죽음에 굴복당하는 몸이 되었습니다.

이제 그 죽을 수밖에 없는 몸이 불멸성을 받았습니다.

예수님께서 제자들 앞에 나타나셨을 때, 제자들은 그분이 불멸성을 지니셨음을 알지 못했습니다. 그들의 눈은 멀어있었습니다. 그들은 감각 지식만을 지녔을 뿐입니다.

제자들이 아는 한, 그분은 인간으로 죽으셨습니다.

그리고 인간으로서 죽은 자들로부터 일어나셨습니다.

그분의 부활하심에 그들은 할 말을 잃어버렸고, 말할 수 없을 정도로 기뻐했습니다.

그들 중 몇몇은 예수님께서 왕으로 군림하시는 유대 나라를 세우는 큰 꿈을 품었습니다.

당신은 사도행전 1장에서 예수님께서 승천하시기 전, 왕국을 언제 회복하실지에 대해 제자들이 그분께 물어본 대목을 떠올릴 수 있습니다.

당신은 제자들의 정치적 열망을 엿볼 수 있습니다. 왜냐하면 그들은 아직 자연인이었기 때문입니다.

누구도 그분을 알지 못했습니다.

바울이야말로 예수님을 진정으로 알았던 첫 번째 인물이었습니다.

바울은 그분께서 자신의 피를 가지고 승천하셔서 하늘의 지성소로 들어가시는 것을 보았습니다.

바울은 아버지께서 인간의 영원한 속량의 인증으로서 예수님의 피를 받아들이시는 것을 봅니다.

바울은 그분이 그분의 완성된 속량의 기쁜 소식을 가지고 낙원으로 가서 사람의 손으로 지은 이 땅의 지성소에 대제사장이 매년마다 발행한 속죄라는 약속어음을 현금화하신 것을 봅니다.

구약의 성도들이 속량 받았고, 그리하여 그분께서 그들을 데리고 하늘로 가십니다.

바울은 이 모든 것들을 봅니다.

그런 다음 속량의 경이로운 드라마의 최고조 단계에서 바울은 예수님께서 새 언약의 위대한 대제사장으로서 높은 곳에 계신 지극히 크신 분의 우편에 앉으시는 것을 봅니다.

그분은 제자들에게 새 언약의 새 법을 주셨습니다.

교회가 새 언약의 수혜자가 되어야 합니다.

이 새 언약에는 두 가지의 제사장직무가 있습니다.

하나는 거룩한 제사장직무Holy Priesthood이요, 다른 하나는 왕 같은 제사장직무Royal Priesthood입니다.

거룩한 제사장직무는 아버지와 우리의 교제와 동행이 될 것이고, 항상 그분을 향하게 될 것입니다.

왕 같은 제사장직무는 "너희를 어두운 데서 불러내어 그의 기이한 생명life에 들어가게 하신 이의 탁월함exellencies을 선포하는 것"(벧전 2:9)이 될 것입니다.

이는 이중의 제사장직무dual priesthood가 될 것인데, 한쪽은 세상을 향하고, 다른 쪽은 그리스도의 몸을 향하게 될 것입니다.

　바울의 계시는 인쇄물 가운데 가장 경이로운 문서로 영원히 서 있을 것입니다.

　누구도 전에는 꿈꾼 적이 없었던 백여 가지 가르침 이상의 것이 있습니다.

　바울이 단순히 문학의 천재였다면 그는 세상이 여태껏 알아왔던 그 모든 것을 능가한 자입니다.

　자연인이 할 수 있거나 도달할 수 있었던 모든 것은 오감의 산물이었습니다.

　바울의 사역 자체가 일종의 계시였습니다.

이번 장은 매우 단순하지만 가치 있는 진리를 담고 있습니다.

대개의 설교자들은 청중에 따라 말씀을 나누지 않습니다. 그 결과, 설교자들은 믿지 않는 자에게 해당하는 메시지를 믿는 자에게도 종종 전합니다. 아니면 그리스도 안에 있는 성숙한 자에게 해당하는 메시지를 그리스도 안에 있는 아기에게 전합니다.

아기에게 주어야 할 메시지가 때로 완전히 무시됩니다.

나는 이번 장에서 바울이 말하는 세 부류의 사람, 곧 1) 영원한 생명이 없는 자연인, 2) 신성한 생명 가운데 자라본 적도 없거나 또는 발전해본 적도 없는 새로운 피조물 3) 그리스도 안에 있는 권리들을 사용해서 아버지께 영광을 돌리도록 열매를 맺을 수 있는 정도까지 성장한 믿는 자를 보여주기를 원합니다.

이 믿는 자는 그의 의를 제대로 음미하고 인식하게 된 자입니다.

그는 지식에는 책임이 포함되어 있음을 알고, 또 그가 이 요구를 충족시킬 수 있는 하나님의 능력이 있다는 사실도 알고 있습니다.

19
바울이 말하는 세 부류의 사람

　하나님께서 바울에게 주신 계시는 우리를 깜짝 놀라게 하는 놀라운 점을 많이 지니고 있습니다.
　그 중의 하나가 "유대인에게나 헬라인에게나 하나님의 교회에나 거치는 자가 되지 말고"라는 고린도전서 10:32에서 발견됩니다.
　여기에서 우리는 하나님께서 인류를 인종 단위로 구분하신다는 것을 발견합니다.
　유대인은 항상 유대인입니다. 유대인은 믿는 자가 될 수 있지만, 어디까지나 그는 유대인 믿는 자입니다.
　이방인이란 의미는 이교도의 세계를 가리킵니다.
　유대인이 아니면서 그리스도 밖에 있는 모든 사람이 이교도 또는 이방인입니다.
　새로운 피조물이자 그리스도의 몸인 교회는 완전히 홀로 서 있습니다.
　여기에서 가리키는 교회는 표면적으로 드러난 교회[3]가 아니라, 새로운 피조물을 말합니다.

그런 다음, 바울은 자연인Natural man, 육신에 속한 사람Carnal man, 영적인 사람Spiritual man이라는 또 다른 분류법을 제시합니다.

자연인은 아직 죽음에서 생명으로 옮겨가지 않은 사람입니다. 그는 결코 재창조되지 않았습니다.

자연인은 영적으로 죽은 자요, 하나님도 없고 소망도 없는 자입니다.

육신에 속한 사람은 그리스도 안에 있는 새로운 피조물이지만, 결코 성장하거나 계발된 적이 없는 사람입니다.

육신에 속한 사람은 새로운 피조물의 아기 상태 이상으로 발전하지 못한 채, 오랫동안 아기로 머물러 있을 수도 있습니다.

육신에 속한 사람은 영이 아닌, 감각의 지배를 받는 자입니다.

영적인 사람(또는 신령한 사람)은 신성한 것들 안에서 발전을 거듭해 온 자입니다.

그의 영이 그의 지적 과정을 장악해왔으며, 또한 그의 영이 그의 감각을 장악해왔습니다.

하나님께서는 그분의 말씀을 통해서 영적인 사람을 통치하십니다.

자연인

이 세 부류의 사람들을 신중하게 살펴봅시다. 우리는 먼저 자연인을 다룰 것입니다.

---

3) the professed church, 어떤 행위를 통해 자신들의 신념을 밖으로 드러냄으로써 세상이 종교단체라고 인식하는 교회 (역자 주)

"육에 속한 사람(자연인)은 하나님의 성령의 일들을 받지 아니하나니 이는 그것들이 그에게는 어리석게 보임이요, 또 그는 그것들을 알 수도 없나니 그러한 일은 영적으로 분별되기 때문이라"(고전 2:14)

이 자연인은 영적이지 않고, 육신적인 사람입니다.

야고보서 3:15과 같은 성경 몇몇 부분에서는 자연인을 마귀적인 사람, 곧 사탄의 지배를 받는 자라고 말합니다.

"육신(감각)의 생각은 하나님과 원수가 되나니 이는 하나님의 법에 굴복하지 아니할 뿐 아니라 할 수도 없음이라. 육신(감각)에 있는 자들은 하나님을 기쁘시게 할 수 없느니라"(롬 8:7-8)

이것이 바로 자기의 감각 안에 사는 자입니다.

로마서 8장에서 "육신flesh;[헬]sarx"으로 번역되는 대목은 그 진정한 영적인 의미에 따라 "감각senses"으로 번역되어야 마땅합니다.

예를 들면, 로마서 8:3은 "율법이 감각으로 말미암아 연약하여 할 수 없는 그것을 하나님은 하시나니 곧 죄로 말미암아 자기 아들을 죄 있는 감각의 모양으로 보내어 감각에 죄를 정하사"로 번역되어야 합니다.

당신은 자연인이 소유하는 모든 지식이 오감을 통해 받아들인 것이며, 따라서 그의 마음이 이 감각의 지배를 받는다는 사실을 이해합니다.

감각지식은 세상이 소유한 모든 지식입니다.

우리는 이 세상 지식에다가 계시지식도 가지고 있습니다.

모든 믿는 자가 감각지식과 계시지식의 차이를 알아차리는 것이 매우 중요합니다.

우리가 살고 있는 현대의 많은 신학자들은 감각지식의 사람들입니다.

오늘날 우리의 교회 지도자들 대다수가 감각지식의 사람들입니다.

그들은 영적으로 계발되지 않고, 감각의 지배를 받는 이들입니다.

그들 중 많은 수가 계시지식을 거부하고 제쳐놓습니다.

이 자연인은 하나님의 영에 속한 것들을 이해할 수 없습니다. 그런 것들은 자연인에게는 어리석은 것입니다.

"그는 허물과 죄로 죽었던 너희를 살리셨도다. 그때에 너희는 그 가운데서 행하여 이 세상 풍조를 따르고 공중의 권세 잡은 자를 따랐으니 곧 지금 불순종의 아들들 가운데서 역사하는 영이라"(엡 2:1-2)

이것이 바로 이 시대의 행로를 따라 걷는 자연인입니다.

자연인은 공중의 권세 잡은 임금을 따라서 걷는 자입니다.

자연인은 불순종의 아들 안에서 역사하는 영의 지배를 받는 자입니다.

다음 구절(엡 2:3)은 자연인은 감각이 열망하는 것을 행하므로 본성상 진노의 자녀라고 말씀합니다.

그것은 매우 강한 언어로, 그리스도 밖에 있는 사람을 묘사합니다.

"그러므로 생각하라. 너희는 그때에 육체로는 이방인이요 손으로 육체에 행한 할례를 받은 무리라 칭하는 자들로부터 할례를 받지 않은 무리라 칭함을 받는 자들이라. 그때에 너희는 그리스도 밖에 있었고 이스라엘 나라 밖의 사람이라 약속의 언약들에 대하여는 외인이요 세상에서 소망이 없고 하나님도 없는 자이더니"(엡 2:11-12)

오늘날 이방인에게는 하나님에 대해 어떤 주장도 할 수 없고, 붙잡을 수도 없습니다.

이방인은 어떤 합법적인 지위나 권리도 가지고 있지 않습니다.

"하나님께서 세상의 천한 것들과 멸시 받는 것들과 없는 것들을 택하사 있는 것들을 폐하려 하시나니"(고전 1:28)

백주년 기념 번역본Centenary translation에 따르면, '없는 것'이란 로마 제국의 노예들을 나타낸다고 말합니다.

그들은 어떤 지위도, 어떤 목소리도 갖지 못했습니다. 그들은 그저 "없는 존재"에 지나지 않았습니다.

그러나 그리스도인들이 되었을 때 그들은 하나님 앞에 위치를 갖게 되었습니다.

"너희가 전에는 백성people:사람이 아니더니 이제는 하나님의 백성이요 전에는 긍휼을 얻지 못하였더니 이제는 긍휼을 얻은 자니라"(벧전 2:10)

이방인은 어떤 지위도 가지고 있지 않았습니다. 이방인은 "사람이 아니었습니다."

이방인은 자신의 모든 자랑스러운 교양과 재능과 돈을 가지고 있었음에도 하나님 앞에서는 어떤 목소리나 위치도 가지고 있지 않습니다.

그것은 완전한 영적 속박에 대한 그림입니다.

그것은 마치 불타버린 숲, 즉 전혀 소망 없는 상태와 같습니다.

바울이 이방인은 "하나님도 없는 자without God"라고 말할 때, 그 의미는 하나님을 믿지 않아 불경한 자godless라는 뜻입니다.

"소망이 없다without hope"는 말은 가망이 없고 절망적hopeless이라는 뜻입니다.

"그러므로 내가 이것을 말하며 주 안에서 증언하노니 이제부터 너희는 이방인이 그 마음의 허망한 것으로 행함 같이 행하지 말라 그들의 총명이 어두워지고 그들 가운데 있는 무지함과 그들의 마음이 굳어짐으로 말미암아 하나님의 생명에서 떠나 있도다 그들이 감각 없는 자가 되어 자신을 방탕에 방임하여 모든 더러운 것을 욕심으로 행하되"(엡 4:17-19)

이방인은 감각지식의 허망함 가운데 걷고 있습니다.

학문의 세계가 여기에서 자신의 사진을 볼 수 없다면, 앞으로도 보지 못할 것입니다.

그들은 이해하는데 어두워져 있습니다.

그들은 하나님의 생명으로부터 멀어져 있습니다.

그들은 그들 자신의 지식으로 가득 차 있습니다. 다시 말해, 영적인 것들에 대해 무지하다는 말입니다.

"하나님을 알되 하나님을 영화롭게도 아니하며 감사하지도 아니하고 오히려 그 생각이 허망하여지며 미련한 마음이 어두워졌나니 스스로 지혜 있다 하나 어리석게 되어"(롬 1:21-22)

"이는 그들이 하나님의 진리를 거짓 것으로 바꾸어 피조물을 조물주보다 더 경배하고 섬김이라"(롬 1:25)

"그 중에 이 세상의 신이 믿지 아니하는 자들의 마음을 혼미하게 하여 그리스도의 영광의 복음의 광채가 비치지 못하게 함이니 그리스도는 하나님의 형상이니라"(고후 4:4)

이런 인간이 가질 수 있는 소망에 대해서 주님께서는 요한복음 14:6에서 말씀하셨습니다.

"내가 곧 길이요 진리요 생명이니 나로 말미암지 않고는 아버지께로 올 자가 없느니라"(요 14:6)

"다른 이로써는 구원을 받을 수 없나니 천하 사람 중에 구원을 받을 만한 다른 이름을 우리에게 주신 일이 없음이라 하였더라"(행 4:12)

오직 하나의 길과 오직 하나의 이름만 있을 뿐입니다.

그 접근로와 그 이름을 무시하고 경멸하거나 거부하는 사람은 절대적으로 소망이 없는 상태로 남겨집니다.

하지만 속량은 그에게 속한 것이고, 또 영원한 생명은 그의 것으로 주어졌습니다.

"하나님이 세상을 이처럼 사랑하사 독생자를 주셨으니 이는 그를 믿는 자마다 멸망하지 않고 영생을 얻게 하려 하심이라"(요 3:16)

영원한 생명이 그에게 주어졌습니다.

그가 그 영원한 생명을 소유하게 된다면, 그 생명은 현실적으로 그의 소유물이 됩니다.

로마서 3:21-26은 하나님께서 인간에게 영원한 생명과 의를 주시려고 가신 그 길이length를 선포합니다.

이 두 가지 위대한 축복이 그에게 속한 것입니다.

그는 그것들을 달라고 울부짖거나 기도할 필요가 없습니다.

그가 해야 하는 전부는 그것들을 취하는 것입니다.

그것들은 선물로 그에게 주어진 것입니다.

"곧 이때에 자기의 의로우심을 나타내사 자기도 의로우시며 또한 예수 믿는 자를 의롭다 하려 하심이라"(롬 3:26)

"예수는 우리가 범죄한 것 때문에 내줌이 되고 또한 우리를 의롭다 하시기 위하여 살아나셨느니라"(롬 4:25)

그리스도께서는 우리의 대속물로서 우리의 자리를 취하셔서 우리의 죗값을 치르셨습니다.

"그러므로 우리가 믿음으로 의롭다 하심을 받았으니 우리 주 예수 그리스도로 말미암아 하나님과 화평을 누리자"(롬 5:1)

그것(의)은 우리에게 속한 것입니다. 그것은 우리 것입니다.

"그러면 이제 우리가 그의 피로 말미암아 의롭다 하심을 받았으니 더욱 그로 말미암아 진노하심에서 구원을 받을 것이니 곧 우리가 원수 되었을 때에 그의 아들의 죽으심으로 말미암아 하나님과 화목하게 되었은즉"(롬 5:9-10) 그리하여 구원받지 못한 모든 사람은 그 선물을 취하기만 한다면 영원한 생명에 이를 수 있는 합법적인 권리를 가지고 있습니다.

하나님께서는 믿지 않는 자에게 이를 강요할 수 없으시지만, 그가 받아들이기만 한다면 그것을 갖게 될 것입니다.

육신에 속한 사람 또는 그리스도 안에서의 아기

"육신에 속한carnal"이라고 번역된 헬라어는 많은 주석을 달게 만들었지만, 성경교사들 사이에서는 별로 혼란스러운 점은 없습니다.

최근에서야 성령님께서 이 단어를 우리 마음에 분명하게 밝혀주셨습니다.

이 단어는 어떤 구절에서는 "육신에 속한", 다른 구절에서는 "육적인fleshly"이라고 번역됩니다.

그 진짜 의미는 감각의 지배를 받는 사람을 가리킵니다.

그 사람은 인간의 질서를 따라 행합니다.

"형제들아 내가 신령한spiritual:영적인 자들을 대함과 같이 너희에게 말할 수 없어서 육신에 속한 자 곧 그리스도 안에서 어린 아이들을 대함과 같이 하노라"(고전 3:1)

바울은 헬라어 "싸르크스Sarx"에 대한 그 자신의 정의를 제시합니다. 그것은 아기, 곧 제대로 자라나지 못한 자입니다.

"내가 너희를 젖으로 먹이고 밥으로 아니하였노니 이는 너희가 감당하지 못하였음이거니와 지금도 못하리라 너희는 아직도 육신에 속한 자로다 너희 가운데 시기와 분쟁이 있으니 어찌 육신에 속하여 사람을 따라 행함이 아니리요"(고전 3:2-3)

육신에 속한 사람들은 세상이 행하는 것과 똑같이 행하고 있었던 것입니다.

그들은 사랑의 법이나 사랑의 행보를 아직도 배우지 않았습니다.

왜냐하면 우리는 사랑 안에서 걷는 법을 배울 때 질시하고, 다투고, 쓴 감정을 가지며 뒤에서 험담하는 짓을 하지 않기 때문입니다.

이 모든 것들이 믿는 자가 아직도 자라나지 못했다는 표시입니다.

당신이 이기적이고, 신경이 예민해서 상처를 잘 받을 수 있는 한, 아직도 그리스도 안에 있는 아기입니다.

우리는 요한일서와 함께 고린도전서 13장을 아주 철저하게 공부해서, 그 위대한 사랑의 가르침을 면밀하게 살펴볼 필요가 있습니다.

고린도전서 13:5은 "사랑은 자기의 유익을 구하지 아니하며"라고 말씀합니다. 아기들은 항상 "엄마, 형이 내 것 가져갔어."라고 말합니다.

그들은 항상 자기 것에 대해 다투고 있는데, 누군가 그것을 훔쳐갑니다.

현대의 가정에서 다투고 이혼하는 모습이 현대 교회의 어린 아기 상태에 대한 그림입니다.

이 어린 아기 상태를 치유할 수 있는 것은 말씀을 공부하는 것입니다.

믿는 자 모두가 속량의 계획에 대한 우리의 성경연구과정을 공부해야 합니다. 그것은 믿는 자를 어린 아기 상태로부터 그리스도 안에 있는 다 자란 성인 상태로 이끌 것입니다.

에베소서 4:7은 이에 대한 하나님의 주석입니다.

"우리 각 사람에게 그리스도의 선물의 분량대로 은혜를 주셨으니" (엡 4:7)

이 구절에서 우리는 믿는 자 각자가 자신의 삶의 모든 긴급한 문제를 해결할 은혜의 예치금을 가지고 있음을 봅니다.

모든 믿는 자는 똑같은 성령, 똑같은 영원한 생명, 똑같은 사랑, 똑같은 은혜, 하나님의 똑같은 능력을 가지고 있습니다.

우리는 그 누구와도 비교할 수 없는 똑같은 아버지 하나님, 위대하시고 영원하신 중보자이신 똑같은 그리스도를 가지고 있습니다.

우리 중 누구도 약할 이유가 전혀 없습니다.

우리가 시간이 지나면 계발되고 성장하는 것이 마땅하기 때문에, 어린 아기로 머물러 있을 이유가 전혀 없습니다.

"그가 어떤 사람은 사도로 어떤 사람은 선지자로 어떤 사람은 복음 전하는 자로 어떤 사람은 목사와 교사로 삼으셨으니 이는 성도를 온전하게 하여 봉사의 일을 하게 하며 그리스도의 몸을 세우려 하심이라 우리가 다 하나님의 아들을 믿는 것과 아는 일에 하나가 되어 온전한 사람을 이루어 그리스도의 장성한 분량이 충만한 데까지 이르리니"(엡 4:11-13)

이것은 다 자란 믿는 자, 곧 말씀을 올바르게 나누는 자요 하나님의 힘 안에서 고요하게 안식하는 자에 대한 얼마나 탁월한 그림인지요!

그러면 시편 27:1은 실재가 됩니다.

"여호와는 나의 빛이요 나의 구원이시니 내가 누구를 두려워 하리요 여호와는 내 생명의 능력이시니 내가 누구를 무서워 하리요"(시 27:1)

그분은 당신의 빛이십니다.

그분은 당신의 구원이십니다.

그분은 당신의 육체와 정신의 힘이십니다.

당신은 그분 안에서 정복자요, 승리자이며, 이기는 자입니다.

하나님께서는 당신이 육체적인 면과 정신적인 면에서 어린 아기로 남아 있도록 계획하지 않으신 것 이상으로 영적인 면에서도 어린 아기로 머물러 있도록 계획하신 적이 없습니다.

"우리 가운데서 역사하시는 능력대로 우리가 구하거나 생각하는 모든 것에 더 넘치도록 능히 하실 이에게"(엡 3:20)

우리는 우리 안에 하나님의 능력을 가지고 있습니다.

"내게 능력 주시는 자 안에서 내가 모든 것을 할 수 있느니라"(빌 4:13)

그러나 성장하지 않는 자에게는 가능성이 없습니다.

"멜기세덱에 관하여는 우리가 할 말이 많으나 너희가 듣는 것이 둔하므로 설명하기 어려우니라 때가 오래 되었으므로 너희가 마땅히 선생이 되었을 터인데 너희가 다시 하나님의 말씀의 초보에 대하여 누구에게 가르침을 받아야 할 처지이니 단단한 음식은 못 먹고 젖이나 먹어야 할 자가 되었도다 이는 젖을 먹는 자마다 어린 아이니 의의 말씀을 경험하지 못한 자요 단단한 음식은 장성한 자의 것이니 그들은 지각을 사용함으로 연단을 받아 선악을 분별하는 자들이니라"(히 5:11-14)

믿는 자는 모두 최소한 누군가를 가르치는 자가 되기를 열망해야 합니다.

"이는 젖을 먹는 자마다 어린 아이니 의의 말씀을 경험하지 못한 자요"(히 5:13)

단단한 음식은 장성한 사람의 것입니다.

"항상 배우나 끝내 진리의 지식에 이를 수 없느니라"(딤후 3:7)

영적 어린 아기들은 매주 교회에 가고, 매번 듣고, 매번 배우지만 결코 진리에 이르지 못합니다.

재난과 병과 재산의 상실 또는 사랑하는 이의 죽음이 닥칠 때, 그들은 원수 앞에서 마비되어 절망한 채로 서 있습니다.

그들은 하나님의 자원을 가지고 있습니다. 그들은 하나님의 능력을 가지고 있습니다. 그들은 하나님께서 사랑하시는 말씀을 가지고 있지만, 그것을 한 번도 사용한 적이 없습니다.

위기가 닥쳤을 때, 그들은 하나님의 능력을 사용할 수 없습니다.

이들은 하나님의 자녀이지만, 제대로 계발되고 성장하지 못한 자들로, 유아 상태에 머물러 있었던 것입니다.

에베소서 5:1-2은 그들이 어떤 존재가 될 수 있는지를 보여줍니다.

"그러므로 사랑을 받는 자녀 같이 너희는 하나님을 본받는 자가 되고 그리스도께서 너희를 사랑하신 것 같이 너희도 사랑 가운데서 행하라 그는 우리를 위하여 자신을 버리사 향기로운 제물과 희생 제물로 하나님께 드리셨느니라"(엡 5:1-2)

그것이 그들의 특권입니다.

그곳이 그들이 살 수 있었던 곳입니다.

그들은 그들을 지배해야 하는 새 언약의 법을 알지 못합니다.

"새 계명을 너희에게 주노니 서로 사랑하라 내가 너희를 사랑한 것 같이 너희도 서로 사랑하라 너희가 서로 사랑하면 이로써 모든 사람이 너희가 내 제자인 줄 알리라"(요 13:34-35)

이 사랑이 교회의 중심 삶을 절대적으로 지배해야 합니다.

"누구든지 자기의 유익을 구하지 말고 남의 유익을 구하라"(고전 10:24)

사랑이 지배하지 못할 때, 삶의 동기가 왜곡되며, 행동이 비정상적으로 되고 감각이 영을 지배하게 되어 마음이 이 땅에 속한 것들에 매이게 됩니다.

로마서 12:2은 이런 사람에게 제일 먼저 필요한 것이 마음을 새롭게 하는 것임을 보여줍니다.

"너희는 이 세대를 본받지 말고 오직 마음을 새롭게 함으로 변화를 받아 하나님의 선하시고 기뻐하시고 온전하신 뜻이 무엇인지 분별하도록 하라"(롬 12:2)

새롭게 되지 않은 마음은 어린 아기 상태입니다.

"새 사람을 입었으니 이는 자기를 창조하신 이의 형상을 따라 지식에까지 새롭게 하심을 입은 자니라"(골 3:10)

믿는 자의 마음이 예수님의 형상을 따라 새롭게 되는 것이 무척이나 중요합니다.

성령님께서 우리를 그리스도 안에 있는 우리의 속량의 실재로 인도하실 때만이 이렇게 될 수 있습니다.

요한복음 16:13-14에서 예수님께서는 다음과 같이 말씀하셨습니다. "그러나 진리의 성령이 오시면 그가 너희를 모든 진리 가운데로 인도하시리니 그가 스스로 말하지 않고 오직 들은 것을 말하며 장래 일을 너희에게 알리시리라. 그가 내 영광을 나타내리니 내 것을 가지고 너희에게 알리시겠음이라."

이것은 모든 믿는 자의 특권입니다.

에베소서 4:23은 성령님의 또 다른 권면입니다.

"너희 생각의 영 안에서 새롭게 되어 하나님을 따라 의와 참된 거룩함 안에서 창조된 새 사람을 입으라."(엡 4:23-24, 한글킹제임스)

우리는 아버지를 아는 법을 배우고 사랑 안에 걸을 때까지 그저 말씀 안에서 자라나야 합니다.

영적인 사람

"찬송하리로다 하나님 곧 우리 주 예수 그리스도의 아버지께서 그리스도 안에서 하늘에 속한 모든 신령한 복을 우리에게 주시되"(엡 1:3)

영적인 사람은 샘물을 깊이 마시고, 규칙적으로 주님의 식탁에서 먹으며, 사랑으로 자신을 흠뻑 적신 자입니다.

이 사람은 아버지를 실제로 알며, 아버지의 우편에서 위대한 사역을 하고 계신 주 예수님을 알고, 말씀이 밝혀주는 대로 아주 친밀하게 성령님을 알게 된 자입니다.

고린도전서 2:12은 하나님의 깊은 것들 안으로 들어오라는 성령님의 또 하나의 고귀한 초대입니다.

"우리가 세상의 영을 받지 아니하고 오직 하나님으로부터 온 영을 받았으니 이는 우리로 하여금 하나님께서 우리에게 은혜로 주신 것을 알게 하려 하심이라"(고전 2:12)

영적인 사람은 말씀이 그의 마음과 몸을 장악한 자입니다.

말씀은 그를 이 시대를 향한 아버지의 뜻과 조화를 이루게 했습니다.

우리는 인간의 지혜가 가르치는 말이 아닌 성령님께서 가르치시는 말로 하나님께서 우리에게 값없이 주신 것들을 말합니다.

그것은 하나님 자신의 도움과 에너지를 힘입어서 영적인 것들을 드러내는 것입니다.

"우리에게 빛 안에 있는 성도의 유업 가운데 우리의 몫을 누릴 수 있는 능력을 주신 아버지께 감사드리노라."(골 1:12, 의역)

하나님은 우리의 능력이십니다.

그 능력은 지금 우리에게 속한 은혜의 보물을 밝혀주는 데서 드러납니다.

예수님께서는 사도행전 1:8에서 "오직 성령이 너희에게 임하시면 너희가 권능을 받고 예루살렘과 온 유대와 사마리아와 땅 끝까지 이르러 내 증인이 되리라."라고 말씀하셨습니다.

"권능power"이라는 말은 "능력ability"입니다. 당신은 증언할 수 있는 능력, 아버지의 뜻을 알고 할 수 있는 능력, 예수의 이름을 사용하고 그리스도 안에 있는 아주 풍성한 우리의 유업 안으로 들어가는 법을 알 수 있는 능력을 가지고 있습니다.

성령님이 당신의 능력이십니다.

"그가 우리를 흑암의 권세에서 건져내사 그의 사랑의 아들의 나라로 옮기셨으니 그 아들 안에서 우리가 속량 곧 죄 사함을 얻었도다"(골 1:13-14)

당신은 사탄의 권세로부터 구출되었습니다.

당신은 그분의 사랑의 아들의 왕국 안으로 옮겨졌습니다.

당신은 그분의 보호와 돌봄의 자리에 있습니다.

당신은 강력하신 분의 빵을 먹는 자리에 있습니다.

하늘의 만나는 이 살아 있는 말씀 안에 있습니다.

당신이 말씀 안에 있는 만나를 먹을 때 영적인 면에서 하나님의 아들의 형상과 키에 이르기까지 자라날 것입니다.

당신에게 기도란 더 이상 괴로워하면서 고군분투하거나 항상 믿음과 용서를 구하는 애원이 아닐 것입니다.

기도가 거룩하고 달콤한 친교가 될 것입니다.

당신은 당신의 권리에 근거해서 당신의 아버지의 임재 안으로 들어갈 것입니다.

영적인 사람은 자신이 하나님의 의라는 사실을 알고 있습니다.

그는 의가 죄를 지은 적이 없는 것처럼 아버지의 임재 안에 설 수 있는 능력을 뜻하는 것을 알고 있습니다.

의는 그에게 아버지와 대등하다는 의식과 아버지와 관계를 맺고 있다는 의식을 부여합니다.

그는 아들이요, 그래서 아들의 자리(위치)를 차지합니다.

그는 아들의 특권을 취하여, 그것을 누립니다.

그는 아들의 책임을 맡고 기회가 주어질 때마다 그 수준으로 성장합니다.

그는 구걸하는 거지가 아닙니다.

그는 그저 용서받은 죄인이 아닙니다.

그는 그리스도 예수 안에서 창조된 새로운 피조물입니다.

고린도후서 5:17이 그의 삶의 배경입니다.

"그런즉 누구든지 그리스도 안에 있으면 새로운 피조물이라 이전 것은 지나갔으니 보라 새 것이 되었도다 모든 것이 하나님께로서 났으며 그가 그리스도로 말미암아 우리를 자기와 화목하게 하시고 또 우리에게 화목하게 하는 직분을 주셨으니"(고후 5:17-18)

우리는 하나님의 가족 안에 있습니다.

우리는 하나님의 아들이요 딸입니다.

약함과 실패와 의심과 두려움이라는 옛것들은 망각 속으로 넘겨졌습니다.

우리는 우리의 자리를 차지하고, 우리의 권리를 누립니다.

우리는 사랑의 주되심이 무엇을 뜻하는지 압니다.

우리는 "주는 나의 목자시니, 내게 부족한 것이 없다. 오늘 그가 나를 푸른 초장과 잔잔한 물가로 인도하신다. 그가 나의 혼을 회복시키시며 나를 완벽하게 정상이 되게 하신다. 그가 약함과 실패 의식을 제거하신다. 그가 나를 의의 길로 이끄시며, 그곳에서 나는 그의 이름을 사용하며 그와 동행한다. 나는 어떤 죄책감이나 죄 의식도 없다. 나는 사랑하는 자 안에 있다. 예수님을 죽은 자들로부터 일으키신 위대한 성령님께서 내 몸에 거처를 만드신다."라고 속삭입니다.

그는 하나님의 의이다

그리스도 안에서 계시된 은혜의 모든 부요와 풍성함 가운데 새로운 탄생을 통해서 우리가 하나님의 의가 되었다는 사실에 견줄만한 것이 없습니다.

이 하나님의 의가 하늘의 문들을 엽니다.

이것이 지성소로 들어갈 수 있는 허락을 받게 합니다.

이것이 바로 말로 할 수 없는 기쁨과 충만한 영광을 가지고 아버지의 임재 안으로 들어갈 수 있는 우리의 입장권입니다.

우리는 지금 하나님의 아들과 딸일 뿐만 아니라, 그리스도 안에서 하나님의 의이기도 합니다.

"하나님이 죄를 알지도 못하신 이를 우리를 대신하여 죄로 삼으신 것은 우리로 하여금 그 안에서 하나님의 의가 되게 하려 하심이라"(고후 5:21)

우리는 이 의의 영역 안으로 들어갔습니다.

우리는 지금 아버지와 가장 달콤하고 충만한 교제를 할 수 있습니다.

고린도전서 1:9은 아버지께서 우리를 그분의 아들과의 교제로 부르셨다고 우리에게 말씀합니다.

이것이 바로 아버지께서 우리에게 부여하실 수 있는 최고의 존중하심입니다.

우리가 과거에 어떤 존재였는지에 대한 어떤 기억도 없습니다.

오직 우리가 지금 어떤 존재이냐의 사실만 있을 뿐입니다.

우리는 하나님께서 손수 우리에게 주신 신분, 그분의 본성이 우리에게 부여한 관계, 사랑만이 허락해줄 수 있는 특권을 지닌 하나님의 아들입니다.

우리는 어린 아기 상태에서 권리와 특권을 충분히 누리는 성인의 상태로 넘어갔습니다.

질병과 약함은 더 이상 우리의 생명을 갉아먹을 수도, 우리에게서 영적인 활력을 빼앗아갈 수도 없습니다.

우리는 이사야 53:3-5이 참이라는 사실을 알고 있습니다.

"그는 멸시를 받아 사람들에게 버림 받았으며 간고(병)를 많이 겪었으며 질고(질병)를 아는 자라 마치 사람들이 그에게서 얼굴을 가리는 것 같이 멸시를 당하였고 우리도 그를 귀히 여기지 아니하였도다. 그는 실로 우리의 질고를 지고 우리의 슬픔을 당하였거늘 우리는 생각하기를 그는 징벌을 받아 하나님께 맞으며 고난을 당한다 하였노라. 그가 찔림은 우리의 허물 때문이요 그가 상함은 우리의 죄악 때문이라. 그가 징계를 받으므로 우리는 평화를 누리고 그가 채찍에 맞으므로 우리는 나음을 받았도다"(사 53:3-5)

이것은 의의 열매들을 누리게 되었던 자에게 속한 것입니다.

이제 당신은 치유해달라고 기도하는 것이 아니라 단지 위를 바라보고 다음과 같이 말할 수 있습니다. "아버지, 그가 채찍에 맞음으로 내가 지금 나은 것으로 인해 아버지께 감사드립니다. 내 영은 죄와 질병에서 자유합니다. 그러므로 이제 내게는 어떤 정죄함도 없습니다. 왜냐하면 나는 어떤 질병도 나를 통치할 권리가 없는 그리스도 예수 안에 있기 때문입니다."

어떤 질병이든지 상관없이, 당신은 그분이 채찍에 맞음으로 나은 것입니다. 거기에는 "나을 수도 있어."라는 말은 존재하지 않습니다.

거기에는 믿음의 문제란 존재하지 않습니다.

당신은 하나님의 가족 안에 있습니다.

가족 안에 속하기 위해서는 믿음이 필요했지만, 지금 당신은 그 안에 있고, 따라서 가족이 제공하는 모든 것이 다 당신 것입니다.

당신은 이렇게 말할 수 있습니다. "나는 그리스도 예수를 통하여 내가 완벽하게 자유한 것과 그분이 채찍에 맞음으로 내가 나은 것으로 인하여 아버지께 감사드립니다. 나는 나의 하나님께서 내 모든 육체와 정신과 영의 필요를 채우시는 것을 압니다. 나에 대한 사탄의 지배는 끝났습니다. 하나님, 감사합니다. 나는 마침내 자유합니다."

나는 첫 언약 아래 들어가서 그 율법을 지키는 것을 추구하는 무리들이 항상 있었다고 생각합니다. 바울은 그런 자들을 유대화주의자[4]라고 칭했습니다.

그들은 새 언약이 그들에게 무엇을 선사했는지에 대해 무지합니다.

그들은 이 새 언약에 모세의 율법의 모든 부분을 망라하는 법이 있다는 사실을 알지 못합니다.

그들은 새로운 피조물의 사람들은 모세의 율법을 따라 살 수 없고, 또한 옛 피조물의 사람들도 새 언약의 법을 따라 살 수 없다는 사실을 이해하지 못합니다.

새 언약은 하나님의 아들과 딸인 새로운 피조물의 사람들에게 속한 것입니다.

아브라함의 언약은 여호와의 종인 옛 언약의 사람들에게 속한 것입니다.

옛 언약은 아브라함의 자손들에게만 주어졌으며 이스라엘, 오직 이스라엘에게만 속한 것이었습니다.

새 언약은 세상에 주어진 것이 아닙니다. 새 언약은 새로운 피조물, 오직 새로운 피조물에게만 주어진 것입니다.

옛 언약과 그 율법은 오직 팔레스타인 지역에서만 지켜질 수 있는 언약입니다.

옛 언약은 해마다 속죄를 하기 위해서 제사장제도가 필요합니다. 왜냐하면 옛 언약과 그 율법은 죄와 사망의 법이기 때문입니다.

새 언약은 의와 생명의 법입니다.

---

[4] Judeiser, 그리스도인을 유대교로 바꾸려는 일단의 무리들을 가리킴 (역자 주)

20

교회는 모세의 율법 아래 있는가?

지금까지는 교회의 사고방식에 아브라함의 언약과 그리스도의 피로 세운 새 언약 사이에 뚜렷한 구분이 있던 적이 없었습니다.

하나님께서 아브라함과 함께 언약을 맺으신 것은 새로운 민족, 곧 하나님과 언약관계에 있는 백성을 형성하신 다음, 이 언약의 백성으로부터 인류의 속량자가 나오도록 하기 위해서였습니다.

아브라함의 후손들은 기근의 때에 이집트로 이주하여 약 사백만 명의 민족이 되었습니다. 그들은 포로상태에서 벗어나서, 홍해를 건넜고, 약속의 땅을 향한 여정을 시작했습니다. 그들이 가진 것이라고는 언약에 대한 기억과 할례라는 인증뿐이었습니다. 그들에게는 어떤 법이나 제사장제도도 없었습니다.

그들에게는 종교적 가르침도 없었습니다. 그들이 노예의 나라인 이집트로부터 나왔을 때, 하나님께서는 그들에게 언약의 율법을 주셨습니다. 이 율법과 더불어서 하나님께서는 그들에게 제사장제도와 제사와 제물들을 주셨습니다. 그런 다음, 하나님께서는 민수기와 신명기에 기록된 대로 율법에 대한 해석을 주셨습니다.

레위기는 주로 제물들과 제사장제도와 거룩한 날들에 관한 책입니다. 이 율법과 예식과 제사장제도가 이스라엘백성, 오직 이스라엘백성에게만 주어졌습니다.

어떤 이방인도 이 율법 아래 있지 않을 뿐만 아니라 그 언약의 복에 참여할 몫도 없었습니다.

이스라엘이 언약을 지키고 율법 안에서 걷는 동안에는 그들 가운데 어떤 병도 없었으며 어떤 나라도 그들을 정복할 수 없었습니다.

다윗의 피로 언약을 맺은 용사들은 상상력을 뛰어넘는 초인들의 이야기를 우리에게 전해줍니다.

다니엘서는 포로상태의 언약의 백성들이 이방의 사상과 종교의 위협을 받는 장면을 전해줍니다. 만약 하나님께서 다니엘과 세 친구들을 통해서 우상숭배로부터 이스라엘을 구하지 않으셨다면 이 이방의 사상과 종교는 언약의 백성들을 파멸시켰을 것입니다. 다니엘의 꿈과 해석의 기적, 맹렬한 불가마에 던져진 세 명의 히브리 청년들, 사자 굴에서 구출된 다니엘, 벽에 적힌 글자의 해독은 이방민족을 뿌리까지 흔들었을 뿐 아니라, 이스라엘을 이방의 신들로부터 해방시켰습니다.

이스라엘 백성들은 비록 소망 없이 낯선 곳에서 포로로 잡혀있었지만 두 번 다시는 이방의 신들을 섬기지 않아도 되었습니다.

이스라엘이 언약 안에 걸을 때는 어떤 병이나 가난도 그들 가운데 없었습니다. 이런 축복은 이방인들에게 주어진 것이 아니라, 아브라함의 자손들인 언약의 백성에게만 주어진 것이었습니다.

예수님께서는 이 땅에서 사역하시는 동안 율법을 설명하셨고 이스라엘을 그 언약으로 부르셨습니다. 예수님께서는 이방민족들을 율법 아래 두지 않으셨습니다.

그리스도의 날들5)에는 누구도 율법 아래 있지 않고, 유대인들만이 율법 아래에 있었습니다.

예수님께서 오신 것은 아브라함의 언약을 성취하기 위해서였습니다.

예수님께서 그 언약을 성취하셨을 때, 율법은 자동적으로 기능을 멈췄습니다.

제사장은 여호와 앞에 그 직무가 정지되었고, 희생제사도 더 이상 의미가 없게 되었습니다.

예수님께서는 아브라함의 언약을 성취하셨습니다. 아브라함의 언약은 마치 닳아빠진 옷처럼 개켜진 다음 버려졌습니다.

예수님께서는 새로운 제사장제도, 새로운 제사와 새로운 사람들과 더불어서 새 언약과 새로운 법을 소개하셨습니다.

첫 언약의 사람들은 할례 받은 부모로부터 태어났습니다. 두 번째 언약의 사람들은 성령으로부터 태어났으며, 몸의 할례가 아니라 심령의 할례, 곧 새로운 탄생으로부터 태어났습니다.

예수님께서 요한복음 13:34-35에 제시하신 새로운 법이 새로운 피조물의 사람들과 함께 등장했습니다. "새 계명을 너희에게 주노니 서로 사랑하라 내가 너희를 사랑한 것 같이 너희도 서로 사랑하라 너희가 서로 사랑하면 이로써 모든 사람이 너희가 내 제자인 줄 알리라" (요 13:34-35)

---

5) the days of Christ, 예수님께서 이 땅에 계시던 시기 (역자 주)

이것이 바로 새로운 피조물, 곧 새 언약의 사람들을 지배해야 하는 법입니다.

히브리서 8:1-2은 예수님께서 이 새 언약의 대제사장이심을 우리에게 말씀합니다.

마태복음 27:50-51에 기록된 대로, 성전의 휘장이 위로부터 아래까지 둘로 찢어졌던 때가 이 땅의 지성소의 마지막 순간이었습니다. 이 땅의 지성소는 더 이상 기능하지 않게 되었습니다.

새로운 지성소는 하늘에 있습니다. 예수님이 우리의 대제사장이십니다.

베드로전서 2:1-9은 지금 이 땅에 있는 우리에게 두 종류의 제사장 직무가 있음을 알려줍니다. 그것은 경배와 사랑의 제사를 올려드리는 거룩한 제사장직무와 우리를 어둠 속에서 빛으로 불러내신 분의 탁월함을 드러내는 왕 같은 제사장직무입니다.

하나는 우리의 거룩하고, 사적인 사랑의 사역이요, 다른 하나는 말씀의 공적인 사역입니다.

지금 교회에 당면한 문제는 옛 언약과 교회의 관계가 어떤 관계인지에 대한 문제입니다.

교회는 옛 언약과는 아무런 관계가 없습니다.

어떤 이방인도 옛 언약 아래 있어본 적도 없었을 뿐더러 할례나 특별한 예식에 복종하는 것을 제외하고는 옛 언약 아래로 들어갈 수도 없었습니다.

지금은 어떤 유대인도 어떤 이스라엘인도 옛 언약 아래로 들어갈 수 없습니다. 왜냐하면 옛 언약은 폐기되어서 새 언약으로 교체되었기 때문입니다.

지금 교회가 십계명을 지켜야 할까요?

아닙니다. 십계명은 재창조되지 않은 사람들에게 주어진 것이었습니다. 십계명은 지금 믿는 자들의 삶에는 적합한 것이 아닙니다.

우리가 새로운 피조물이라면, 우리는 첫 언약의 법 안에 들어있던 모든 것을 망라하고 있는 새 언약의 법에 순종할 수 있습니다.

고린도전서 10:32은 하나님께서 인류를 인종 단위로 구분하신다는 것을 보여줍니다. 그것은 유대인과 이방인과 하나님의 교회입니다.

이방인은 거듭나지 않은 모든 사람들을 가리킵니다.

교회는 거대 교단이나 거듭나지 않았지만 어떤 신조를 고백하는 무리들이 아니라 새로운 피조물이 된 자들만을 가리킵니다.

우리에게는 세 부류의 사람들이 있습니다. 즉 유대인과 구원받지 않은 세상과 새로운 피조물입니다 세상은 유대인의 율법 아래 있지도 않으며 새 언약의 법 아래에 있지도 않습니다. 그들은 밖에 있는 자들입니다.

베드로전서 2:10은 그들이 "사람이 아니라고 no people" 선언합니다. 그들에게는 어떤 신분도 없습니다. 하나님께서는 그들을 인정하지 않으십니다. 그들이 심판받아야 할 단 한 가지의 죄만 있습니다. 그것은 주 예수님을 거부한 죄입니다. 그들은 사복음서에 나온 예수님의 가르침 아래에 있지 않습니다. 우리는 거기에서 그들을 법률로 규정하려고 해왔습니다. 교회는 구원받지 않은 세상을 다스릴 법을 제정하여 그들을 성경에 속박시키려고 했지만, 그들은 성경과는 전혀 상관이 없는 자들입니다.

오직 하나님의 자녀들만이 새 언약에 대한 의무가 있습니다. 결혼이라는 주제를 예로 들어봅시다. 모세는 결혼에 관한 율법을 세웠습니다.

그 율법에 대한 예수님의 해석은 여호와의 마음에 있는 진정한 자리로 그 율법을 들어 올렸습니다.

그러나 그 율법은 구원받지 못한 세상이나 교회를 지배하지 못합니다. 결혼과 이혼의 법은 바울 서신에서 교회에 대한 하나님의 계시로 우리에게 제시되어 있습니다.

고린도전서 7장은 믿는 자 부부는 이혼과 재혼할 권리가 없음을 우리에게 분명하게 보여줍니다. 믿는 자 부부가 별거를 할 경우, 그들은 이혼해서 각기 따로 재혼해서는 안 되며, 서로 재결합해야 합니다. 하지만, 부부 중 한쪽은 믿는 자이지만 다른 쪽은 불신자일 경우에, 바울은 "믿지 아니하는 남편이 있어 아내와 함께 살기를 좋아하거든 그 남편을 버리지 말라. 믿지 아니하는 남편이 아내로 말미암아 거룩하게 되고 [그를 그리스도께로 인도할 수도 있기 때문이라]"(고전 7:13-14)라고 말했습니다. 그러나 그 남편이 그녀를 떠난다면, 그녀는 결혼 서약에 더 이상 매이지 않습니다. 그것은 그리스도인이 자유롭게 재혼해도 된다는 말입니다.

바울은 그리스도인이 불신자들과 결혼하는 것을 금했습니다.

그리스도인과 불신자가 부부가 되어, 공평하지 않게 함께 멍에를 져서는 안 되지만, 설령 그런 상태에 있다면 믿는 자는 남아서 자신의 배우자를 그리스도께로 인도하려고 해야 합니다.

교회는 율법 아래에 있지 않습니다.

초대교회는 교회와 율법의 관계에 관해서 분명한 가르침을 우리에게 제시했습니다. "우리 유대인들도 멜 수 없는 멍에를 이방인 신자들의 목에 두지 말라 그러나 우리는 그들이 우리와 동일하게 주 예수의 은혜로 구원 받는 줄을 믿노라 하니라"(행 15:10-11, 저자의 번역)

이방인 그리스도인들과 유대인 그리스도인들 사이에 많은 논의가 있었는데, 그 논의는 그들이 모세의 율법 아래에 있는지 아니면 없는지에 대한 것이었습니다. 그들은 바울과 바나바를 예루살렘으로 보냈습니다. 그리하여 우리는 많은 논의 끝에 그들이 "그러나 우리는 그들이 우리와 동일하게 주 예수의 은혜로 구원 받는 줄을 믿노라"(행 15:11)라고 말하는 소리를 듣습니다.

이런 후에, 당시 예루살렘 교회의 수장이자 예수님의 씨 다른 형제인 야고보가 이렇게 말합니다. "그러므로 내 의견에는 이방인 중에서 하나님께로 돌아오는 자들을 괴롭게 하지 말고 다만 우상의 더러운 것과 음행과 목매어 죽인 것과 피를 멀리하라고 편지하는 것이 옳으니 이는 예로부터 각 성에서 모세를 전하는 자가 있어 안식일마다 회당에서 그 글을 읽음이라"(행 15:19-21)

안식일 또는 율법을 지키라는 말은 단 한마디도 없었습니다. 율법과 안식일과 모든 제사들은 옛 질서, 곧 옛 언약에 속한 것이었습니다.

당신은 모세의 십계명을 모세의 제사와 제물로부터 분리할 수 없습니다. 모세의 십계명과 제사와 제물은 율법 아래에 있는 자연인에 대한 하나님의 태도와 가르침을 우리에게 설명해줍니다.

오순절 날까지는 어떤 새로운 피조물도 없었습니다. 즉, 누구도 거듭나지 않았습니다. 당신은 "그러나 예수님을 믿는 믿음이 구원의 수단이 아닙니까?"라고 말합니다. 맞습니다. 하지만, 우리를 구원하는 그 믿음이란 예수님의 부활을 믿는 믿음을 말합니다.

"네가 만일 네 입으로 예수를 주로 시인하며 또 하나님께서 그를 죽은 자 가운데서 살리신 것을 네 마음에 믿으면 구원을 받으리라 사람이 마음으로

믿어 의에 이르고 입으로 시인하여 구원에 이르느니라"(롬 10:9-10)

오순절 날에 이를 때까지 제자들의 믿음과 예수님 주변에 있던 유대인들의 믿음은 예수님의 대속적 희생과 부활을 믿는 믿음은 아니었습니다. 그들의 믿음은 죽은 자들을 살리시고, 병자를 고치실 수 있는 예수님의 능력을 믿는 믿음이었습니다.

그들의 믿음은 감각의 증거에 기초한 것이었습니다. 우리의 믿음은 하나님의 말씀에 기초합니다. 우리는 예수님께서 성경대로 우리의 죄 때문에 죽으셨고, 우리를 의롭게 하기 위해서 다시 일어나셨음을 믿습니다.

그들은 예수님이 선지자시라고 믿었습니다. 어떤 이들은 예수님께서 하나님의 아들이심을 믿었지만, 그들을 위해 죽으시고 또 그들을 의롭게 하시려고 다시 일어나실 것이라는 사실을 믿지 않았습니다.

누구도 그것을 믿거나 이해하지 않았습니다. 감각의 증거가 그들을 만족시킬 때까지는 예수님의 부활의 사실을 받아들였던 영혼은 단 한 명도 없었습니다. 그리스도께서 죽으시고 다시 일어나시며 성령님께서 오시기 전에 단 한 사람이라도 거듭날 수 있었더라면, 모든 사람이 거듭날 수 있었을 것입니다. 왜냐하면 모든 사람은 죄 아래에 있기 때문입니다.

모든 사람들은 한 가지 이유 때문에 정죄 받습니다.

그들은 영적으로 죽었습니다.

세상이 필요한 것은 죄의 용서만이 아니라 영원한 생명과 새로운 창조이기도 합니다.

오늘날에는 죄의 용서가 죄인을 구원하지 않을 것이라는 사실을 온전히 이해하십시오. 오늘날의 죄인은 용서 이상의 것이 있어야 합니다. 왜냐하면 하나님께서 행하신 전부가 죄인에게서 죄를 용서하는 것이라면,

죄인은 계속해서 죄 가운데 살았을 것이기 때문입니다. 그 이유는 그가 죄를 지을 수밖에 없기 때문입니다. 죄는 인간의 영에 있습니다. 인간에게 있어 재창조된 부분은 인간의 영입니다.

그는 위로부터 태어날 필요가 있습니다.

그는 영원한 생명이 필요합니다.

오늘날 자신을 율법 아래 두려고 하는 대부분의 사람들은 새로운 피조물을 믿지 않습니다. 그들은 새로운 탄생이 예수님께서 재림하실 때에 이루어질 것이라고 믿습니다. 그들은 이미 죽은 믿는 자들은 무덤에 잠들어 있기 때문에, 부활 할 때 재창조될 것이라 믿습니다.

만약 그들이 지금 재창조되지 않았다면, 그들은 단지 구원받지 못한 자들에 지나지 않습니다. 그리고 구원받지 못한 자들은 말씀을 깨닫거나 알 수 없습니다.

"육에 속한 사람[자연인]은 하나님의 성령의 일들을 받지 아니하나니 이는 그것들이 그에게는 어리석게 보임이요, 또 그는 그것들을 알 수도 없나니 그러한 일은 영적으로 분별되기 때문이라"(고전 2:14) 새로운 탄생을 부인하는 이런 사람[자연인]들은 하나님의 말씀을 이해할 수 없습니다.

그 결과, 그들은 옛 언약 아래 자신을 놓으려고 합니다. 야고보는 유대인들조차 그것(옛 언약과 율법)을 지킴으로써 의롭게 될 수 없음을 우리에게 말합니다. 이런 사람들은 율법을 지킴으로써 자신을 의롭게 하려고 하고 있습니다.

"형제들아 내가 법 아는 자들에게 말하노니 너희는 그 법이 사람이 살 동안만 그를 주관하는 줄 알지 못하느냐 남편 있는 여인이 그 남편 생전에는 법으로 그에게 매인 바 되나 만일 그 남편이 죽으면 남편의 법에서 벗어나느니라"(롬 7:1-2) 바울은 결혼예식 법에 대해 말하는 것이 아니라, 옛 언약의 율법에 대해 말하고 있습니다.

바울은 여기에서 유대인들에게 말하고 있는데, 예수님께서 십자가에서 죽으셨을 때 모든 유대인들이 그리스도 안에서 율법에 대해 죽었음을 그들에게 보여주고 있습니다. 그리스도께서 죽은 자들로부터 일어나셨을 때, 율법은 성취되어 폐기되었습니다. 이제는 유대인들이 예수님과 결혼할 수 있으며, 그렇다고 해도 간음한 것이 아닙니다. 그러나 누군가 율법을 지키고 있으면서 예수님과 결혼하려고 한다면, 그는 두 남편을 두는 것이고, 그것은 간음입니다.

다른 말로 하면, 율법은 완성되어서 폐기되었으며, 따라서 이제 유대인들은 그리스도를 자유롭게 구원자로 받아들일 수 있다는 말입니다.

갈라디아서 4:24-25에도 똑같은 사실이 적용됩니다. 옛 언약은 시내 산이었습니다. "이것은 비유니 이 여자들은 두 언약이라 하나는 시내 산으로부터 종을 낳은 자니 곧 하갈이라 이 하갈은 아라비아에 있는 시내 산으로서 지금 있는 예루살렘과 같은 곳이니 그가 그 자녀들과 더불어 종노릇하고"(갈 4:24-25)

"형제들아 너희는 이삭과 같이 약속의 자녀라 그러나 그때에 육체를 따라 난 자가 성령을 따라 난 자를 박해한 것 같이 이제도 그러하도다 그러나 성경이 무엇을 말하느냐 여종과 그 아들을 내쫓으라 여종의 아들이 자유 있는 여자의 아들과 더불어 유업을 얻지 못하리라 하였느니라 그런즉 형제들아 우리는 여종의 자녀가 아니요 자유 있는 여자의 자녀니라"(갈 4:28-31)

바울이 한 말의 의미는, 율법과 첫 언약은 하갈이 이스마엘과 함께 쫓겨나서 이삭과 함께 유업을 받을 권리가 없었던 것처럼 버려졌다는 뜻입니다. 우리는 이삭, 다시 말해 새로운 피조물입니다.

우리는 율법 아래 있지 않습니다. 우리는 율법에 매어있지 않습니다. 우리는 자유롭습니다.

"그러면 율법이 하나님의 약속들과 반대되는 것이냐 결코 그럴 수 없느니라 만일 능히 살게 하는 율법을 주셨더라면 의가 반드시 율법으로 말미암았으리라"(갈 3:21) 하나님의 약속들은 새로운 피조물을 위한 것이었습니다.

"그러나 성경이 모든 것을 죄 아래에 가두었으니 이는 예수 그리스도를 믿음으로 말미암는 약속을 믿는 자들에게 주려 함이라"(갈 3:22)

율법은 의도 영원한 생명도 줄 수 없었습니다. 그리스도의 완성된 사역이 우리에게 영원한 생명과 의를 줍니다.

"믿음이 오기 전에 우리(유대인)는 율법 아래에 매인 바 되고 계시될 믿음의 때까지 갇혔느니라 이같이 율법이 우리를 그리스도께로 인도하는 초등교사가 되어 우리로 하여금 믿음으로 말미암아 의롭다 함을 얻게 하려 함이라"(갈 3:23-24)

율법은 유대인들이 믿음의 기초 위에서 의롭게 되도록 그리스도께서 오실 때까지 유대인들의 초등교사 노릇을 했습니다.

"믿음이 온 후로는 우리가 초등교사 아래에 있지 아니하도다"(갈 3:25)

현대의 안식일(주일) 엄수주의자가 대단히 열정적인 이유는 그가 안식일 법을 지킴으로써 자신을 구원하려고 애쓰기 때문입니다. 그는 그리스도의 완성된 사역에 대해 무지합니다. 그리스도의 완성된 사역에 대해 전혀 알지 못합니다.

이미 과거에 거듭난 자들 이외에 율법을 지키려고 하는 모든 사람들은 거듭나지 않은 자들입니다.

안식일 엄수주의자의 전도 집회는 영혼구원의 목적을 위한 것이 아니라, 신앙을 고백한 그리스도인들을 [유대교로] 전향시키고, 아직 구원받지 못한 사람들로 하여금 모세의 율법을 지키도록 하기 위한 것입니다.

"또 하나님 앞에서 아무도 율법으로 말미암아 의롭게 되지 못할 것이 분명하니 이는 의인은 믿음으로 살리라 하였음이라"(갈 3:11)

율법은 믿음에서 난 것이 아니라 행위로부터 난 것이었습니다. 율법은 정죄입니다. 예수 그리스도를 믿는 믿음이라는 의미는 예수 그리스도께서 우리를 위해서 행하신 일을 믿는 믿음을 뜻합니다. 우리는 예수 그리스도를 우리의 구원자로 받아들이는 일 말고는 어떤 것도 할 필요가 없습니다.

이제 그리스도 예수 안에서 아브라함의 복이 이방인에게 미쳤습니다.

우리는 믿음의 기초 위에서 성령의 약속을 받았습니다.

우리의 현대교회는 믿음의 영역에서 서서히 떠나 행위의 영역으로 나아가고 있습니다.

우리의 대부분의 복음적 설교는 행위에 관한 것입니다. 우리는 사람들이 구원을 받기 위해서 무엇을 해야 하는지를 말합니다.

사람들이 해야 하는 단 한 가지가 있습니다. 그것은 주 예수 그리스도를 믿는 것입니다.

우리의 속량은 성취되었습니다. 속량의 일은 완성되었습니다. 그들이 해야 할 전부는 그 일(속량)을 그들의 것으로 받아들이는 것입니다.

갈라디아서 5:1에서 바울은 대단한 경고를 합니다. "그리스도께서 우리를 자유롭게 하려고 자유를 주셨으니. 그러므로 굳건하게 서서 다시는 종의 멍에를 메지 말라"(갈 5:1)

그리스도께서는 당신을 아브라함의 언약과 모세의 율법과 그 예식으로부터 자유롭게 하셨습니다. (바울은 유대인들에게 말하고 있는 중입니다.) 바울은 이방인들에게 말하고 있는 것이 아닙니다. 왜냐하면 그들은 모세의 율법이나 아브라함의 언약 아래 있지 않았기 때문입니다.

"이와 같이 우리(유대인)도 어렸을 때에 이 세상의 초등학문 아래에 있어서 종 노릇하였더니 때가 차매 하나님이 그 아들을 보내사 여자에게서 나게 하시고 율법 아래에 나게 하신 것은 율법 아래에 있는 자들을 속량하시고 우리로 아들의 명분을 얻게 하려 하심이라 너희가 아들이므로 하나님이 그 아들의 영을 우리 마음 가운데 보내사 아빠 아버지라 부르게 하셨느니라"(갈 4:3-6)

다음 구절에 주목하십시오. "그러므로 네가 이 후로는 종이 아니요 아들이니 아들이면 하나님으로 말미암아 유업을 받을 자니라"(갈 4:7)

아브라함의 자손들은 하나님의 종들이었습니다. 그들은 그 이상의 존재가 결코 되지 못했습니다. 교회는 하나님의 자녀라 불립니다. 이방인은 하나님 밖에 있는 이교도입니다.

아브라함의 언약은 유대인들에게 언약의 권리를 주었습니다.

새로운 피조물은 믿는 자에게 아들의 위치를 줍니다.

유대인들은 절대로 종 이상의 존재가 아니었습니다.

이제 그리스도를 영접한 유대인들에 대해 바울은 다음과 같이 말합니다. "그러므로 네가 이 후로는 종이 아니요 아들이니 아들이면 하나님으로 말미암아 유업을 받을 자니라"(갈 4:7)

이방인들은 하나님에 대해 어떤 것도 요청할 권리가 없습니다. 이방인들은 하나님 밖에 있는 자들입니다. 유대인들에게는 신분이 있습니다. 유대인들은 언약의 사람들입니다.

예수님은 오셔서 언약을 성취하셨고, 유대인들이 아들이 될 수 있게 하셨습니다.

유대인들은 아들이 되는 순간 하나님을 자기 아버지로 부릅니다. 그는 더 이상 첫 언약 아래에 있지 않습니다. 그는 그리스도 예수 안에 있는 새 언약에 있습니다.

오늘날 자신을 율법 아래 두려고 하는 이방인들은 열매 없는 짓을 시도하고 있는 것입니다.

율법은 성취되어서, 그 율법이 속했던 언약과 함께 폐기되었습니다.

그런 이방인은 그리스도의 완성된 사역에 대해 무지하기 때문에, 성취되어 폐기되었던 유대인의 안식일을 지킴으로써 자신을 구원하려고 애씁니다.

사도행전은 새 언약의 창세기입니다.
그것은 예수님께서 교회의 첫 삼십오 년간 행하시고 가르치기 시작하셨던 것입니다.
그들은 오늘날 우리가 가지고 있는 것과 같은 기록된 말씀을 가지고 있지 않았습니다.
사복음서 중 어떤 것도 기록되지 않았습니다. 아버지께서 그리스도 안에서 우리를 위해 행하신 모든 것을 아직 누리고 있지 않았습니다.
어느 날 나는 그 시기에 존재하게 되었던 마흔두 가지의 상이한 '새로운 피조물에 대한 사실들New Creation facts'을 세어 보았습니다. 그 이후로 나는 하나님께서 "세상에 식물이 있어라."라고 말씀하셨을 때만큼이나 깜짝 놀랄 정도로 새로운 것이 백 개 이상 존재한다는 사실을 알게 되었습니다.
이 새로운 사실들은 사도행전에는 언급되지 않습니다. 그러한 사실들은 서신서에 언급되어 있지만, 사도행전에는 실천되어 있습니다.
사도행전에 언급된 일들보다도, 이런 사실들이 빠져있다는 것이 더 놀라운 일입니다.
예를 들면, 누가가 사도행전을 썼습니다. 누가는 바울의 전도로 그리스도를 영접한 자였습니다.
누가는 15년 내지 18년 동안 바울과 함께 여행했습니다.
누가는 바울의 계시를 알았지만, 바울 서신에 나타난 진리를 자신의 글에서는 단 한 마디도 언급하지 않았습니다.
이것은 하나님께서 사도행전의 기록을 주재하셨음을 입증합니다.
똑같은 점이 복음서에서도 드러납니다.
이번 장을 기도하는 심정으로 읽어보십시오.
새로운 각도로 사도행전을 연구해보십시오.

21

사도행전에 관한 몇 가지 사실들

누가는 주후 65년에 사도행전을 기록했습니다. 그는 약 18년 동안 바울의 동료였고, 바울의 전도로 그리스도를 영접한 것이 분명합니다.

누가는 의심할 바 없이 바울의 계시를 알았습니다. 그러나 누가가 누가복음을 썼지만, 당신은 그 안에서 바울의 계시의 특징을 볼 수 없습니다.

이는 사도행전에도 마찬가지입니다.

그 점은 우리를 다음의 결론으로 이끕니다. 즉 우리의 신약성경을 썼던 이들은 그들의 철학이나 견해 또는 다른 이의 견해를 기록하지 않았다는 사실입니다. 그들은 자신들의 확신에 대해서도 쓰지 않았습니다.

그들은 성령님께서 그들에게 말씀을 주신대로 썼습니다.

사도행전은 사실상 새 언약의 창세기입니다.

사도행전은 새 언약과 연결된 모든 것의 시작의 책입니다.

그것은 새로운 속량, 곧 영적인 속량의 시작입니다.

그것은 사탄으로부터의 속량입니다.

에베소서 1:7은 우리에게 그에 대한 사실을 제시합니다. "우리는 그리스도 안에서 그의 은혜의 풍성함을 따라 그의 피로 말미암아 속량 곧 죄 사함을 받았느니라."

"그가 우리를 흑암의 권세에서 건져내사 그의 사랑의 아들의 나라로 옮기셨으니 그 아들 안에서 우리가 속량 곧 죄 사함을 얻었도다"(골 1:13-14)

이스라엘은 감각의 영역에서 이집트로부터 속량을 얻었습니다. 그러나 이 새 언약의 속량은 오랫동안 인간을 속박해왔던 사탄의 손아귀로부터의 속량이었습니다. 그 속량은 영의 영역에 속한 것이었습니다.

그것은 예수님의 피로 세운 새 언약의 시작이었다

"그들이 먹을 때에 예수께서 떡을 가지사 축복하시고 떼어 제자들에게 주시며 이르시되 받아서 먹으라 이것은 내 몸이니라 하시고 또 잔을 가지사 감사 기도하시고 그들에게 주시며 이르시되 너희가 다 이것을 마시라 이것은 죄 사함을 얻게 하려고 많은 사람을 위하여 흘리는 바 나의 피 곧 언약의 피니라 그러나 너희에게 이르노니 내가 포도나무에서 난 것을 이제부터 내 아버지의 나라에서 새 것으로 너희와 함께 마시는 날까지 마시지 아니하리라 하시니라"(마 26:26-29)

"이것은 죄 사함을 얻게 하려고 많은 사람을 위하여 흘리는바 나의 피 곧 (새) 언약의 피니라."라는 말씀에 주목하십시오.

아브라함의 언약은 아브라함과 여호와 사이에 체결된 것이었습니다.

아브라함의 언약은 여호와와 아브라함의 피로 인증된 언약이었습니다.

그러나 이 새 언약은 사람이신 예수님 안에서 신성과 인성이 연합한 피(또는 생명)로 인증된 언약입니다. 즉 아버지 하나님과 예수님 사이에 이루어진 언약입니다.

아브라함의 언약은 이스라엘에게 고향인 팔레스타인을 주었습니다.

아브라함의 언약은 모세의 율법과 제사장제도와 속죄와 제사로 알려진 것을 이스라엘에 주었습니다.

이 모든 것들은 예수님께서 십자가에서 "다 이루었다!"라고 말씀하시자 성전의 휘장이 위로부터 아래까지 찢어졌을 때 다 폐기되었습니다.

하나님께서는 그 행위로 아브라함의 언약이 끝났고, 예수님께서 말씀하신 새 언약이 즉시로 존재하게 되었음을 보여주십니다.

옛 언약은 자연인과 함께 했던 언약이었습니다.

이 새 언약에는 새로운 피조물의 사람이 있습니다.

다른 언약에는 종들이 있지만, 이 언약에는 아들들이 있습니다.

"우리는 그가 만드신 바라. 그리스도 예수 안에서 선한 일을 위하여 지으심을 받은 자니 이 일은 하나님이 전에 예비하사 우리로 그 가운데서 행하게 하려 하심이라"(엡 2:10)

"그런즉 누구든지 그리스도 안에 있으면 새로운 피조물이라. 이전 것은 지나갔으니 보라 새 것이 되었도다. 모든 것이 하나님께로서 났으며"(고후 5:17-18)

이는 새로운 유형의 인간입니다.

하나님께서는 그들에게 그분 자신의 본성, 곧 영원한 생명을 주셨습니다. 따라서 그것은 하나님의 본성인 영원한 생명을 가진 인간의 시작이었습니다.

아담이 선악의 지식의 나무가 아니라 생명나무에서 난 것을 먹었더라면, 에덴동산에서 이 본성을 지닐 수 있었다는 것은 의심의 여지가 없습니다.

그것은 하나님의 가족의 시작이었습니다.

첫 번째 자녀들이 태어났던 때(행 2:1-4)는 하늘에서 흥분으로 전율하는 순간이었음에 틀림없습니다.

"무릇 하나님의 영으로 인도함을 받는 사람은 곧 하나님의 아들이라 너희는 다시 무서워하는 종의 영을 받지 아니하고 양자의 영을 받았으므로 우리가 아빠 아버지라고 부르짖느니라 성령이 친히 우리의 영과 더불어 우리가 하나님의 자녀인 것을 증언하시나니 자녀이면 또한 상속자 곧 하나님의 상속자요 그리스도와 함께 한 상속자니 우리가 그와 함께 영광을 받기 위하여 고난도 함께 받아야 할 것이니라"(롬 8:14-17)

그것은 하나님께서 아버지가 되신 첫 시작이었습니다.

예수님께서는 공적인 사역을 통해 하나님을 아버지 하나님으로 소개하셨습니다. 하지만 우리가 아는 한, 하나님께서는 예수님께서 영으로 태어날 때까지, 즉 죽은 자들로부터 일어나시기 전에는 이 새로운 방식[6]으로 태어난 자녀를 가져본 적이 없으십니다.

"그는 몸인 교회의 머리시라 그가 근본이시요 죽은 자들 가운데서 먼저 나신 이시니 이는 친히 만물의 으뜸이 되려 하심이요"(골 1:18)

그것은 죄들의 제거함the Remission of Sins의 시작이었습니다.

---

6) 영이 죄의 본성을 가진 상태에서 하나님의 생명의 본성을 지닌 영으로 다시 태어나는 방식 (역자 주)

첫 언약 아래에 있는 자들에게는 모형으로 죄들을 지고 갔던 속죄 염소가 있었습니다.

예수님께서는 그분 자신을 희생하심으로써 죄를 제거하셨습니다.

세례 요한은 "보라 세상 죄를 지고 가는 하나님의 어린 양이로다"(요 1:29)라고 말했습니다.

그리고 그런 근거 위에서 볼 때, 사람이 거듭나면 죄의 삶속에 사는 동안 저지른 모든 것들의 제거함을 받습니다.

이제 그는 하나님의 가족 안으로 들어옵니다.

아시다시피, 그것은 실제로는 아버지 우편에서 행하시는 그리스도의 놀라운 사역의 시작이었습니다.

예수 그리스도는 우리를 위해 영원한 속량을 이루시려고 자기 피를 가지고 하늘의 지성소로 들어가셨던 새로운 대제사장이십니다.

그런 다음 그분은 아버지 우편에 앉으십니다.

그분은 지금 이 새 언약의 중개자이십니다.

그분을 통하지 않는 한 누구도 아버지께로 이를 수 없습니다.

"예수께서 이르시되 내가 곧 길이요 진리요 생명이니 나로 말미암지 않고는 아버지께로 올 자가 없느니라"(요 14:6)

그들이 아버지께 다다르면, 예수님께서 즉시 그들의 중보자가 되십니다.

"그러므로 자기를 힘입어 하나님께 나아가는 자들을 온전히 구원하실 수 있으니 이는 그가 항상 살아 계셔서 그들을 위하여 간구intercession;중보 하심이라"(히 7:25)

그분은 하나님의 이 놀라운 가족의 아들과 딸을 위해 중보하시려고 항상 보좌 앞에 계십니다.

그분은 중개자Mediator요 중보자Intercessor이실 뿐만 아니라 그들의 변호자Advocate요 가족 변호사family Lawyer이기도 하십니다.

"나의 자녀들아 내가 이것을 너희에게 씀은 너희로 죄를 범하지 않게 하려 함이라 만일 누가 죄를 범하여도 아버지 앞에서 우리에게 대언자Advocate;변호자가 있으니 곧 의로우신 예수 그리스도시라"(요일 2:1)

그분은 가족 변호사이실 뿐만 아니라, 히브리서 7:22은 그분이 새 언약의 보증이시라고 선언합니다.

여호와께서 옛 언약의 보증이셨듯이, 예수님께서는 새 언약에서 그 직무를 떠맡으셨습니다.

그분은 마태복음 1장에서부터 요한계시록 22장까지의 모든 약속을 지지하십니다.

예수님뿐만 아니라, 아버지와 그분의 보좌도 모든 약속을 지지하십니다.

하나님으로부터 나온 어떤 말씀도 늑장을 부릴 수 없습니다.

그분은 또 다른 직무를 맡고 계시는데, 그것이 나에게는 가장 값진 것으로 여겨집니다.

그분은 새 언약의 주님이십니다.

주님이란 의미는 양식 공급자요, 돌보는 자이며, 보호자라는 뜻입니다.

우리의 심령은 오직 그분만을 열망합니다.

그것은 하나님 아버지와의 교제의 시작이었습니다.

이 교제는 기독교와 관련된 것 중 가장 아름다운 것입니다.

오랫동안 인간은 하늘과의 교제를 갈망해왔지만, 그런 교제를 할 수 있는 기반이 없었습니다.

인간의 본성은 하나님과 원수였습니다.

"육신의 생각은 하나님과 원수가 되나니 이는 하나님의 법에 굴복하지 아니할 뿐 아니라 할 수도 없느니라"(롬 8:7)

아시다시피, 결혼의 소망은 교제입니다.

인간단체의 소망은 기본적으로 교제입니다.

그것은 관계의 정수입니다.

우리는 죄를 지을 때 교제fellowship를 깨게 됩니다.

우리는 우리의 관계relationship에 흠집을 내지만, 그 관계를 깨지는 않습니다.

오직 하나님만이 그것을 깨뜨릴 수 있습니다.

성경을 알고 깨닫는 비결은 바로 성경의 저자인 하나님과의 교제 가운데 사는 것입니다.

우리는 교제를 깰 때 어둠으로 들어갑니다.

말씀은 더 이상 우리에게 열리지 않습니다.

"그가 빛 가운데 계신 것 같이 우리도 빛 가운데 행하면 우리가 서로 사귐이 있고 그 아들 예수의 피가 우리를 모든 죄에서 깨끗하게 하실 것이요"(요일 1:7)

또 다른 놀라운 시작은 예수의 이름을 사용하는 것이었습니다.

예수님께서는 그들에게 합법적인 권리, 진정으로 예수의 이름을 사용할 수 있는 대리인의 능력을 주셨습니다.

"믿는 자들에게는 이런 표적이 따르리니 곧 그들이 내 이름으로 귀신을 쫓아내며 새 방언을 말하며"(막 16:17)

"너희가 내 이름으로 무엇을 구하든지 내가 행하리니 이는 아버지로 하여금 아들로 말미암아 영광을 받으시게 하려 함이라 내 이름으로 무엇이든지 내게 구하면 내가 행하리라"(요 14:13-14)

또는 "내 이름으로 귀신을 쫓아내며 … 병든 사람에게 손을 얹은즉…"(막 16:17-18)

대단한 일이 예수의 이름으로 이루어졌던 것입니다.

이것은 교회가 잃어버린 진리입니다(나의 책 『예수의 놀라운 이름 The Wonderful Name of Jesus』을 읽어보십시오).

내주하시는 분the Indwelling One의 시작은 예수님께서 하신 약속 중에 가장 주목할 만한 약속입니다.

"그는 진리의 영이라. 세상은 능히 그를 받지 못하나니 이는 그를 보지도 못하고 알지도 못함이라 그러나 너희는 그를 아나니 그는 너희와 함께 거하심이요 또 너희 속에 계시겠음이라"(요 14:17)

예수님은 성령님에 관해 말씀하시고, 성령님은 지금 당신과 함께 계신다고 말씀하십니다.

"그러나 진리의 성령이 오시면 그가 너희를 모든 진리 가운데로 인도하시리니 그가 스스로 말하지 않고 오직 들은 것을 말하며 장래 일을 너희에게 알리시리라"(요 16:13)

성령님은 당신 안에 계실 것이고, 당신 안에 그분의 거처를 만드실 것입니다.

오순절 날에 성령님께서 오셨고, 제자들이 앉아있던 다락방을 가득 채우셨습니다.

그들이 성령님 안에 잠기게 되었을 때, 성령님은 그들을 재창조하셨습니다.

불의 혀가 각자의 이마에 임하였는데, 이는 그에 의한 메시지가 하나님께서 몸소 깃들어 선포된 말씀, 즉 저항할 수 없는 메시지가 될 것임을 가리킵니다.

그런 다음, 성령님께서 이 새로운 피조물의 사람들의 몸 안으로 들어가셨습니다.

그들은 새로운 피조물이 되었습니다.

성령님은 자신의 성전 안으로 이동하셨습니다.

휘장이 찢어졌을 때, 성령님은 옛 성전에서 나오셨습니다.

이제 성령님은 이 재창조된 사람들 안으로 이동하셨습니다.

그분은 그들 안에 살게 되셨습니다.

그분은 그리스도 안에서 그들을 위해 행하신 모든 것들이 그들 안에서 실재가 되게 하셨던 것입니다.

그런 후에, 성령께서는 발성을 주셔서 알지 못하는 방언으로 그들에게 말씀하기 시작하셨습니다.

그것이 바로 새 언약의 사람들의 탄생과 시작이었습니다.

나는 당신이 하나님께서 거하시고 사시는 곳이 바로 이 새 언약의 사람들 안이라는 사실에 신중하게 주목하기를 원합니다.

그러면 당신은 그들이 하나님께서 거하시는 장소가 되기 전에 거듭났다는 이 사실을 알아차릴 것입니다.

성령님께서는 그들에게 먼저 영원한 생명을 주셔서, 그들을 새로운 피조물이 되게 하셨습니다.

그런 다음, 성령님께서 그들 안에 하나님의 아들이신 예수님의 성품을 세우시기 위해서 그들 안으로 들어가셨습니다.

첫 언약 아래서 성령님께서는 사람들 위에 임하셔서, 그들을 통해 말씀하시거나 그들에게 영감을 주어 구약성경을 기록하게 하시며 기적을 행하게 하셨지만, 그 일이 끝났을 때 즉시 그들을 떠나셨습니다.

성령님께서는 그들의 본성을 바꾸지는 않으셨습니다.

그들은 이런 기적들을 수행하기 전이나 후나 똑같은 사람들이었습니다.

그들에게 비록 감미로운 영향을 남겨두었을 수는 있지만, 그들은 여전히 자연인이었습니다.

이제 그분은 그들을 영적인 사람들, 곧 재창조된 사람들이 되게 하셨으며, 또 그들 안에 거하셨습니다.

그것이 바로 모든 사람들을 향한 하나님의 은혜의 시작이었습니다.

"그러므로 너희는 가서 모든 민족을 제자로 삼아 아버지와 아들과 성령의 이름으로 세례를 베풀고 내가 너희에게 분부한 모든 것을 가르쳐 지키게 하라. 볼지어다. 내가 세상 끝 날까지 너희와 항상 함께 있으리라 하시니라"(마 28:19-20)

그들은 모든 사람들을 학생으로 삼아야 했습니다.

그 의미는 회심자가 되게 하는 것 이상을 뜻합니다.

그들은 누군가를 그리스도를 영접하도록 인도하는 것만이 아니라 그들에게 그리스도에 대한 것들을 가르쳐야 했습니다.

그것은 모든 사람들 가운데 기적의 시대의 시작이었습니다.

새로운 탄생마저도 기적이었습니다.

응답받은 모든 기도가 기적이었습니다.

모든 새로운 피조물이 감각의 지배를 받는 세상에서 살고 있는 기적의 생명이었습니다.

그것은 인간이 영원한 생명을 받는 것의 시작이었습니다.

우리는 이것을 전에도 언급했지만, 지금 그 점을 정리해서 말하고 싶습니다.

"진실로 진실로 너희에게 이르노니 믿는 자는 영생을 가졌나니"(요 6:47)

헬라어에는 '생명life'이라고 번역되는 단어가 두 개가 있습니다.

하나는 영원한 생명인 조에Zoe이고, 다른 하나는 자연적인 생명인 프시케Psuche입니다.

하나님께서는 첫 언약 아래에서 자연인에게 율법을 주어 그것을 지키라고 말씀하셨습니다.

그리고 이제는 인간에게 새 법을 주시고 그것에 순종할 수 있는 본성을 주십니다.

영원한 생명은 인간에게 우리 문명에서 최고의 것들을 주었습니다.

세상에서 퇴보하는 민족은 영원한 생명을 가지고 있지 않기 때문에 퇴보합니다.

어떤 민족에게 영원한 생명을 가진 사람들이 충분히 있을 때마다, 그 민족은 문명국이 됩니다.

독일과 영국과 스칸디나비아 국가의 부흥은 루터의 부흥이 이루어질 때까지는 시작되지 않았다는 사실을 우리가 주목하는 것이 바람직합니다.

그것은 생각할 줄 아는 모든 사람이 다음의 질문을 던지게 합니다. "무엇이 루터의 부흥에서 인쇄술과 지난 사백년 동안 이루어진 다른 모든 발명품을 우리에게 가져다주었을까요?"

그것은 인간의 영에 들어왔던 하나님의 창조적 능력이었습니다.

이성의 능력은 창조적인 능력이 아니라는 사실을 이해하십시오.

위대한 철학자들은 창조적인 사람들이 아니었습니다.

그들은 그 안에 창조적인 요소를 내포하고 있는 몇 가지 자연법칙을 발견했을 수도 있습니다.

그것은 단지 그들이 다른 이들이 간과했던 몇몇 사실들을 발견했을 뿐입니다.

어떤 사람이 인쇄술과 수천가지의 기계를 창조할 경우, 그것은 자연인의 이성이 생산할 수 없는 것입니다.

이슬람교도들은 어떤 것도 발명하거나 창조하지 않았습니다.

새로운 탄생을 통해 영원한 생명을 받았던 사람들만이 창조적인 사람들이었습니다.

당신이 신중하게 공부한다면 오순절 날 다락방에서 사십 여개 이상의 최초의 징조들beginnings이 새 언약과 연관되어 일어났다는 사실을 발견하게 될 것입니다.

그것은 아들 됨sonship의 시작이었습니다.

이스라엘민족은 하나님의 종들이었습니다. 누구도 의식적으로 하나님을 아버지로 부르지 않았습니다. 누구도 하나님을 아버지로 인식한 적이 없었습니다.

그들은 하나님을 두려워했습니다.

그들은 하나님을 사랑하지 못했습니다.

그들은 종으로서, 노예로서 하나님께 복종했습니다. 그들은 하나님께 복종하지 않았다면 처벌을 받았습니다.

율법과 아울러서 그 율법을 깨뜨릴 경우 형벌이 있었습니다.

이제 그러했던 그들이 하나님의 가족 안으로 태어난 것입니다.

다락방에 있던 그들 각자가 이 새로운 가족의 성원이 되었고, 그 가족의 머리는 예수님이셨습니다.

"사랑하는 자들아 우리가 지금은 하나님의 자녀라. 장래에 어떻게 될지는 아직 나타나지 아니하였으나 그가 나타나시면 우리가 그와 같을 줄을 아는 것은 그의 참 모습 그대로 볼 것이기 때문이니"(요일 3:2)

그래서 당신은 사람들이 하나님의 가족 내에 그들의 아들 됨의 권리와 아들의 자리를 인식하는 순간 생명(삶)이 달라졌다는 사실을 알아차립니다.

하나님에 대한 새로운 용어가 등장하게 되었습니다.

당신은 사람들이 하나님을 "나의 아버지"라고 부르는 소리를 들을 수 있을 것입니다.

그분은 죄인에게는 하나님이시지만, 우리에게는 아버지이십니다.

나는 그분을 "나의 아버지 하나님"이라 부르길 좋아합니다.

그분은 항상 아버지의 심령을 지니고 계셨습니다. 사람들은 창조주의 심령에 있는 원초적인 울부짖음에 대한 응답으로 존재하게 되었습니다.

그분이 당신의 아버지시라면 당신 삶의 모든 문제를 어떻게 해결할지 알 수 있지 않겠습니까?

당신은 아버지이신 그분께 믿음을 달라고 구할 생각조차 하지 않을 것입니다.

그러나 그분이 그저 하나님이실 뿐이라면, 당신은 믿음을 주시도록 구할 생각을 했을 것입니다.

그분이 당신의 아버지이시라면, 당신이 해야 할 일은 오직 그분에 대해 잘 알고 익숙해지는 것입니다.

"아들 의식son consciousness"을 키우십시오.

나는 처음으로 그분을 나의 아버지로 여기기 시작했을 때를 기억합니다.

나는 상당히 오랫동안 사역 가운데 있었지만, '하나님께서 아버지가 되신다는 사실the Father fact'을 주제로 다룬 책을 읽어본 적이 없습니다.

어떤 사람이 우주의 위대한 하나님께서 자기 아버지이시고, 그는 아버지의 자녀이며, 그래서 아버지의 심령에 아들의 위치를 지닌다는 사실을 인식하기 시작하는 순간, 그 사람에게는 아들의 권리와 책임이 있고, 인생이 달라집니다.

이 진리가 처음 내 심령에 찾아왔을 때, 나는 너무도 흥분하고 전율하였습니다.

그분은 더 이상 하나님이 아니셨습니다. 그분은 나의 아버지이셨습니다.

그런 다음 나는 성경말씀을 떠올리기 시작했습니다.

성령님께서 내게 한 구절 한 구절 떠올려주셨습니다.

"사람이 나를 사랑하면 내 말을 지키리니 내 아버지께서 그를 사랑하실 것이요 우리가 그에게 가서 거처를 그와 함께 하리라"(요 14:23)

나는 이 구절의 의미가 그분이 실제로 나와 함께 사실 것이라는 뜻인 줄 깨달은 적이 없었습니다.

"볼지어다 내가 세상 끝 날까지 너희와 항상 함께 있으리라"(마 28:20) 라는 말씀은 하나의 비유적 표현에 지나지 않았습니다.

그러나 이제 그 말씀은 실재가 되었습니다.

그리고 나는 예수님께서 "진리의 성령이 오시면 그가 너희를 모든 진리(실재) 가운데로 인도하시리니"(요 16:13)라고 말씀하셨던 때를 기억합니다.

그래서 그분은 나를 아들 됨의 실재로 인도하기 시작하셨습니다.

그분이 내 삶에서 그렇게 실재가 되신 적이 없었습니다.

그래서 나는 "무릇 아버지께 있는 것은 다 내 것이라 그러므로 내가 말하기를 그가 내 것을 가지고 너희에게 알리시리라 하였노라"는 요한복음 16:15 말씀을 이해해본 적이 없었습니다.

이제 나는 예수님께서 "아버지께 있는 것은 다 내 것이라."라고 말씀하셨을 때 예수님과 아버지의 하나 됨을 처음으로 이해할 수 있습니다.

그런 후에 나는 아버지께 있는 모든 것이 내 것이기도 하다는 사실을 알았습니다.

이는 아들이 자기 아버지의 농장을 가리키면서 "우리 농장이야."라고 말하는 것과 같습니다.

아버지와 아들은 하나입니다.

그것은 바로 가족의 하나 됨family oneness이요, 아버지와 자녀 사이에서 이루어지는 실제적인 하나 됨입니다.

그리고 성령님께서는 이제 나를 나와 예수님 및 아버지와의 하나 됨의 실재로 이끌기 시작하셨습니다.

그러자 요한복음 17장에 나와 있는 예수님의 기도가 실재가 되기 시작했습니다.

"아버지여 아버지께서 내 안에 내가 아버지 안에 있는 것 같이 그들도 다 하나가 되어 우리 안에 있게 하사 세상으로 아버지께서 나를 보내신 것을 믿게 하옵소서"(요 17:21)

우리는 아버지 및 예수님과도 하나가 되어야 합니다.

아버지의 관심사, 아버지의 일, 아버지의 말씀이 나와 하나가 되어야 합니다.

예수님께서 "내가 혼자 있는 것이 아니라 아버지께서 나와 함께 계시느니라"(요 16:32)라고 말씀하셨을 때, 나는 그 말씀을 내 것으로 취할 수 있었습니다.

예수님께서 "나는 내 아버지를 안다."라고 말씀하셨을 때, 나는 내가 나의 아버지를 잘 알 수 있다는 사실을 알았습니다.

왜냐하면 실재의 영(성령)께서 나를 아들 됨의 실재로 인도하실 것이기 때문입니다.

이것이 우리 모두에게 속한 것이라는 사실을 볼 수 없습니까? 그것은 믿음을 얻기 위한 수대에 걸친 싸움의 끝이라는 것을 말입니다.

왜냐하면 믿음은 아름다운 가족 안에 있는 것만큼 정상적이고 자연스러운 것이 됩니다.

그 가족에 속한 자녀들은 믿음을 의식하지 않습니다. 그들은 사랑을 의식합니다. 그들은 아버지를 의식합니다. 그들은 아들을 의식합니다.

당신은 이제 이 거룩한 관계를 심령이 실제로 의식해야만 한다는 사실을 이해할 수 있습니다.

그것은 사람들이 하늘Heaven로 가는 것의 시작이었습니다.

이때까지 사람들은 죽었을 때 낙원으로 갔었습니다.

이제 요한복음 14:1-6 말씀이 심령의 새로운 표어가 됩니다.

"너희는 마음에 근심하지 말라 하나님을 믿으니 또 나를 믿으라 내 아버지 집에 거할 곳이 많도다 그렇지 않으면 너희에게 일렀으리라 내가 너희를 위하여 거처를 예비하러 가노니 가서 너희를 위하여 거처를 예비하면 내가 다시 와서 너희를 내게로 영접하여 나 있는 곳에 너희도 있게 하리라 내가 어디로 가는지 그 길을 너희가 아느니라 도마가 이르되 주여 주께서 어디로 가시는지 우리가 알지 못하거늘 그 길을 어찌 알겠사옵나이까 예수께서 이르시되 내가 곧 길이요 진리요 생명이니 나로 말미암지 않고는 아버지께로 올 자가 없느니라"(요 14:1-6)

"내 아버지 집에"라는 어구에 주목하십시오.

지금 우리의 심령은 이 어구를 이해할 수 있습니다.

나의 아버지 집에는 거할 곳이 많이 있습니다. 나를 위한 넓은 자리가 있습니다.

예수님께서는 "내가 너희를 위하여 거처를 예비하러 가노니"라고 말씀하셨습니다.

그곳은 아버지께서 관장하실 곳입니다.

그곳은 사랑의 자녀를 위한 사랑의 처소일 것입니다.

나는 우리가 서로 알게 되리라고 확신합니다.

우리는 우리 앞서서 달려갔던 자들을 만나게 될 것입니다.

이 얼마나 놀라운 가족의 재결합입니까!

심령이 이 진리를 받아들일 수만 있다면, 이 진리는 삶에서 공포를 제거할 것입니다.

이는 삶의 진정한 공포가 죽음 이후에 일어나는 일이기 때문입니다.

그러나 예수님께서는 하늘에 대한 새로운 개념을 가져오셨습니다.

기독교 이외의 어떤 인간의 종교도 하늘의 처소나 하늘의 믿음을 가지고 있지 않습니다.

인간의 심령에 예수님께서 가르치신 하늘에 대한 가르침보다 더 큰 기쁨을 주는 진리는 하나도 없습니다.

예수님께서 그분의 공적 사역을 시작하셨을 때 하늘을 그분의 고향으로, 하나님을 그분의 아버지로 말씀하셨습니다.

예수님께서는 "내가 아버지에게서 나와 세상에 왔고 다시 세상을 떠나 아버지께로 가노라"(요 16:28)라고 말씀하셨습니다.

그분은 죽음에서 공포를 제거하시며, 생명에서 두려움을 제거하십니다.

이는 하늘의 처소Heaven home가 있기 때문입니다.

그분은 새 언약의 새 법을 소개하셨습니다.

"새 계명을 너희에게 주노니 서로 사랑하라 내가 너희를 사랑한 것 같이 너희도 서로 사랑하라 너희가 서로 사랑하면 이로써 모든 사람이 너희가 내 제자인 줄 알리라"(요 13:34-35)

이것이 옛 언약의 법을 대신해야 합니다.

그분은 그들에게 옛 언약의 법 안에서 사랑하라고 명령하셨지만, 그들은 그렇게 할 수 없었습니다.

이제 그분은 사랑이신 그분 자신의 본성을 갖도록 그들을 재창조하셨고, 그래서 그들이 이제 사랑하는 것은 본성에 따른 자연스러운 일이 됩니다.

"사랑하는 자들아 우리가 서로 사랑하자 사랑은 하나님께 속한 것이니 사랑하는 자마다 하나님으로부터 나서 하나님을 알고 사랑하지 아니하는 자는 하나님을 알지 못하나니 이는 하나님은 사랑이심이라"(요일 4:7-8)

예수님께서 분명히 만드신 "아가페Agape"라는 헬라어 단어가 이 구절

(요일 4:7-8)에서 사용되고 있습니다.

이 사랑을 지닌 자는 누구든지 하나님으로부터 태어난 자입니다.

주목할 만한 진술이 아닙니까?

아가페를 지닌 자들만이 하나님께로부터 태어난 자들입니다.

"우리는 형제를 사랑함으로 사망에서 옮겨 생명으로 들어간 줄을 알거니와 사랑하지 아니하는 자는 사망에 머물러 있느니라"(요일 3:14)

그리고 그분은 이제 아주 분명하게 말씀합니다. "사랑하지 아니 하는 자는 하나님을 알지 못하나니 이는 하나님은 사랑이심이라"(요일 4:8)

그것은 새로운 탄생의 테스트입니다.

그것은 새로운 것이며, 인간의 생명 안으로 들어온 것 중에 가장 강력한 것입니다.

아시다시피, 우리를 사랑하게 만들었던 것은 다름 아닌 아버지의 본성인 영원한 생명입니다.

우리는 사랑으로부터 태어난 자들입니다.

자연적인 인간의 심령은 이기심의 지배를 받습니다.

그러나 이기심은 해임되고 퇴위합니다. 대신 새로운 본성, 즉 하나님의 사랑의 본성이 그 자리를 차지합니다.

그것은 그리스도의 몸의 시작이었습니다.

이 강력한 새 유기체는 영적인 것입니다.

그 머리는 높은 곳에 계신 지극히 크신 분의 우편에 앉아계십니다.

우리는 영의 연합 가운데 그분과 연합하게 되었습니다.

그분은 그것을 포도나무와 가지로 비유하십니다.

바울은 그것을 고린도전서 12장에서 육체의 몸으로 비유합니다.

그러나 신비로운 연합 가운데 단 하나의 진리가 다른 모든 것을 능가하여 빛을 비춥니다. 그 진리는 우리가 그분과 전적으로 하나이고, 우리 서로 역시 하나라는 진리입니다.

우리는 실제로 그분과 하나입니다.

우리는 그분과 함께 죽었고, 그분과 함께 장사되었으며, 그분과 함께 고난을 받고, 그분과 함께 의롭게 되었으며, 그분과 함께 살아났고, 그분과 함께 사탄을 정복했으며, 그분과 함께 죽은 자들로부터 일으켜졌다가, 이제 우리는 그분과 함께 앉아있습니다.

우리는 그분과 함께 생명 안에서 통치합니다.

우리는 실제로 왕가Royalty에 속한 자들입니다.

예수님과 아버지가 서로에게 참여하듯이, 우리는 예수님께 참여하고 있습니다.

그분의 실체와 존재가 우리 안에 있습니다.

우리가 우리와 그리스도의 하나 됨, 우리와 그리스도의 몸과의 연합에 대해 묵상했다면, 나는 우리에게 무슨 일이 일어났을지 궁금합니다.

고린도전서 12:12-30은 다시금 반복해서 읽혀져야 합니다. 우리는 그것을 인용할 수 있는 지면의 여유가 없습니다.

그것은 사람들이 그들의 몸의 불멸성이라는 소망을 갖는 것의 시작이었습니다.

지금 육체적인 몸은 타락으로 인해 죽을 수밖에 없는 몸입니다.

이제 영원한 생명을 받는 모든 사람은, 예수님께서 재림하실 때 각자가 몸의 불멸성이라는 약속을 가지고 있습니다.

그러면 우리의 몸은 두 번 다시 죽지 않을 것입니다.

우리는 영원히 그런 몸 안에서 살게 될 것입니다.

그 몸은 영광스럽게 된 몸일 것입니다.

어떤 질병도 그 몸을 건드릴 수 없을 것입니다.

나는 그것이 바로 하나님께서 유대인들이 그들의 몸에 흔적을 남기거나 자르는 것을 금하셨던 이유라고 생각합니다.

그것이 바로 그분께서 고린도전서 6:19-20에서 "너희 몸은 너희가 하나님께로부터 받은 바 너희 가운데 계신 성령의 전인 줄 알지 못하느냐 너희는 너희 자신의 것이 아니라 값으로 산 것이 되었으니 그런즉 너희 몸으로 하나님께 영광을 돌리라"라고 우리에게 말씀하신 이유입니다.

"그러므로 형제들아 내가 하나님의 모든 자비하심으로 너희를 권하노니 너희 몸을 하나님이 기뻐하시는 거룩한 산 제물로 드리라 이는 너희가 드릴 영적 예배니라 너희는 이 세대를 본받지 말고 오직 마음을 새롭게 함으로 변화를 받아 하나님의 선하시고 기뻐하시고 온전하신 뜻이 무엇인지 분별하도록 하라"(롬 12:1-2)

우리는 우리의 몸을 산 제물로 드려야 합니다.

그는 우리의 몸이 주님을 위한 것이라고 말씀합니다(고전 6:13).

"너희 몸은 너희의 것이 아니라 그리스도의 지체인 줄을 알지 못하느냐?"(고전 6:15)

그것들은 값을 치르고 산 것입니다.

전 세계를 돌아다니면서 인간의 몸이 아버지께 얼마나 거룩하며 따라서 우리에게도 얼마나 거룩할 수밖에 없는지를 발견하려 했던 연구는 놀라운 것입니다.

그것은 사탄에 대한 믿는 자의 승리의 시작이었습니다.

사탄은 타락 이후로 모든 시간을 통해서 인간의 지배자master;주인였습니다.

사탄은 자신이 죄에게 복종시켰던 사람에게 이제는 복종하는 쓴 맛을 보아야 했습니다.

예수님께서는 사탄을 다스리는 모든 권세를 지닌 예수의 이름을 사용할 수 있는 합법적인 권리를 사람에게 주셨습니다.

예수의 이름의 능력과 권세를 알 때 얼마나 두려움이 없게 되는지요.

"너희가 무엇이든지 아버지께 구하는 것을 내 이름으로 주시리라" (요 16:23)

기도를 훼방하는 유일한 존재는 사탄입니다.

그러나 우리는 사탄을 무시하고 천하무적의 이름으로 우리의 권리를 취할 수 있습니다.

어머니는 악한 영이 자녀 속으로 들어가서 불순종하게 만든다는 사실을 알 경우, 보배로운 예수의 이름으로 그 악한 영을 쫓아낼 수 있습니다.

그 어떤 악한 습관이 우리를 장악할 때도 그 이름은 해방을 가져다줍니다.

사람, 곧 이 새 사람은 하나님의 뛰어난 인간God's Master Man입니다.

사랑의 길의 시작

예수님께서는 생명의 새로운 길, 곧 새로운 삶의 방식을 소개하셨습니다.

예수님께서는 이 새로운 방식으로 살 수 있는 능력을 우리에게 주셨습니다.

우리는 새로운 피조물에 속한 사랑의 생명에 복종해야 했습니다.

우리는 사랑 안에서 걷고, 사랑을 생각하고 사랑을 행해야 합니다.

사랑은 가정 문제를 해결할 것입니다.

더 이상의 논쟁이나 친교를 깨뜨리는 일은 없을 것입니다.

더 이상 가정과 생활을 파괴하여 자녀들을 남의 손에 키우게 되는 일은 없게 될 것입니다.

그것은 새로운 종류의 삶이 될 것입니다.

이기심은 그 자신의 행복을 추구합니다.

그것이 바로 어머니가 골초가 되어 아기가 태어나기도 전에 아기의 신경계를 파괴할 수 있는 이유입니다. 그녀는 칵테일 바에서 어슬렁거리면서 나쁜 이야기에 귀를 기울이고 그녀의 자녀들과 가정을 소홀히 할 수 있습니다. 그녀는 새로운 종류의 생명을 지니고 있지 않습니다.

예수님께서 가져오셨던 이 새로운 것은 모성애를 영광스럽게 만들었고, 아기들과 아내의 역할을 거룩하게 만들었습니다.

"사랑은 자기의 유익을 구하지 아니하며"(고전 13:5)

사랑은 절대로 이혼법정으로 가지 않습니다.

사랑은 재산다툼하지 않습니다.

사랑은 그 자신의 유익이 아니라 다른 사람의 유익만을 추구합니다.

그것은 예수님의 생명life;삶입니다.

그것은 우리의 매일 행보에서 나타난 예수님의 방식입니다.

그것은 우리의 모든 행보에서 예수님을 세상과 접촉시키는 것입니다.

그것은 결혼과 가정을 지배해야 하는 새로운 법입니다.

유대인의 예전의 결혼 법은 사람이 영적으로 죽었다는 사실에 근거한 것이었습니다.

새로운 법은 사람이 그리스도 안에서 창조된 새로운 피조물이 되었다는 사실에 근거한 것입니다.

의의 시작

새로운 피조물이 우리에게 준 많은 경이로운 것들 중에 의가 있습니다.

의는 예수님께서 가져오셔서 새로운 피조물에게 주신 새로운 것이라는 사실을 이해하십시오.

교제가 속량의 절정이라면, 의는 그 교제를 실현시킨 수단입니다.

그 의미는 아무런 죄책감이나 정죄감이나 열등감 없이 아버지의 임재 안에 설 수 있는 능력을 뜻합니다.

당신은 아들이나 딸이 사랑하는 아버지의 임재 안에 서듯이, 아버지의 임재 안에 설 수 있습니다.

당신은 그분 자신의 본성으로 의가 되었습니다.

당신은 신성한 본성에 참여하는 자가 되었습니다.

당신은 합법적인 근거 위에서 의롭게 되었습니다.

그것은 관용이나 동정이 아닙니다.

그것은 명백하고 합법적인 의입니다.

당신은 그분께서 당신을 만든 그대로의 그런 존재입니다.

당신은 그리스도 안에서 하나님의 의가 되었습니다.

그것은 당신이 행한 행위의 결과가 결코 아닙니다.

당신은 단순히 그리스도를 당신의 구원자로 영접하고, 그분을 당신의 주님으로 고백했을 뿐입니다. 그러자 하나님께서는 당신을 그분의 아들 안에 있는 그분의 의가 되게 하셨습니다.

의는 당신에게 무엇을 해줍니까?

첫째, 그것은 당신에게 아버지 앞에서 어떤 신분을 줍니다.

당신은 언제든지 보좌가 있는 방 안으로 담대하게 들어갈 수 있습니다.

그것은 당신으로 하여금 귀신들과 그들의 모든 일을 다스리는 지배자가 되게 합니다.

그것은 당신으로 하여금 환경을 다스리는 정복자요, 필요할 경우 자연법칙을 다스리는 지배자가 되게 합니다.

그것은 사탄으로 하여금 당신을 두려워하게 만듭니다. 왜냐하면 사탄은 당신이 그리스도 안에서 하나님의 의이며, 당신이 하나님께서 당신이 어떤 존재라고 말씀하신 그대로 그런 존재라는 것을 알며, 담대하게 당신의 자리를 차지하고 당신의 몫을 행동한다는 것을 인식하기 때문입니다.

이것은 대단한 것입니다.

이것을 읽는 모든 사람은 그 깊은 곳으로 들어가야 합니다.

당신에게 속한 것을 누리십시오.

당신은 아들이 행동하듯이, 아버지의 임재 안에서나 아니면 당면하는 위기 가운데서든지 담대하게 행동함으로써 아버지를 존중할 것입니다.

의는 죄의식, 무가치하다는 의식, 예전의 나약하고 능력이 부족하다는 느낌을 제거합니다.

당신은 하나님 다음 가는 지배자입니다.

내가 담대했더라면, 당신이 하나님의 초인superman이 되었다고 당신에게 말해주었을 것입니다.

당신이 그리스도 안에서 할 수 있는 것의 한계는 없습니다.

당신은 그리스도에게 있어 열매를 맺는 부분이 되었습니다.

그 의미는 예수님께서 하기 시작하신 일을 당신이 완수할 수 있다는 뜻입니다.

당신은 더 이상 사람들이나 환경이나 질병이나 사탄이 가하는 그 어떤 종류의 학대에 굴복하는 노예가 아닙니다.

사랑의 노예에 대한 계시

오랫동안 나는 "둘로스Doulos"라는 헬라어가 실제로 무슨 의미인지 궁금했습니다.

"예수 그리스도의 종인 바울"이라고 말씀하는 로마서 1:1이 그 좋은 예입니다.

나는 바울의 계시 어디에도 단 한 차례를 제외하고는 사람을 하나님의 종이라 불리는 대목이 없다는 사실에 주목합니다. 그리고 그것은 가필된 것입니다.

로마서 1:1은 원래 "예수 그리스도의 종"이었음에 틀림없습니다.

그 부분을 제대로 새로이 번역해보겠습니다.

"예수 그리스도의 사랑의 노예, 바울(또는 작은 자)"

아시다시피, 예수님은 첫 번째 사랑의 노예셨습니다.

예수님은 그분의 사랑으로 인해 인간을 축복하는 모든 기적을 행하지 않을 수 없었습니다.

사랑은 그분이 십자가를 지도록 몰고 갔습니다.

사랑은 그분이 죄를 위한 대속물이 되게 했습니다.

사랑은 그분이 지금도 아버지 우편에서 중개자요, 중보자요 구원자로 계속 남아 계시게 합니다.

그분은 근 2,000년 동안 휴가를 보내지 않으셨습니다.

그분은 사랑의 노예love slave이십니다.

내가 사랑의 노예가 될 수 있다는 사실을 알았을 때, 그것은 마치 내 심령의 꿈이 실현된 것과 같았습니다. 예수님의 사랑의 노예라니!

이는 사랑의 충동에 이끌리어 살고 걷는 것이며, 내 자신 것이 아니라 그분의 것을 구하는 것이요, 내 자신의 방식을 추구하는 것이 아니라 그분의 방식을 추구한다는 뜻입니다.

당신은 어떤 사람이 "나는 나의 주인을 사랑합니다. 나는 내 위대하신 아버지 하나님을 사랑합니다."라고 말하는 것이 무슨 의미인지 상상할 수 있습니까?

나는 이 사랑의 노예의 삶을 선택합니다.

나는 그리스도의 몸의 노예가 됩니다.

내가 사는 목적은 모든 믿는 자들을 온전케 하는 것입니다.

내가 사는 목적은 모든 믿는 자들에게 그들이 어떤 권리와 특권을 가지고 있는지 자각하도록 하며, 그들에게 그리스도 안에 있는 그들의 부요, 곧 은혜와 사랑의 감추어진 부요를 밝혀주는 것입니다.

나는 나의 것을 추구하지 않습니다. 나는 그리스도 안에서 그것을 발견했습니다.

돈은 다른 이들을 도와서 주님을 영화롭게 하지 않는다면 그 가치를 잃어버린 것입니다.

감각지식은 나를 더 나은 사랑의 노예로 만드는 탁월한 지식에 비하면 쓰레기에 지나지 않습니다.

이제 나는 "자기의 유익을 구하지 아니하며"라는 말씀을 이해할 수 있습니다. 다른 사람들이 행복해지고 그들이 은혜 가운데 성장하는 것 말고는 어떤 꿈도 없습니다.

나는 "우리가 그를 전파하여 각 사람을 권하고 모든 지혜로 각 사람을 가르침은 각 사람을 그리스도 안에서 완전한 자로 세우려 함이니 이를 위하여 나도 내 속에서 능력으로 역사하시는 이의 역사를 따라 힘을 다하여 수고하노라"라는 골로새서 1:28-29 말씀의 뜻을 알고 싶었습니다.

지난밤에 어떤 사랑의 노예가 되신 분이 내게 이렇게 말했습니다. "저는 제가 왜 흐느끼면서 무릎을 꿇고 있었는지 이해할 수 없었어요."

그것은 바로 당신 안에 계신 성령님의 중보였습니다. 성령님은 당신을 통해서 누군가를 위해 울고 계셨던 것입니다.

그러나 그녀는 "저는 그렇다는 것을 이해하지 못했는데요."라고 말했습니다.

나는 "알 필요도 없었습니다. 성령님은 무엇을 구하고 있었는지 아셨고, 당신은 그분께 자신을 내어드리심으로써 그분께서 쓰실 수 있도록 양보된 좋은 도구였습니다."라고 말했습니다.

성령님께서 나를 때때로 압도하셔서 영을 통해 중보하시곤 했습니다.

나는 사랑의 노예였습니다. 나는 예수님의 자리를 취하고는 구원받지 못한 자들에 대해 울었습니다.

나는 시카고에서 사랑의 노예에 대해 말씀을 전하고 있었습니다.

예배가 끝날 무렵 매우 명석한 한 젊은이가 제게 다가와서는 "케넌 선생님, 선생님은 성령님께서 저도 사랑의 노예로 명부에 올리실 것이라 생각하시는지요?"라고 물었습니다.

나는 "당신이 신청할 경우에 그렇지요. 그분께 한 번 여쭤어보십시오."라고 말했습니다.

그 젊은이는 하나님께서 택하신 자들 가운데 한 명, 곧 그분께서 쓰시는 이들 중 한 사람이 되었습니다.

이 책을 읽고 있는 당신은 저의 책들에 나와 있는 어떤 메시지로 크게 감동을 받은 적이 있을 것입니다.

그러나 나는 당신이 태양이 비치는 동안에는 녹았다가 태양이 지자마자 다시 얼어붙는 빙산과 같지 않은지 궁금합니다. 이런 책들을 읽거나 들을 때는 흥분하지만, 다시 세상과 접촉하자마자, 다른 감정들이 깨어나면 당신은 잊어버렸습니다.

사랑의 노예

주저하며 가던 길을 멈추고
제 심령이 용기를 잃어 기도하지 못할 때,
사랑하는 주님, 제게 언덕 위의 그 십자가,
거기에 달리신 사람, 채워야 할 사랑의 사명을 떠올려주소서.

제 소명을 잊어버리고
제 사명을 포기하며, 모든 것을 내팽개치려는 유혹을 받을 때

사랑하는 주님, 제게 언덕 위의 그 십자가,
거기에 달리신 사람, 채워야 할 사랑의 사명을 떠올려주소서.

사랑하는 주님, 주님의 분부를 완수하며,
주님의 말씀을 전하는 열정을 제 속에 휘저으소서.
모든 족속이 그토록 기다렸던
주의 속량의 기쁜 노래를 들을 때까지.

예수님께서는 분명히 그분의 고백의 빛 가운데 걸으셨습니다.
예수님은 그분이 어떤 존재라고 고백하신대로 그런 분이셨습니다.
믿음이 우리의 고백의 발자국을 따라간다는 사실을 최근에 이르기까지 우리가 전혀 몰랐다는 사실은 이상하기만 합니다.
우리의 고백은 믿음이 큰 짐을 운반할 수 있는 길을 닦습니다.
당신은 절대로 당신의 고백 이상으로 성장하지 못한다는 사실을 깨닫게 될 것입니다.
당신은 풍성한 은혜를 고백할 때까지는 그것들을 절대로 누리지 못할 것입니다.
당신은 그분이 어떠하신 분이며, 그분이 당신을 위해 무엇을 하셨는지, 그리고 항상 그분이 어떤 존재인지에 대한 당신의 고백이 먼저 이루어져야 그분 자신에 대한 계시가 따라온다는 사실을 발견하게 될 것입니다.
구원은 고백 이후에 이루어집니다. "네가 만일 네 입으로 예수를 주로 시인[고백]하며"(롬 10:9)
이는 성령을 받는 것에도 해당됩니다.
우리의 치유도 우리의 고백을 따라갑니다.
어떤 사람들은 눈에 보이는 패배에 직면해서도 "그들의 고백을 꽉 붙잡아야" 합니다. 그들은 감각의 증거에 항복하기를 거부합니다.
당신은 한번은 말씀의 절대적 완전무결함을 고백하다가, 다른 때에는 하나님께서 당신의 경우에는 그렇게 하지 않았다고 고백하는 이중고백의 위험을 숙지하게 될 것입니다.
당신의 고백은 세상에 도전하는 것입니다.
당신의 고백은 그들에게 담대하게 믿음의 삶을 살아보도록 만드는 것입니다.
기독교는 위대한 고백입니다.
기독교는 고백하신 예수님으로부터 발원하며, 그 다음으로 살아 계신 말씀의 완전한 신실성을 담대하게 선언하는 우리로부터 발원합니다.

22

우리의 고백

먼저 고백이 있어야만 그것이 현실이 되는 것입니다.

우리는 우리의 증언testimony의 빛 가운데 걷습니다.

말씀은 우리가 말씀의 실재를 고백할 때만 실재가 됩니다.

사탄은 우리의 증언을 두려워합니다. 당신이 당신 입으로 무언가를 고백하면, 그것은 당신의 심령 또는 영에 반응합니다.

우리는 우리가 그리스도 안에서 어떤 존재인지를 고백합니다. 그런 후에 우리는 우리의 고백을 행동합니다.

우리가 우리의 두려움을 고백한다면, 그 두려움이 우리를 지배할 것입니다.

우리가 질병의 지배를 고백한다면, 질병은 더 많이 우리의 몸에 대한 주인 됨을 주장합니다.

우리가 아들이신 예수님께서 우리를 자유케 하셨다는 우리의 자유를 고백한다면, 하나님께서는 그 고백을 실재가 되게 하십니다.

우리가 예수님께서 패배를 만나, 그것을 정복하셨다는 사실을 깨닫고,

그렇게 고백할 경우, 패배와 실패는 우리에 대한 그 지배권을 잃습니다.

믿음의 생각을 생각하고, 믿음의 말을 말하는 것이 우리의 심령을 패배에서 승리로 이끕니다.

우리가 하나님의 말씀을 고백할 때, 하나님께서는 그 말씀이 이루어지도록 지켜보시지만, 우리가 고백하지 않을 경우 하나님 편에서는 어떤 행동도 취하지 않습니다.

기독교는 "위대한 고백Great Confession"이라 불립니다.

"우리의 고백Confession의 사도이시며 대제사장이신 예수를 깊이 생각하라"(히 3:1, ARV)

"그러므로 우리에게 큰 대제사장이 계시니 승천하신 이 곧 하나님의 아들 예수시라 우리가 믿는 고백Confession을 굳게 잡을지어다"(히 4:14)

우리가 굳게 붙잡아야 할 고백은 무엇입니까? 그것은 바로 그분 안에서 우리가 완벽한 속량을 가지고 있다는 사실입니다.

"그가 우리를 흑암의 권세에서 건져내사 그의 사랑의 아들의 나라로 옮기셨으니 그 아들 안에서 우리가 속량 곧 죄 사함을 얻었도다"(골 1:13-14)

그 속량은 우리가 그것을 고백할 때까지는 결코 실재가 되지 않습니다. 소수의 사람들만이 이 사실을 파악한 것 같습니다.

패배가 분명해 보일 때에도 우리가 속량과 구출을 고백하면, 그것은 실재가 됩니다.

우리는 속량을 달라고 구하지 않습니다. 다만 속량을 주신 하나님께 감사할 뿐입니다.

그 속량은 다음의 베드로전서 1:18-19 말씀에 따라 이루어졌습니다.

"너희가 알거니와 너희 조상이 물려 준 헛된 행실에서 대속함[속량]을 받은 것은 은이나 금 같이 없어질 것으로 된 것이 아니요 오직 흠 없고 점 없는 어린 양 같은 그리스도의 보배로운 피로 된 것이니라"(벧전 1:18-19) 이것은 약속이 아니라 사실입니다.

우리는 다음의 에베소서 2:10을 따라서 우리가 그리스도 예수 안에서 창조된 새로운 피조물임을 고백합니다. "우리는 그가 만드신 바라 그리스도 예수 안에서 선한 일을 위하여 지으심을 받은 자니 이 일은 하나님이 전에 예비하사 우리로 그 가운데서 행하게 하려 하심이니라"(엡 2:10)

우리는 다음의 고린도후서 5:17-18을 따라 담대하게 말합니다. "그런즉 누구든지 그리스도 안에 있으면 새로운 피조물이라 이전 것은 지나갔으니 보라 새 것이 되었도다 모든 것이 하나님께로서 났으며 그가 그리스도로 말미암아 우리를 자기와 화목하게 하시고"

우리는 우리가 속량을 받아 새로운 피조물이 되었을 뿐만 아니라 화목케 되었음을 알고 있습니다. 우리는 세상 앞에서 이를 담대하게 고백합니다.

우리는 우리가 사탄의 손으로부터 속량된 것과, 사탄이 질병으로 우리를 속박할 수 없음을 고백합니다.

"또 우리 형제들이 어린 양의 피와 자기들이 증언하는 말씀으로써 그를 이겼으니"(계 12:11)

여기 '증언하는 말씀'이라는 대목에서 말씀은 '로고스Logos'입니다. 그들은 어린 양의 피와 그들이 증언하는 말 속에 있는 로고스 때문에 대적을 이겼습니다. 그들은 말씀의 완전무결함에 의지했습니다.

그들은 하나님께서 말씀하신 것은 진짜라고 담대하게 고백했습니다.

"예수는 우리가 범죄한 것 때문에 내줌이 되고 또한 우리를 의롭다 하시기 위하여 살아나셨느니라"(롬 4:25)

"그러므로 우리가 믿음으로 의롭다 하심을 받았으니 우리 주 예수 그리스도로 말미암아 하나님과 화평을 누리자"(롬 5:1)

그렇다면 이것이 지금 진짜라고 담대하게 고백하십시오.

그리스도 안에 있는 당신의 의를 고백하십시오.

우리는 이제 그리스도 안에서 하나님의 의입니다.

우리는 세상 앞에서 이를 담대하게 고백합니다.

우리는 하나님께서 몸소 우리의 의가 되셨음을 담대하게 고백합니다(롬 3:26).

고린도후서 5:21에 따르면, 우리는 새로운 탄생과 성령님으로 말미암아 그분 안에서 하나님의 의가 되었습니다. "하나님이 죄를 알지도 못하신 이를 우리를 대신하여 죄로 삼으신 것은 우리로 하여금 그 안에서 하나님의 의가 되게 하려 하심이라"(고후 5:21)

이것은 바로 우리가 지금 어떤 존재인가에 대한 하나님 자신의 선언입니다. 다시 말해, 우리가 어떻게 되고 싶은가가 아니라 하나님께서 우리를 어떻게 되도록 만드셨는가에 대한 하나님 자신의 선언인 것입니다.

다음의 베드로전서 2:24에 따르면 우리는 치유된 것입니다. "친히 나무에 달려 그 몸으로 우리 죄를 담당하셨으니 이는 우리로 죄에 대하여 죽고 의에 대하여 살게 하려 하심이라 그가 채찍에 맞음으로 너희는 나음을 얻었나니"(벧전 2:24)

그 일은 이루어졌습니다.

이는 우리가 치유를 얻는 문제도 아니고 믿음의 문제도 아닙니다.

그것은 하나님의 말씀의 완전무결함에 대한 문제입니다.

우리는 그 말씀에 의지할 수 있습니까?

"내가 내 말을 지켜 그대로 이루려 함이라"(렘 1:12)

우리의 고백은 말씀의 절대적 신실성에 대한 고백이요, 그분의 완성된 사역에 대한 고백이며, 우리가 아들과 딸로서 하나님 아버지와 맺는 관계에 대한 고백이어야 합니다.

우리의 말이 우리의 믿음을 결정합니다.

우리의 말이 우리의 고백입니다.

내가 부족함을 고백하면, 나는 부족함을 믿는 것입니다. 나의 고백은 확실하게 실재가 됩니다.

나는 내가 믿는 것들을 고백합니다.

내가 실패와 약함을 믿는다면 그것을 고백할 것입니다.

나는 내 고백의 기준에 부응하여 살게 될 것입니다.

내가 "젊은 사자는 궁핍하여 주릴지라도 여호와를 찾는 자는 모든 좋은 것에 부족함이 없으리로다."라는 시편 34:10 말씀이 옳다고 담대하게 말하며, 내 고백 곁에 선다면, 하나님께서는 내가 고백한 모든 것을 이루실 것입니다.

"여호와 하나님은 해요 방패이시라 여호와께서 은혜와 영화를 주시며 정직하게 행하는 자에게 좋은 것을 아끼지 아니하실 것임이니이다" (시 84:11)

나는 "너는 마음을 다하여 여호와를 신뢰하고 네 명철을 의지하지 말라 너는 범사에 그를 인정하라 그리하면 네 길을 지도하시리라"는 잠언 3:5-6 말씀을 담대하게 고백합니다.

그것이 인도입니다.

그것은 주변상태로부터 해방일 뿐만 아니라 그분의 뜻, 곧 풍성한 길로 이끄는 인도이기도 합니다.

"나의 하나님이 그리스도 예수 안에서 영광 가운데 그 풍성한 대로 너희 모든 쓸 것을 채우시리라"는 빌립보서 4:19 말씀은 내 심령의 노래가 됩니다.

이 얼마나 놀라운 고백입니까. 심령은 점점 더 강해집니다.

"너를 치려고 제조된 모든 연장이 쓸모가 없을 것이라 일어나 너를 대적하여 송사하는 모든 혀는 네게 정죄를 당하리니 이는 여호와의 종들의 기업이요 이는 그들이 내게서 얻은 공의니라 여호와의 말씀이니라"(사 54:17)

하나님께서는 곁에 서서 그분에게 속한 자들을 돌보아야 할 책임이 있으십니다. 그분은 우리를 실망시키지 않으십니다.

"여호와는 내 편이시라 내가 두려워하지 아니하리니 사람이 내게 어찌할까"(시 118:6)

"두려워하지 말라 내가 너와 함께 함이라 놀라지 말라 나는 네 하나님이 됨이라 내가 너를 굳세게 하리라 참으로 너를 도와주리라 참으로 나의 의로운 오른손으로 너를 붙들리라"(사 41:10)

이것은 하나님의 도전입니다. 그래서 나는 세상 앞에서 그것을 담대하게 고백합니다.

이는 대단한 고백입니다!

하나님께서는 개인적으로 내게 "아들아, 두려워 마라! 내가 너와 함께 함이라. 당황하지 마라. 내가 너의 하나님이니라."라고 말씀하셨습니다.

그분은 이스라엘의 하나님이셨습니다. 당신은 파라오와 이집트와 팔레스타인 사람들에게 무슨 일이 일어났는지 기억하십니까?(출 14:21-31, 삼상 14장)

당신은 이스라엘 민족이 언약을 잘 지키고 있는 동안, 이스라엘 민족을 건드렸던 모든 족속에게 무슨 일이 일어났는지 기억하십니까?

"나의 기름 부은 자에게 손을 대지 말며"(대상 16:22)

그분께서 이스라엘 민족을 돌보셨듯이, 우리도 돌보실 것입니다. 그분은 우리의 보호자요 돌보시는 분이십니다.

예수님께서는 믿음이 이긴다고 말씀하셨습니다. 믿음이 이겼습니다. 우리가 이 엄청난 실재의 증인입니다.

성경은 하나님의 고백입니다. 내가 성경을 읽으면 읽을수록 이 위대한 진리가 창세기에서부터 요한계시록에 이르기까지의 모든 것을 덮어 버립니다.

그것은 그분의 위대함, 그분의 능력, 그분의 사랑, 그분의 위대한 아버지의 심정에 대한 끝없는 고백입니다.

당신이 사복음서에서 보았듯이, 예수님은 계속해서 고백을 하십니다.

예수님은 위대한 목자이십니다. 예수님은 세상의 빛이십니다.

"나는 선한 목자라 선한 목자는 양들을 위하여 목숨을 버리거니와"(요 10:11)

"나는 세상의 빛이니 나를 따르는 자는 어둠에 다니지 아니하고 생명의 빛을 얻으리라"(요 8:12)

"내가 곧 길이요 진리요 생명이니"(요 14:6)

"나는 부활이요 생명이니"(요 11:25)

"나는 생명의 떡이니"(요 6:35)

이 진술들은 놀라운 고백들입니다.

"그들을 주신 내 아버지는 만물보다 크시매 아무도 아버지 손에서 빼앗을 수 없느니라"(요 10:29)

예수님의 고백은 예수님을 곧장 갈보리로 이끌었습니다.

"유대인들이 이로 말미암아 더욱 예수를 죽이고자 하니 이는 안식일을 범할 뿐만 아니라 하나님을 자기의 친 아버지라 하여 자기를 하나님과 동등으로 삼으심이러라"(요 5:18)

오랜 세월을 거쳐 오면서 사람들이 했던 두려움이 없는 고백은 순교자들을 낳았습니다.

믿음은 고백에 용기를 불어넣으며, 그리고 그 고백은 믿음에 담대함을 줍니다.

당신의 고백은 당신을 정렬시키며, 당신에게 당신의 자리를 주고, 당신의 위치를 확립해줍니다.

우리는 당신이 어떤 존재인지를 압니다. 당신이 침묵하면, 우리는 당신을 당신의 자리에 놓아줄 수 없습니다.

고백은 당신을 치유하기도 하고, 계속해서 병든 상태에 남아 있게도 합니다.

당신은 당신의 고백에 의해서 구원받기도 하고, 받지 못하기도 합니다.

당신은 당신의 고백에 의해서 풍족하기도 하고, 부족하기도 합니다.

당신은 당신의 고백에 의해서 약해지기도 하고, 강해지기도 합니다.

당신은 당신의 입술로 고백하고, 당신의 심령 안에서 믿는 그런 존재입니다.

실패에 대한 당신의 고백이 당신을 실패의 영역에 묶어둡니다.

당신이 직면한 문제에서 하나님의 능력에 대한 당신의 고백이 당신을 승리하게 만듭니다.

"네 입의 말로 네가 얽혔으며 네 입의 말로 인하여 잡히게 되었느니라"(잠언 6:2)

우리는 우리의 고백으로 인하여 올무에 빠지든지 아니면 우리의 고백의 말로 인해 자유롭게 됩니다.

당신의 고백을 하나님의 말씀과 일치시키십시오.

그런 고백은 감각지식과 일치하지 않을 것입니다. 감각지식과 일치하는 고백을 하려고 하지 마십시오.

감각지식은 그 고백을 억측 또는 광신이라 부르지만, 하나님께서는 그것을 믿음이라 부르시며 존중하십니다.

"믿음은 바라는 것들의 실상이요 보이지 않는 것들의 증거니"(히 11:1)

하나님께서는 우리를 위해 할 수 있는 모든 것을 다 하셨습니다.

그분은 그분의 속량이 완성되었다고 말씀하십니다.

당신은 속량이 이루어졌다고 고백하며, 당신의 자리를 차지하고, 스스로를 그분께서 부르시는 이름대로 부르고, 하나님의 말씀이 당신 것이라고 말하는 모든 것을 인정합니다.

당신은 이제 하나님께서 말씀하신 전부가 당신의 경우에 타당하다고 선언합니다.

"진리를 알지니 진리가 너희를 자유롭게 하리라 … 그러므로 아들이 너희를 자유롭게 하면 너희가 참으로 자유로우리라"(요 8:32, 36)

진리가 당신을 자유롭게 할 것입니다. 당신은 아들이 자유롭게 하신 자는 실제로 자유로우며, 죄가 더 이상 그 사람을 지배할 수 없고, 또한 질병도 당신을 지배할 수 없다고 선언합니다.

"죄가 너희를 주장하지 못하리니 이는 너희가 법 아래에 있지 아니하고 은혜 아래에 있음이라"(롬 6:14)

염려와 근심이 당신을 지배할 수 없습니다. 사탄의 지배는 끝났습니다.

당신은 그분 안에서 온전하게 섭니다.

우리 중 소수만이 우리 입술에 있는 하나님의 말씀의 능력을 깨달았습니다.

예수님은 마가복음 16:18에서 믿는 자들이 "병든 사람에게 손을 얹은 즉 나으리라"라고 말씀하셨습니다.

"너희가 내 이름으로 무엇을 [요]구하든지 내가 행하리니"(요 14:13)

사도행전 3장은 베드로의 입술에 있던 예수의 이름의 이야기를 다루고 있습니다. 베드로가 "우리를 보라 … 나사렛 예수 그리스도의 이름으로 일어나 걸으라"(행 3:4, 6)라고 말했습니다.

당신이 예수의 이름을 사용하지 않는다면, 그 이름은 어떤 것도 행할 수 없을 것입니다.

그러나 당신이 그 이름을 사용한다면, 아버지의 이름이 예수님의 입술에 있던 것처럼 예수의 이름은 역사할 것입니다.

사도행전 4:18-37은 예수의 이름이 그곳을 어떻게 진동시켰는지를 우리에게 떠올려줍니다.

"그들을 불러 경고하여 도무지 예수의 이름으로 말하지도 말고 가르치지도 말라 하니"(행 4:18)

그들의 입술에 있던 그 이름이 예루살렘을 뿌리부터 뒤흔들었습니다.

사도행전 16:16-18은 바울의 입술에 있던 그 이름의 능력을 보여줍니다.

바울은 "예수 그리스도의 이름으로 내가 네게 명하노니 그에게서 나오라"(행 16:18)라고 말했습니다. 그 여자는 치유되었고 귀신에게서 해방되었습니다.

"너희가 내 안에 거하고 내 말이 너희 안에 거하면 무엇이든지 원하는 대로 구하라 그리하면 이루리라"(요 15:7)

당신의 입술에 있는 말씀은 당신을 자유롭게 해줄 뿐만 아니라 다른 사람들도 자유롭게 합니다.

당신의 입술에 있는 말씀은 당신의 말을 듣는 사람들의 심령에서 믿음을 창조합니다.

당신의 입술에 있는 말씀은 당신의 말을 경청하는 자들의 삶을 변화시킬 것입니다.

그렇게 하는 것은 그 말에 있는 하나님의 생명입니다.

성경은 하나님의 말씀입니다.

사랑과 믿음의 입술에 있는 모든 말은 하나님으로 가득 차 있습니다.

우리의 일상 대화가 위대한 고백입니다.

우리는 세상 앞에서 그리스도를 고백합니다.

우리는 그분의 은혜의 충만하심을 고백합니다.

우리는 계시의 완전무결함을 고백합니다.

우리의 첫 번째 고백은 "네가 만일 네 입으로 예수를 주로 시인하며 또 하나님께서 그를 죽은 자 가운데서 살리신 것을 네 마음에 믿으면 구원을 받으리라 사람이 마음으로 믿어 의에 이르고 입으로 시인하여 구원에 이르느니라"라는 로마서 10:9-10 말씀입니다.

우리는 완벽한 속량을 발견했습니다. 우리는 그것을 세상에 고백합니다.

사도행전 10:36에서 베드로는 "만유의 주되신 예수 그리스도"라고 말합니다. 이 고백은 심령을 얼마나 전율시키는 고백입니까.

예수님은 세 종류의 세계 곧 하늘과 땅과 지옥의 주님이십니다.

모든 무릎이 그 이름 앞에 꿇습니다.

기쁨으로 우리는 시편 23:1을 고백합니다. "여호와는 나의 목자시니 내게 부족함이 없으리로다"

"여호와 나의 힘 나의 요새 환난 날의 피난처시여"(렘 16:19)

"내게 능력 주시는 그리스도를 통하여 내가 모든 것을 할 수 있느니라"(빌 4:13, 한글킹제임스)

나는 세상을 향해 "주님이 나의 공급이시다. 주님이 나의 목자시니, 내가 바랄 것이 없다."라고 말합니다.

우리가 잘못된 고백, 잘못된 확언을 함으로 인해 생긴 심각한 위험이 있습니다.

우리는 우리의 두려움과 의심을 고백합니다. 그것이 사탄에게 지배권을 내어주었습니다.

우리는 우리의 병을 고백하는데, 그러면 그 고백이 우리의 의지를 사로잡아서 우리를 절대적인 노예상태로 속박합니다.

우리는 돈의 결핍과 부족을 고백하는데, 그러면 결핍은 무장한 군인처럼 와서 우리를 속박합니다.

우리는 하나님께서 스스로 우리의 생명의 힘이시라고 말씀하셨다는 사실 앞에서 능력의 부족을 고백합니다.

이런 실패의 고백들은 아버지를 차단시키고, 사탄이 들어오게 합니다. 다시 말해, 사탄에게 통행권을 주는 것입니다.

이런 고백들은 하나님의 말씀을 부인합니다. 그런 고백은 사탄을 높입니다.

우리는 무슨 고백을 해야 할까요?

"여호와는 나의 목자시니 내게 부족함이 없으리로다"(시 23:1)

당신은 더 이상 두려워하지 않습니다. 그러므로 당신은 그것을 고백합니다.

"그들을 주신 내 아버지는 만물보다 크시매 아무도 아버지 손에서 빼앗을 수 없느니라"(요 10:29)

우리의 말이 우리를 감옥에 가두거나 아니면 우리를 자유롭게 합니다. 우리의 말이 우리를 속박하고, 또한 우리 자신이 자유하지 못하게 하며, 그리스도 안에 있는 자유를 누리지 못하게 합니다.

"여호와가 이르노라 너희가 완악한 말로 나를 대적하고도…"(말 3:13)

그때가 바로 우리의 말이 하나님의 말씀에 대적하여 싸우는 순간입니다.

어느 날 어떤 여인이 내게 찾아왔습니다. 그녀는 "케년 씨, 저는 기도해왔지만, 해방을 받지 못했어요."라고 말했습니다. 그녀의 말은 하나님의 말씀과 모순된 것이었습니다.

하나님의 말씀은 "너희가 무엇이든지 아버지께 구하는 것을 내 이름으로 주시리라"(요 16:23)라고 말씀합니다.

"믿는 자들이 … 병든 사람에게 손을 얹은즉 나으리라"(막 16:17-18)

그녀는 그 말씀을 부인했습니다. 그녀는 말씀이 진짜라는 것을 부인했습니다. 그녀의 말이 하나님의 말씀에 대적하여 싸웠던 것입니다.

그녀는 자기도 모르게 말씀에 반대하는 태도를 취하였던 것입니다.

그녀는 그럴 의도는 없었지만, 그렇게 했던 것입니다.

그런 태도가 그녀를 속박에 묶어두었던 것입니다.

나는 그녀와 이야기를 나누면서 그녀가 내 말을 받아들이지 않고 있다는 사실을 알 수 있었습니다.

내가 그녀를 위해 기도를 해주었을 때 그녀가 고통에서 벗어났지만, 그녀의 목소리에는 애처로움이 가시지 않았습니다. 그녀의 입술에는 승리의 고백이 전혀 없었습니다.

항상 정신적 동의Mental Assent의 차원에서 하는 고백의 위험이 있습니다.

정신적 동의는 말씀의 진실성을 인정하지만, 절대로 말씀 위에서 행동하지는 않습니다.

정신적 동의의 차원에서 하는 고백은 이런 것입니다. "오 그렇습니다. 말씀에는 치유가 있지요. 말씀에는 구원과 해방이 있지요. 하지만……."

다른 한편으로, 믿음은 기쁨에 차서 그 승리를 고백합니다. 그 기쁨은 축하입니다. 감각의 증거를 압도하는 승리입니다.

믿음은 안전감, 절대적 확신감, 고요함의 의식을 주는데, 이것이 고백을 통해 밖으로 표출되면 실재가 됩니다.

심령은 말씀과 사랑에 뿌리를 내리고 기초를 두어야 합니다.

"이와 같이 주의 말씀이 힘이 있어 흥왕하여 세력을 얻으니라"(행 19:20)

믿음이란, 한 마디로 말씀이 감각의 증거를 압도할 정도로 세력을 얻는 것입니다.

사도행전 20:32이 우리에게 놀라운 예를 제공해줍니다. "지금 내가 여러분을 주와 및 그 은혜의 말씀에 부탁하노니 그 말씀이 여러분을 능히 든든히 세우사 거룩하게 하심을 입은 모든 자 가운데 기업이 있게 하시리라"(행 20:32)

말씀이 세웁니다. 말씀이 건축합니다.

믿는 자의 심령에 믿음을 세우는 것은 바로 은혜의 말씀입니다.

예수님의 고백은 더 신중한 주의집중을 요구합니다.

여기에 예수님의 열 가지 주장이 있습니다. 그 모든 주장이 예수님을 신성과 동급으로 세웠습니다. 그 주장을 주의 깊게 읽어보십시오. 당신의 성경에서 그 주장들을 찾아서 밑줄을 그어놓으십시오.

"아들이 아버지께서 하시는 일을 보지 않고는 아무 것도 스스로 할 수 없나니 아버지께서 행하시는 그것을 아들도 그와 같이 행하느니라 아버지께서 아들을 사랑하사 자기가 행하시는 것을 다 아들에게 보이시고 또 그보다 더 큰 일을 보이사 너희로 놀랍게 여기게 하시리라"(요 5:19-20)

"나는 내 아버지의 이름으로 왔으매"(요 5:43)

"모세를 믿었더라면 또 나를 믿었으리니"(요 5:46)

"나는 생명의 떡이니 내게 오는 자는 결코 주리지 아니할 터이요 나를 믿는 자는 영원히 목마르지 아니하리라"(요 6:35)

이는 놀라운 고백입니다.

"믿는 자는 영생을 가졌나니 내가 곧 생명의 떡이니라"(요 6:47-48)

"나는 [그분을] 아노니 이는 내가 그에게서 났고 그가 나를 보내셨음이라"(요 7:29)

"나는 항상 그가 기뻐하시는 일을 행하므로…"(요 8:29)

"내가 온 것은 양으로 생명을 얻게 하고 더 풍성히 얻게 하려는 것이라"(요 10:10)

"나와 아버지는 하나이니라"(요 10:30)

"나는 부활이요 생명이니 나를 믿는 자는 죽어도 살겠고 무릇 살아서 나를 믿는 자는 영원히 죽지 아니하리니"(요 11:25-26)

이것은 예수님의 고백 중 일부입니다. 우리는 그리스도 안에서 우리가 어떤 자이며, 그리스도 안에서 무엇을 가지고 있는지 담대하게 고백합니까?

우리는 "우리가 다 그의 충만한데서 받으니 은혜 위에 은혜러라"라는 요한복음 1:16 말씀을 담대하게 고백합니까?

우리는 그분의 충만함을 받았지만, 그것이 우리에게 별로 유익이 되지 못했습니다. 왜냐하면 우리가 그것을 고백으로 옮기지 않았기 때문입니다.

하나님께서 예수님에게 질병을 놓으셨다는 사실을 믿는 자라면 다 알고 있습니다. 하지만 그런 것을 고백하고 말씀 위에서 행동하기를 두려워합니다.

이 두려움은 대적 마귀에게 속한 것입니다. 이는 우리가 하나님의 말씀보다 대적 마귀를 더 확신한다는 사실을 드러내줍니다.

우리는 하나님께서 말씀하시는 것이 참이라고 고백합니다.

그런 다음 우리는 일상 삶에서 그것을 입증합니다.

많은 사람들의 삶에는 고백이 없습니다.

기도는 많이 하지만, 말씀이 참이라는 고백은 하지 않습니다. 많은 이들에게 필요한 것은 기도가 아니라 말씀에 대한 고백입니다.

죄에 대한 고백을 말하는 것이 아닙니다.

내가 어떤 여인을 위해 기도해주고 성경을 열어서 말씀을 보여주었지만, 그녀는 이렇게 말했습니다. "제 질병에 대해 계속해서 기도해주실 거죠?"

그녀의 이런 고백은 하나님의 말씀이 거짓말이라는 말과 같았습니다.

당신은 하나님께서 당신이 할 수 있다고 말씀하시는 것을 당신이 할 수 있고, 말씀이 당신이 어떤 자라고 말씀하신 대로 그런 자라고 고백해야 합니다.

하나님께서는 당신이 그리스도 예수 안에서 창조된 새로운 피조물이라고 말씀하십니다.

하나님께서는 당신이 승리자 이상이며, 이기는 자라고 말씀하십니다.

하나님께서는 당신을 전능하신 하나님의 아들과 딸로, 하나님의 상속자이자 그리스도와 공동 상속자로 만드셨습니다.

당신은 당신의 힘이신 분 안에서 모든 것을 할 수 있습니다(빌 4:13).

하나님께서 내가 할 수 있다고 말씀하시면, 나도 내가 할 수 있다고 선언합니다.

하나님께서 내가 그런 자라고 말씀하시면, 나도 내가 그런 자라고 선언합니다.

나는 담대하게 나의 고백을 합니다.

당신도 이렇게 당신의 고백을 해야 합니다. "하나님께서 나의 아버지시다. 나는 그분의 자녀다. 그분의 가족에 속한 아들로서 나는 나의 자리를 차지한다. 나는 내가 해야 할 행동을 하고 있다. 나는 그리스도 안에 있다. 그리스도는 내 안에 계신다."

당신이 아버지께서 어떤 분이시라고 고백한 대로 그분이 당신에게 그런 분이 되실 것임을 기억하십시오.

기도가 응답 받지 못한다면, 당신의 고백을 굳게 붙잡으십시오.

예수의 이름이 즉각적인 해방을 가져다주지 않는다면, 당신의 고백을 굳게 붙잡으십시오.

돈이 들어오지 않는다면, 당신의 고백을 계속 하십시오.

"대저 하나님의 모든 말씀은 능하지 못하심이 없느니라"(눅 1:37)

말씀은 아버지의 뜻을 성취할 것입니다.

"내 입에서 나가는 말도 이와 같이 헛되이 내게로 되돌아오지 아니하고 나의 기뻐하는 뜻을 이루며 내가 보낸 일에 형통함이니라"(사 55:11)

기도하지만, 당신 기도로 되돌아오는 위험이 있습니다.

당신이 어떤 필요를 놓고 기도하고 나서 그 필요가 채워지지 않았다고 선언할 경우, 당신은 당신의 기도를 부인한 것입니다.

그러나 기도는 응답됩니다.

말씀은 실재입니다.

부정적인 고백으로 말씀을 무효화시키지 마십시오.

"두려워하지 말라 내가 너와 함께 함이라 놀라지 말라 나는 네 하나님이 됨이라 내가 너를 굳세게 하리라 참으로 너를 도와주리라 참으로 나의 의로운 오른손으로 너를 붙들리라"(사 41:10)

당신에게 속한 것을 주장하기

"믿음은 바라는 것들의 실상이요 보이지 않는 것들의 증거니"(히 11:1)

또한 "믿음은 기도한 것들의 권리증서이며, 그것들이 눈에 보이기 전에 당신 것이라는 증거이다."라고 말하는 다른 번역도 있습니다.

믿음은 아버지께서 행동하시기 전에 기도가 응답되었다고 여기는 것입니다.

예수님께서는 "무엇이든지 기도하고 구하는 것은 받은 줄로 믿으라 그리하면 너희에게 그대로 되리라"(막 11:24)라고 말씀하셨습니다.

이것은 약속이 아닙니다.

이것은 사실에 대한 진술입니다.

이것은 기도한 것들의 권리증서입니다.

믿음은 우리의 권리장전입니다.

아시다시피, 당신이 거듭난 순간, 당신은 새 언약으로 들어가며, 그 새 언약의 일부가 됩니다.

당신은 새 언약의 구성원이 되며, 그러면 속량으로 값을 지불하여 샀던 모든 것이 당신 것이 되고, 당신은 자유롭습니다. 그분의 속량은 죄의 지배와 죄의 권세와 죄의 정죄와 죄의 더러움으로부터 당신을 자유롭게 합니다.

당신은 그런 것으로부터 자유롭습니다.

당신은 모든 것으로부터 자유롭습니다.

그 속량이 당신을 자유하게 했습니다.

당신은 자유로울 뿐만 아니라, 그분께서 당신을 위해 속량하심으로 값을 지불하신 모든 것도 소유합니다. 당신은 속량이 성취하신 모든 것에 대한 권리가 있지만, 언제쯤 그 사실을 깨달을 것입니까?

우리는 자유로우며 속량 받았지만, 아직도 우리는 우리가 유업으로 받은 우리 소유의 대저택 앞에 둘러앉아서 이미 열려 있는 저 문으로 들어갈 수 있는 믿음과 지혜를 달라고 울부짖고 있습니다.

이 사실을 모르기 때문에, 우리의 사역이 우리로 하여금 일어나서 우리에게 속한 것을 취하지 못하도록 우리를 마비시켜버렸습니다. 하지만 로더햄 번역은 골로새서 1:12을 다음과 같이 해석합니다. "생명 안에 있는 성도의 유업 가운데 우리의 몫을 얻는데 충분하도록 우리를 지으신 하나님께 감사하노라."

하나님께서는 우리의 모든 부요와 우리의 완벽한 해방을 누리며, 그리스도 안에 있는 우리의 속량의 충만함 가운데 걸을 수 있기에 충분하도록 우리를 지으셨습니다.

우리는 약할 근거도 없고, 실패할 이유도 없습니다.

우리는 정복당하고 모멸을 받을 권리가 없습니다.

하나님의 아버지 심정에 있는 전체 계획과 설계는 우리가 신성한 생명의 풍성함 가운데 걷는 것입니다.

하나님께서 "너희도 그 안에서 충만하여졌으니"(골 2:10)라고 하신 말씀의 의미는 말 그대로입니다.

다시 말해, 그것은 이 생명의 충만함입니다.

즉, 우리의 공인된 권리입니다.

사탄은 우리에 대한 지배권이 전혀 없습니다.

우리는 어둠의 권세로부터 그분의 사랑의 아들의 왕국으로 옮겨졌습니다. 그분 안에서 우리는 지금 우리의 완전한 속량을 가지고 있습니다.

그러나 우리는 약하고 허둥대고 머뭇거림으로써 얼마나 하나님을 모욕하고 있는지요.

우리가 의심의 말을 하면서 하나님에 대한 믿음을 달라고 기도하는 것이 하나님께 얼마나 모욕이 되는지요.

우리가 의심을 허용하는 것은 밀수품을 허용하는 것과 같습니다.

우리가 의심을 허용하는 것은 마약을 허용하는 것과 같습니다.

의심은 마귀에게 속한 것입니다. 따라서 의심을 높이는 일은 사탄을 높이는 일입니다. 불신을 높이는 일은 하나님을 모욕하는 일입니다.

우리는 믿음으로 생각하고, 믿음의 언어를 사용하며, 믿음의 영역에서 걷는 것 이외의 다르게 걷는 것을 거절해야 합니다.

우리는 하나님의 아들이므로, 맏아들이신 예수님께서 이 땅에서 사셨던 것과 같은 삶을 살아야 합니다.

우리는 우리 몸에 예수님의 부활의 능력, 곧 예수님의 생명을 담고 있습니다.

우리는 우리 몸에 크고 강력하신 성령님을 지니고 있습니다.

그분은 우리 몸을 그분의 성전으로 삼으십니다.

우리는 존재하는 모든 능력을 가지고 있습니다.

우리는 그 능력을 지금 가지고 있습니다.

당신에게는 예수님이 계십니까?

당신은 "예"라고 말합니다.

자, 당신에게 예수님께서 계시다면, 당신은 모든 것을 가진 것입니다.

당신의 권리를 사용하십시오.

당신의 특권을 사용하십시오.

예수 그리스도께서 당신 안에서 크게 되시도록 하십시오.

약함이 아니라 예수 그리스도를 의지하십시오.

상황이 아니라 예수 그리스도를 의지하십시오.

육신의 팔이 아니라 예수 그리스도를 의지하십시오.

그분 안에서 안식하십시오.

그분 안에 있는 당신의 자리를 차지하십시오.

그분께 당신의 삶의 자리를 내어드리십시오.

지금 당장 그렇게 하시고, 당신의 심령을 향해 "나는 정복자 이상이다. 나는 승리자 이상이다. 나는 하나님의 아들과 동일시되었다. 그분은 나와 동일시되었다."라고 말하십시오. 지금 그분이 당신 안에 사시게 하십시오.

이는 신성한 은혜의 가장 위대한 드라마 중 하나입니다.

우리는 사랑의 도전을 받아들여서 일상 삶에서 아버지의 능력을 사용해야 합니다.

이번 장은 독자에게 던지는 도전입니다.

여기가 당신이 그리스도 안에 있는 당신의 부를 합산해야 하는 지점입니다. 당신은 하나님 자신의 신성한 더하기 방식으로 그것들을 더할 것이며, 당신의 심령은 "이것이 바로 내가 지금껏 찾아왔던 것이다. 이것은 내가 그토록 갈망해왔지만, 어떻게 받을지 몰랐던 것이다."라고 속삭일 것입니다.

당신은 철학자들이 꿈꾸었던 땅으로 들어갈 수 있습니다.

당신은 지금부터 그분과 함께 초자연적인 경이로운 땅에서 살 수 있습니다.

당신은 포도나무와 가지의 생명의 실재를 알게 될 것입니다.

당신은 아버지 하나님과 아들의 관계를 체험하게 될 것입니다.

당신은 지혜와 능력이 그리스도 안에서 당신에게 속한 것임을 알게 될 것입니다.

당신은 풍성한 생명의 영역에 있습니다.

23

하나님의 능력에 대한 우리의 반응

현대교회는 최선의 상태에 있습니까? 다시 말해 바울이 서신에서 말한 교회의 모습을 참으로 나타내고 있습니까?

우리는 우리의 충만한 특권 가운데 걷고 있습니까? 세상은 우리로부터 그들에게 주어진 신성한 생명의 유익을 받고 있습니까?

이번 장은 "그리스도 안에서 우리가 소유하고 있는 것"에 대한 연구입니다. 그것은 이 신성한 생명 안에서 진정으로 우리에게 속한 것입니다.

하나님께서 교회가 초인간으로 구성되도록 계획하셨다는 사실은 의심의 여지가 없습니다.

그들은 질병을 정복하고, 환경을 다스리며 약점을 강점으로, 실패를 성공으로 바꾸며, 이 세상의 약한 것들을 취하여서 강한 자들을 당황케 하였던 사람들입니다.

그리스도 안에 있는 우리의 유업을 살펴봅시다. "우리가 다 그의 충만한 데서 받으니 은혜 위에 은혜러라"(요 1:16)

그분의 충만함이란 무엇입니까? 그것은 완전함입니다. 인간이 필요한 모든 것이 그분 안에 있습니다. 그분은 인간을 향한 아버지의 심령의 모든 열망을 보여주고 있습니다.

그분은 인간의 심령이 전부 찾아 쓸 수 있는 은행입니다. "우리가 다 그의 충만한 데서 받으니"(요 1:16)

우리는 일부만 받지 않았습니다.

충만한 사랑을 받았기에, 우리는 이기심을 능가해서 "자기의 유익을 구하지 않을" 수 있습니다. 우리에게는 실패할 수 없는 완전히 충만한 사랑이 있습니다. 왜냐하면 사랑은 실패하지 않기 때문입니다.

우리를 구원하도록 예수님을 이끌었던 사랑이 있습니다. 그것은 고린도후서 5:14-15에서 바울이 부르짖던 것처럼 우리가 부르짖을 때까지 지배하는 사랑입니다.

"그리스도의 사랑이 우리를 강권하시는도다 우리가 생각하건대 한 사람이 모든 사람을 대신하여 죽었은즉 모든 사람이 죽은 것이라 그가 모든 사람을 대신하여 죽으심은 살아 있는 자들로 하여금 다시는 그들 자신을 위하여 살지 않고 오직 그들을 대신하여 죽었다가 다시 살아나신 이를 위하여 살게 하려 함이라"(고후 5:14-15)

그분의 충만한 사랑만이 아니라 그리스도의 속량사역 안에 있는 충만한 자유도 있기 때문에, 믿는 자라면 누구든지 그리스도의 충만한 자유와 그분의 완전하고 완벽한 속량의 충만함 가운데 사는 한, 속박과 제한 의식을 가지고 살 필요가 없습니다.

"우리는 그리스도 안에서 그의 은혜의 풍성함을 따라 그의 피로 말미암아 속량 곧 죄 사함을 받았느니라"(엡 1:7)

그 제한 없는 속량을 측량할 수 있는 자는 없습니다. 속량은 우리 것입니다. 속량은 논쟁할 수 있는 이론이나 위대한 교리가 아니라, 우리의 일상생활을 위한 살아 있고 달콤하고 아름다운 실재입니다.

우리는 "그분의 충만한" 안식, 고요함, 확신 가운데서 받았습니다. 믿음은 여기에서 비롯됩니다.

이 부분이 신성한 생명이 하나님의 아들의 심령 안으로 들어가서 그분의 고요함 가운데 안식하는 곳입니다.

주님께서 체포될 때부터 십자가에서 죽으시기까지 그분을 따라가 봅시다. 어떤 흥분도 어떤 들뜸도 어떤 조급함도 없습니다.

그분은 십자가 주변의 상황을 다스리는 절대적 지배자이십니다.

그분의 고요함 가운데 우리는 모두 받았습니다. "공의의 열매는 화평이요 공의의 결과는 영원한 평안과 안전이라"(사 32:17)

의로부터 자라나는 풍성함, 곧 전적으로 충만한 고요함이 있습니다.

그분은 우리의 의가 되셨습니다. 그리고 그분은 그분의 의와 고요함 및 우리의 심령을 반대하는 모든 것을 압도하는 그분의 우월하심 가운데 우리에게 고요함을 가져오셨습니다.

우리는 그분의 안식 안에서 쉽니다. 시편 37:3-7은 충만한 안식과 고요함을 우리에게 그려줍니다. "여호와를 의뢰하고 선을 행하라 땅에 머무는 동안 그의 성실을 먹을거리로 삼을지어다 또 여호와를 기뻐하라 그가 네 마음의 소원을 이루어주시리로다 네 길을 여호와께 맡기라 그를 의지하면 그가 이루시고 네 의를 빛 같이 나타내시며 네 공의를 정오의 빛 같이 하시리로다 여호와 앞에 잠잠하고 참고 기다리라 자기 길이 형통하며 악한 꾀를 이루는 자 때문에 불평하지 말지어다"(시 37:3-7)

심령은 더 이상 실패와 약함을 먹고 살지 않고, 여호와를 즐거워하며 심령의 열망을 발견합니다. 모든 것이 그분에게 위임되었고, 모든 것이 그분에게 맡겨졌습니다.

이제 그 신뢰로부터 고요한 안식이 흘러나옵니다.

더 이상 안달복달하거나 초조함은 없습니다.

우리는 안식하고 있습니다.

그분의 충만은 우리의 충만입니다.

예수님의 완전하심이 우리의 완전함입니다.

"또 만물을 그의 발아래에 복종하게 하시고 그를 만물 위에 교회의 머리로 삼으셨느니라 교회는 그의 몸이니 만물 안에서 만물을 충만하게 하시는 이의 충만함이니라"(엡 1:22-23)

모든 세력들이 그분의 발아래에 놓이게 되었습니다.

우리는 그분의 몸입니다.

우리는 그분의 발입니다.

사탄의 지배는 깨어졌습니다.

우리는 지배하는 위치로 옮겨졌습니다.

그것은 우리가 고군분투하고 기도한 결과가 아닙니다.

우리는 그것을 유업으로 받았습니다.

그분의 완전하심은 승리의 충만함입니다.

만물이 그분의 발아래에 있습니다.

하나님께서는 그리스도를 만물을 다스리는 머리가 되도록 주셨습니다. 우리는 하늘에 그분과 함께 앉아있습니다. "또 함께 일으키사 그리스도 예수 안에서 함께 하늘에 앉히시니"(엡 2:6)

아버지께서 보시기에 우리는 지금 그곳에 앉아있습니다. 모든 권세, 지배, 질병, 실패는 우리 발아래 있습니다.

"그의 영광의 풍성함을 따라 그의 성령으로 말미암아 너희 속사람을 능력으로 강건하게 하시오며 믿음으로 말미암아 그리스도께서 너희 마음에 계시게 하시옵고 너희가 사랑 가운데서 뿌리가 박히고 터가 굳어져서 능히 모든 성도와 함께 지식에 넘치는 그리스도의 사랑을 알고 그 너비와 길이와 높이와 깊이가 어떠함을 깨달아 하나님의 모든 충만하신 것으로 너희에게 충만하게 하시기를 구하노라"(엡 3:16-19)

그것은 그분의 충만하심에 따른 것입니다. 당신은 당신의 개념이 아니라 영광 가운데 있는 그분의 부요하심에 따라 축복을 받습니다.

당신은 그리스도께서 실제로 지배하실 수 있기에, 당신이 사랑 안에 뿌리가 박히고 터가 굳어지도록 그분의 능력으로 속사람 안에서 강해져야 합니다.

사랑 안에 뿌리가 박히고 터가 굳어지는 것이 삶의 완성입니다.

당신은 무엇을 더 구할 수 있겠습니까? 당신은 사랑의 열매를 맺게 될 것입니다.

당신은 사랑의 향기를 지니게 될 것입니다.

당신은 사랑의 능력과 권능을 지니게 될 것입니다.

당신은 사랑이신 하나님께서 당신이 사랑 안에 뿌리가 박히고 터가 굳어질 때 그분 안에 뿌리가 박히고 터가 굳어지게 될 것을 의도하신 것을 알 수 있습니다.

아버지의 심령의 자비하심과 아름다움과 부요는 그분의 심령으로부터 나와서 당신에게로 부어져 당신을 통과합니다.

"능히 모든 성도와 함께 지식에 넘치는 그리스도의 사랑을 알고 그 너비와 길이와 높이와 깊이가 어떠함을 깨달아 하나님의 모든 충만하신 것으로 너희에게 충만하게 하시기를 구하노라"(엡 3:19)

우리의 마음은 이보다 더 멀리 갈 수 없습니다. 은혜가 손을 내려서 우리를 취하여서, 그분의 충만한 영의 영역으로 올립니다.

우리는 하나님의 모든 충만하심으로 채워진 우리 자신을 의식하지 못합니다. 그분의 본성은 사랑입니다. 우리는 그 본성에 참여하였습니다.

"우리 가운데서 역사하시는 능력대로 우리가 구하거나 생각하는 모든 것에 더 넘치도록 능히 하실 이에게"(엡 3:20) 당신은 이런 성경구절을 앞에 두고서도 약함과 무기력에 대해 이야기합니다.

무익한 현대 교회의 증언들이 그분의 충만하심에 대한 계시를 속이지 못하게 하십시오.

"우리가 다 그의 충만한 데서 받으니"(요 1:16) 하늘의 문은 열려 있습니다. 그분은 우리의 심령이 받을 수 없을 정도의 축복을 붓고 계십니다. 그러므로 그분은 누가복음에 나온 어리석은 부자가 곳간을 확장하여 곡식을 쌓아둘 곳을 마련하였던 것처럼 우리의 심령을 넓히셔야 합니다.

하나님께서는 우리가 그분의 충만하심을 받되 터지지 않도록 우리의 심령을 넓히셔야 합니다.

"이는 성도를 온전하게 하여 봉사의 일을 하게 하며 그리스도의 몸을 세우려 하심이라 우리가 다 하나님의 아들을 믿는 것과 아는 일에 하나가 되어 온전한 사람을 이루어 그리스도의 장성한 분량이 충만한 데까지 이르리니"(엡 4:12-13)

그분의 목표는 우리 안의 완전함입니다.

그것은 전부 그분의 역사입니다.

그것은 그분의 말씀을 통해 일하시는 성령님의 역사입니다.

우리는 무엇을 합니까?

우리는 이 완전함에 양보합니다.

우리는 이 충만함에 양보합니다.

우리는 충만한 믿음과 지식에 이를 때까지, 예수님 자신의 충만하심이 우리를 통제할 때까지 치유와 은혜와 힘으로부터 흘러나오는 건강의 흐름에 양보합니다.

그곳에는 약함이나 실패가 있을 곳이 없습니다.

"내게 능력주시는 자 안에서 내가 모든 것을 할 수 있느니라"(빌 4:13)

우리는 더 이상 제한된 믿는 자가 아닙니다.

우리는 속박과 약함의 의식 속에서 살고 있지 않습니다.

우리는 그분의 충만하심 가운데 호흡하고 있습니다.

아니, 그것은 옳지 않습니다. 우리는 그분의 충만하심을 토해내고 있습니다. 왜냐하면 그분의 충만하심은 우리 안에 있기 때문입니다.

바울은 갈라디아서 2:20에서 "내가 그리스도와 함께 십자가에 못 박혔나니 그런즉 이제는 내가 사는 것이 아니요 오직 내 안에 그리스도께서 사시는 것이라"라고 말했습니다. 족쇄에서 벗어나고 아무런 방해를 받지 않는 그리스도께서 우리 안에서 그분의 거대한 생명을 살고 계십니다.

"아버지께서는 모든 충만으로 예수 안에 거하게 하시고"(골 1:19)

그분은 보좌로부터 나온 그저 빛줄기만이 아니십니다. 그분은 빛 자체이십니다.

우리 모두가 이 충만하심에 참여하는 것이 아버지의 기쁨이셨습니다.

그분은 그리스도 안에서 모든 사람을 완전한 자로 나타내기 원하십니다.

"이를 위하여 나도 내 속에서 능력으로 역사하시는 이의 역사를 따라 힘을 다하여 수고하노라"(골 1:29)

바울은 자기 안에 역사하시는 분이 하나님이심을 인식했습니다.

"너희 안에서 행하시는 이는 하나님이시니 자기의 기쁘신 뜻을 위하여 너희에게 소원을 두고 행하게 하시나니"(빌 2:13)

그것은 전율할 정도로 아름다운 실재였습니다.

당신의 심령은 이제 손을 뻗어 아주 익숙한 단순함으로 그것을 붙잡습니다.

골로새서 2:9-10은 "충만"이라는 단어에 대한 바울의 최종적인 도전입니다. "그 안에는 신성의 모든 충만이 육체로 거하시고 너희도 그 안에서 충만하여졌으니 그는 모든 통치자와 권세의 머리시라"(골 2:9-10)

그분은 당신을 충만하게 하려고 시도하지 않습니다.

그분은 단순히 당신을 충만하게 하셨습니다.

당신은 그것을 의지합니다. 그것은 맞습니다.

당신은 그분이 당신이 어떤 자라고 말씀하신대로 그런 자입니다.

문제는 '우리는 우리에게 속한 이 능력을 사용할 것인가?' 입니다.

여기에 우리가 마음대로 사용할 수 있는 하나님의 충만하심이 있습니다.

이는 하늘에서 가장 전율할 사실입니다. 우리는 그리스도 안에서 하나님과 연합되어 있습니다. 그것은 생명 안에서의 생명의 연합입니다.

그분은 자신의 생명을 우리 안에 부어주셨습니다. 그리고 그 생명은 우리를 재창조하였고, 따라서 우리는 이제 그분께서 에베소서 2:10에서 우리를 부르신 그런 자입니다. "우리는 그분의 작품이니 그리스도 예수 안에서 선한 일들을 위하여 창조되었느니라"(엡 2:10, 한글킹제임스)

우리는 "하나님께서 미리 정하시어 우리로 그것들 가운데서 행하게 하려 하신" 선한 일들을 위해 창조된 자들입니다.

그분의 선한 일들은 무엇입니까? 그것은 말씀을 열어주는 것이요, 약하고 두려워하는 자들을 그들의 유업으로 인도하는 일입니다.

그분은 우리를 위해 그 선한 일을 준비하셨습니다.

당신은 믿는 자들이 가는 곳마다 하나님께서 그들과 함께 가셔서, "그 따르는 표적으로 말씀을 확실히 증언하신 것"(막 16:20)을 발견할 것입니다.

"예수께서 나아와 이르시되 하늘과 땅의 모든 권세를 내게 주셨으니"(마 28:18)

> 내가 올 때까지
> 이 길고 모진 싸움에서
> 나의 이름과 힘을 사용할
> 권리를 너희에게 주노라

그분은 "볼지어다 내가 세상 끝 날까지 너희와 항상 함께 있으리라"(마 28:20)라고 말씀하셨습니다. 그분은 우리의 전 존재가 그분의 뜻과 리듬 속에서 움직일 때까지 당신을 축복하고, 강건케 하며, 능력을 주고 지혜를 주시려고 그곳에 계십니다. 그분은 권세가 없는 채로 우리를 버려두지 않으셨습니다.

"너희는 위로부터 능력으로 입혀질 때까지 이 성에 머물라"(눅 24:49) 여기에서 "능력power;권능"이라는 단어는 능력ability을 의미합니다. 그들은 머물렀고 그 능력은 임하였습니다.

그런 다음 그들은 밖으로 나가서 하나님의 영광과 사람의 기쁨을 위해 그 능력을 사용하였습니다.

그분은 우리에게 머물러 있으라고 더 이상 요구하지 않으십니다.

기다리며 머무는 날은 끝났습니다.

이제 우리에게는 일하는 날working days이 있습니다.

우리의 소명은 그분의 권능으로 능력을 받고, 그분 자신으로 충만하며, 그분의 말씀으로 우리 입을 채워서 나가는 것입니다.

예수님께서는 그분의 입술에 아버지의 말씀을 가지고 있고, 그 말들로 병든 자를 치유하고 죽은 자들을 일으키셨듯이, 우리에게 지금 우리의 입술에 두신 그분의 말씀을 가지고 나가라고 말씀하십니다. 그러면 그분께서 "함께 역사하사 그 따르는 표적으로 말씀을 확실히 증언하실 것입니다"(막 16:20)

"내 말을 듣고 또 나 보내신 이를 믿는 자는 영생을 얻었고"(요 5:24)

우리는 영원한 생명을 가지고 있습니다. "믿는 자는 영생을 가졌나니"(요 6:47) 영원한 생명(영생)은 하나님의 본성이고, 또 그 본성은 우리의 본성이기도 합니다. 그 본성은 우리 안에서 방해받아서는 안 됩니다. 그러면 그 본성은 그리스도께서 이 땅에서 활동하셨을 때 그분 안에서 역사하였던 것과 똑같은 결과를 우리 안에서도 생산할 것입니다.

"사랑하는 자들아 우리가 지금은 하나님의 자녀라"(요일 3:2) 그리스도 안에서 역사하시던 분과 똑같은 강력하신 성령님께서 당신 안에 계십니다.

당신은 지금 하나님의 자녀입니다.

로마서 8:14-16은 당신의 삶에서 절대적인 참이고 실재입니다.

당신은 예수님께서 요한복음 3:3-8에서 말씀하신 실제적인 탄생에 의한 하나님의 자녀입니다. "내가 네게 거듭나야 하겠다 하는 말을 놀랍게 여기지 말라"(요 3:7)

당신은 예수님을 잉태하셨던 그 똑같은 성령님으로부터 거듭났습니다.

당신은 그리스도 안에서 역사하셨다가 마침내는 그분을 죽은 자들로부터 일으키신 그 똑같은 성령님에 의해 능력을 입었습니다.

"예수를 죽은 자 가운데서 살리신 이의 영이 너희 안에 거하시면 그리스도 예수를 죽은 자 가운데서 살리신 이가 너희 안에 거하시는 그의 영으로 말미암아 너희 죽을 몸도 살리시리라"(롬 8:11)

그와 똑같은 강력하신 성령님께서 지금 당신 안에 거하십니다. 아마도 당신은 말씀을 신뢰한 적이 없었을 것입니다.

당신은 교리의 눈을 통하지 않고는 말씀을 읽은 적도 없었을 것입니다.

하나님의 말씀이 아닌 당신의 신조와 교리가 가르쳤던 바가 당신을 지배해왔습니다.

그러나 그러한 교리를 뛰어넘어, 지금 하나님의 능력을 사용하고 또한 하나님의 능력이 당신을 사용하도록 허락하라고 도전합니다.

그분의 생명과 당신의 생명은 조합을 이루어 하나가 됩니다.

당신은 그분의 본성을 받았습니다.

그 본성이 지금 당신을 지배하게 하십시오.

"주께서 그러하심과 같이 우리도 이 세상에서 그러하니라"(요일 4:17)라는 한 가지 사실을 기억하십시오.

그분은 사랑이십니다. 그러므로 당신도 사랑입니다. 그분은 강한 분이십니다. 당신은 그분의 힘으로 강합니다. 그분은 정복자이십니다. 당신 역시 그렇습니다.

"예수께서 하나님의 아들이심을 믿는 자가 아니면 세상을 이기는 자가 누구냐?"(요일 5:5)

당신은 하나님으로부터 태어난 자입니다.

당신은 이기는 자입니다.

당신은 승리자입니다.

당신은 인간을 축복하려고 하나님의 능력을 사용하게 될 것입니다.

당신은 더 이상 병에 대해서 말하지 않을 것입니다.

"여호와는 나의 빛이요 나의 구원이시니 내가 누구를 두려워하리요 여호와는 내 생명의 능력이시니 내가 누구를 무서워하리요"(시 27:1)

그분은 당신의 빛이십니다. 그분은 당신의 길에 빛을 비추십니다. "주의 말씀은 내 발에 등이요 내 길에 빛이니이다"(시 119:105) 그분은 당신의 구원이십니다. 그것이 해방입니다. 그것이 속량입니다. 당신은 속량 받은 자입니다. 그 속량은 이론이나 교리나 당신의 신조의 조항이 아닙니다.

속량은 하나님의 말씀이 말하는 사실들 중 하나입니다. 당신은 속량 받은 자입니다. 하나님은 당신의 생명의 힘이십니다.

당신은 육체적인 힘이 필요하지 않습니다.

당신은 인간의 힘이 필요하지 않습니다.

당신은 하나님의 힘을 가지고 있습니다.

당신은 인간의 충만함이나 지혜나 지식을 필요로 하지 않습니다.

당신은 하나님의 지식을 가지고 있습니다.

당신은 인간의 능력을 필요로 하지 않습니다.

당신은 하나님의 능력을 가지고 있습니다.

이것은 우리를 초자연적인 영역으로 들어올리며, 우리가 속해 있는 갈릴리 사람 곁에 우리를 세웁니다.

"하늘과 땅의 모든 권세를 내게 주셨으니"(마 28:18)

그분은 일들을 성공시키고 우리와 인류의 유익을 위한 일들을 성취할 수 있는 권세와 능력을 갖게 하여 우리를 내보내십니다.

다시 요점을 되풀이 해봅시다. 그리스도 안에 있는 이 초인간, 곧 예수님의 자리를 취하여서 그분을 대신하여 행동하고 있는 사람을 살펴봅시다.

이 초인간은 하나님의 생명을 지녔고 예수의 이름을 가지고 있습니다.

"이러므로 하나님이 그를 지극히 높여 모든 이름 위에 뛰어난 이름을 주사 하늘에 있는 자들과 땅에 있는 자들과 땅 아래에 있는 자들로 모든 무릎을 예수의 이름에 꿇게 하시고 모든 입으로 예수 그리스도를 주라 시인하여 하나님 아버지께 영광을 돌리게 하셨느니라"(빌 2:9-11)

그 이름은 인간에게 아담의 잃어버린 권세를 회복합니다.

하나님의 모든 자녀는 원할 경우 자신 안에 하나님을 가질 수 있습니다.

당신이 해야 하는 전부는 누가복음 11:13 말씀을 따르는 것입니다. "하물며 너희 하늘 아버지께서 구하는 자에게 성령을 주시지 않겠느냐?"(눅 11:13)

당신은 그분께 성령님을 구해야 합니다. 그분께서는 우리 안에 사실 때까지는 우리 안에서 많은 것을 행하실 수 없습니다.

"너희 안에서 행하시는 이는 하나님이시니 자기의 기쁘신 뜻을 위하여 너희에게 소원을 두고 행하게 하시나니"(빌 2:13)

"자녀들아 너희는 하나님께 속하였고 또 그들을 이기었나니 이는 너희 안에 계신 이가 세상에 있는 자보다 크심이라"(요일 4:4)

그것이 당신을 정상에 놓습니다.

그것이 당신을 옛날의 삶의 전투에서 지배자, 이기는 자로 만듭니다.

하나님께서는 그저 당신 안에 계실 뿐 아니라, 로마서 8:31이 선언하는 바에 따르면 당신을 위하기까지 하십니다. "만일 하나님이 우리를 위하시면 누가 우리를 대적하리요"(롬 8:31) 당신에게는 당신을 위하시는 하나님이 계십니다. 그분은 당신 편입니다. 당신은 혼자가 아닙니다.

그분께서는 역대기하 20:16-17에서 여호사밧 왕에게 하신 말씀을 당신에게 하십니다.

당신과 함께 계시고 당신을 위하시는 하나님께서 당신 안에 계실뿐 아니라, 당신도 하나님의 아들들 가운데 있습니다. 당신은 당신의 아버지 하나님의 임재 안으로 들어갔다 나올 수 있는 권리가 있습니다.

당신은 본성에 의해서 하나님의 상속자이요, 그리스도와 함께 한 공동 상속자입니다. 당신은 종이 아닙니다.

당신은 고용인이 아닙니다.

당신은 예수님 안에서 사랑을 받는 하나님의 아들입니다.

당신은 기도의 삶에서 합법적인 권리가 있습니다.

당신에게 있어 기도는 더 이상 지구력이나 동정심에 근거한 것이 아니라, 하나님의 말씀에 근거한 것입니다.

당신은 합법적으로 아들입니다.

당신은 합법적으로 대사입니다.

당신은 당신의 기도의 삶에서 예수의 이름을 사용할 합법적인 권리를 받았습니다.

"너희가 내 안에 거하고 내 말이 너희 안에 거하면 무엇이든지 원하는 대로 구하라 그리하면 이루리라"(요 15:7)

"지금까지는 너희가 내 이름으로 아무 것도 구하지 아니하였으나 구하라 그리하면 받으리니 너희 기쁨이 충만하리라"(요 16:24)

그분은 그분의 이름을 사용할 수 있는 대리인의 권능을 당신에게 주셨습니다. 그 이름은 모든 이름 위에 있습니다.

당신은 자유롭게 움직이면서 그리스도 안에 있는 당신의 권리를 취하여 마귀로 하여금 당신의 입술에 있는 하나님의 말씀을 두려워하도록 합니다. 질병은 당신의 입술에 있는 그 이름 앞에 제대로 버텨낼 수 없습니다.

하늘은 우리의 입술에 있는 그 이름을 존중합니다. 하늘은 그 이름을 지지합니다.

질병은 그 이름에 복종합니다. 자연법칙은 우리의 입술에 있는 그 이름에 복종합니다. 환경은 그 이름의 종이 됩니다. 귀신들도 그 이름에 복종합니다.

가서 그 강력하신 이름을 사용하십시오.

"너희는 하나님께 속하였고"라는 요한일서 4:4 말씀을 명심하십시오. 넬슨 제독이 자기의 군사들에게 "너희는 영국에 속한 자들이다"라고 말했던 것처럼, 오늘 말씀은 당신에게 "너희는 하나님께 속하였다"라고 말하고 있습니다.

"그리스도 안에서"에 대한 사실The "In Christ" fact은 속량의 계획에서 실제적인 면입니다. 그것은 항상 현재시제입니다.
"그런즉 누구든지 그리스도 안에 있으면 새로운 피조물이라"(고후 5:17)
새로운 탄생은 "그분 안에서"라는 사실 중 하나입니다.
의는 "그분 안에서" 우리에게 옵니다.
"그러므로 이제 그리스도 예수 안에 있는 자에게는 결코 정죄함이 없나니"(롬 8:1)
우리가 거듭났을 때, 우리는 그리스도 안으로 들어왔습니다.
그것은 포도나무와 가지의 생명입니다.
당신은 그리스도 안으로 접붙여졌습니다.
당신은 그리스도의 일부가 되었습니다.
그분의 본성이 당신을 통해 흐릅니다.
그분의 능력이 당신에게 속했습니다.
당신의 피가 당신의 몸을 통해 흐르듯이, 영원한 생명이 당신을 통해 흡니다.
영원한 생명이 우리를 통해 흐른다는 것은 우리 몸 안에서 피의 순환이 일어나는 것과 똑같습니다.
그것이 "그 (아들) 안에서 우리가 우리의 속량을 얻은"(골 1:14) 것입니다.
당신에 대한 사탄의 지배와 능력과 권세는 "그분 안에서" 깨어졌습니다.
"우리는 그분 안에서 모든 영적인 복으로 복 받은 자들입니다."
우리는 "그분 안에" 있는 하나 됨의 새 생명으로 들어갔습니다.
"그 안에 생명이 있었으니 이 생명은 사람들의 빛이라"(요 1:4)
나는 "그분 안에" 있습니다.
그분 안에 지혜와 생명의 모든 보화들이 감추어져 있는데, 나는 "그분 안에" 있습니다.

24

"그리스도 안에서"에 대한 몇 가지 사실들

믿는 자는 속량의 합법적인 면legal side과 실제적인 면vital side의 차이를 알아야 합니다.

속량의 합법적인 면은 항상 과거시제에 있습니다.

속량의 합법적인 면은 하나님께서 그리스도 안에서 우리를 위해 행하신 것입니다.

속량의 합법적인 면은 십자가에서 시작되어, 그리스도께서 아버지 우편에 앉으셨을 때 끝납니다.

속량의 실제적인 면은 새로운 탄생과 함께 시작되어, 우리가 이 세상의 삶을 마치고 주님과 함께 있고자 이 땅에서의 우리의 개인적인 거처인 육신을 떠나갈 때 끝납니다.

속량의 실제적인 면은 그분이 오늘날 하고 계시는 것인데, 즉 그리스도에 속한 것들을 취하여서 내 안에 건축하고 계시는 부분입니다.

속량의 실제적인 면은 내가 먼저 그리스도를 나의 구원자로 영접하고 그분을 나의 주님으로 고백할 때 시작되었습니다.

성령님께서는 나를 덮으셨고 나의 영에다 아버지의 본성인 영원한 생명을 부으셨습니다. 그리하여 나는 그분의 자녀가 되었습니다.

그분께서 나를 위해 하신 전부가 내 안에서 이루어질 수 있습니다. 그분의 말씀이 내 일부가 됩니다.

그분은 그분의 말씀을 내게 열어주십니다.

그분은 말씀 안에서 그분 자신을 드러내십니다.

내가 말씀을 실천하며 그 영적인 의미를 깨닫게 될 때, 그분은 그 말씀을 내 영에다 건축하기 시작하십니다. 그러면 나는 예수님처럼 됩니다.

요한복음 15:7은 좋은 예입니다. "너희가 내 안에 거하고 내 말이 너희 안에 거하면 무엇이든지 원하는 대로 구하라 그리하면 이루리라 너희가 열매를 많이 맺으면 내 아버지께서 영광을 받으실 것이요 너희는 내 제자가 되리라"(요 15:7-8)

이제 위의 성경구절의 의미에 주목하십시오.

"너희가 내 안에 거하고" 내가 거듭났을 때, 나는 그리스도 안으로 들어왔습니다.

그것은 신성한 생명의 실제적인 측면입니다.

이것은 그 사실을 설명합니다. "나는 포도나무요 너희는 가지라"(요 15:5) 가지는 포도나무에 있습니다. 가지는 포도나무의 일부분입니다.

우리는 포도나무의 일부분입니다.

자, 이제는 "내 말이 너희 안에 거하면"이라는 부분입니다.

말씀은 내가 그것을 실천하는 만큼만 내 안에 살고 있습니다.

내 몸이 음식을 먹듯이, 내 영은 말씀을 먹습니다.

따라서 내가 말씀을 묵상할 때, 나는 말씀이 내 안에서 자유롭게 운행하여 나를 가르치고 다스리도록 허락합니다. 그럴 때, 나는 주님이 내 방에 계신다면 그분의 주되심을 인정하고 의식하는 것처럼 나에 대한 말씀의 주되심을 인정하고 의식합니다.

말씀은 아버지 자신의 일부입니다. 그리고 아버지는 사랑이십니다.

그러므로 성령님께서 아버지의 본성을 내 안에 구축하시는 동안 나는 말씀이 나를 통해 살아나도록 허락합니다.

그러면 그분은 "무엇이든지 원하는 대로 구하라"라고 말씀하십니다.

어떤 역자는 이 부분을 "너희의 권리를 요구하라"라고 번역합니다.

그 의미는 아들로서 나의 자리를 차지한다는 뜻입니다.

나는 하나님의 가족의 일원입니다.

나는 그리스도 안에 있는 나의 위치를 제대로 인식하게 되었고, 그리하여 그분과 함께 수고하고 있습니다.

나는 예수님이 안 계신 곳에서 그분의 자리를 차지하고 있습니다.

나는 예수님께서 이 땅에서 활동하실 때처럼 아버지의 뜻을 행하고 있습니다.

나는 노예가 아닙니다. 나는 아들입니다.

나는 사랑의 아들입니다. 그러므로 나는 내 아버지의 뜻을 수행하고 있습니다.

그리하여 이제 말씀을 내 안에 건축함으로써 나는 그분의 뜻을 알게 되었습니다.

나는 그분의 뜻에 대해 고민하지 않습니다. 나는 그분의 뜻을 압니다.

요한복음 15:7의 끝부분은 매우 충격적입니다. "그리하면 이루리라"

어떤 역자는 이 구절을 "그것은 너희에게 생산될 것이다"라고도 번역합니다.

핵심은 '낳는다' 는 것입니다.

당신에게 출산된다는 것입니다.

미스 레이브Rabe는 다음과 같이 요한복음 15:7을 번역합니다. "너희가 내 안에 거하고 내 말이 너희 속에 그 자리를 차지한다면, 너희는 아버지께 기도할 것이다. 그러면 그분은 그것을 창조하시거나 또는 낳으시고 그것이 이루어지게 하실 것이다."

당신은 포도나무의 가지이기 때문에, 하나님의 열매를 맺고 있습니다.

그분께서 그분 자신을 당신 안에 건축하시는 동안 당신은 하나님 아버지의 감동으로 말미암은 행동, 곧 사랑의 행동을 낳고 있습니다.

그 다음 구절에서 그분은 "너희가 열매를 많이 맺으면 내 아버지께서 영광을 받으실 것이요"라고 말씀합니다(요 15:8).

그분의 열매를 맺는 것은 놀라운 일입니다.

"살리는 것은 영이니 육은 무익하니라 내가 너희에게 이른 말은 영이요 생명이라"(요 6:63)

말씀은 영으로부터 태어났으며 하나님의 생명을 소유하고 있습니다.

사람들의 입술에 있는 말씀은 사람들을 재창조했습니다.

말씀은 심약한 자에게 용기를 줍니다.

말씀은 의심하는 자에게 믿음을 줍니다.

말씀은 약한 자를 강한 자로 바꿉니다.

말씀은 오랫동안 패배당해 왔던 자들을 이기게 해주는 요소를 담고 있습니다.

매우 익숙한 성경구절인 골로새서 1:12-14을 살펴봅시다. "우리로 하여금 빛 가운데서 성도의 기업의 부분을 얻기에 합당하게 하신 아버지께 감사하게 하시기를 원하노라."

아시다시피, 그분은 내 안에 그분 자신의 능력을 세워주셨고, 그래서 이제 내 안에 있는 그분의 능력이 나로 하여금 그리스도께서 그분의 대속 안에서 이루셨던 일 가운데 내 몫에 참여할 수 있도록 해줍니다.

그것은 나의 유업입니다.

그것은 아마 지혜일 수도 있습니다. 그래서 나는 말씀을 통해 획득한 지식을 사용하는 법을 알게 될 것입니다.

그것은 아마 인내일 수도 있습니다. 그래서 나는 모든 것이 어긋나고 내 주변에서 빈정거림과 이기심이 난동하는 고된 곳에서 기뻐할 수 있습니다.

또는 그것은 관용일 수도 있습니다. 그래서 나는 약하고 이기적인 사람들과 함께 있었던 주님과 같이 될 것입니다.

또는 그것은 내가 삶에서 나의 자리를 굳건하게 지키는 데 필요한, 속사람의 강건함일 수도 있습니다. 그래서 나는 마치 주님이 내 자리에 사시는 것처럼 내 자리를 지키며 살 수 있을 것입니다.

아시다시피, 나는 생명 안에서 성도의 유업 가운데 내 몫을 갖게 될 것입니다.

그것이 무엇을 의미하든지 상관없이, 그것은 나에게 속한 것입니다.

그래서 내가 "그가 우리를 흑암의 권세에서 건져내사 그의 사랑의 아들의 나라로 옮기셨으니"라는 골로새서 1:13 말씀을 이해한다면 아마도 그것을 필요로 할 것입니다.

그러므로 소수만이 자신들이 사탄의 권세로부터 빠져나왔다는 사실을 알고 있을 뿐입니다.

그들은 사탄이 패배했고 그래서 그들이 속량되었다는 사실을 알지 못합니다.

사탄은 그들에 대한 합법적인 권세가 없습니다. 그러므로 그들에게는 그리스도 안에 있는 그들의 자유에 대한 합법적인 권리가 있습니다.

그들은 그들이 개인적으로 동의하지 않는 한, 사탄이 지금 그들에 대한 통치권이 없다는 사실을 알지 못합니다.

그들은 그분의 사랑의 아들의 왕국으로 옮겨졌습니다.

예수님께서는 "나는 세상의 빛이니 나를 따르는 자는 어둠에 다니지 아니하고 생명의 빛을 얻으리라"(요 8:12)라고 말씀하셨습니다.

"생명의 빛"이라는 이 어구는 이상한 표현입니다. 그러나 '생명'이라는 말은 하나님의 생명을 가리키는 '조에'입니다. "하나님은 빛이시라 그에게는 어둠이 조금도 없으시다는 것이니라"(요일 1:5)

당신은 생명의 영역으로 옮겨졌습니다. 당신은 하나님의 영역 안에 있습니다.

당신은 사랑받는 자 안에 있습니다.

당신은 그분 안에 있습니다.

당신은 하나님의 가족 안에 있습니다.

그 가족의 일원인 당신에게는 당신을 둘러싼 환경을 다스리는 권세가 있습니다.

바울은 빌립보서 4:11-12에서 "내가 궁핍하므로 말하는 것이 아니라 어떠한 형편에든지 나는 자족하기를 배웠노니 나는 비천에 처할 줄도 알고 풍부에 처할 줄도 알아 모든 일 곧 배부름과 배고픔과 풍부와 궁핍에도 처할 줄 아는 일체의 비결을 배웠노라."라고 말했습니다.

나는 나의 아버지께서 만물보다 더 크시며, 또 나의 모든 필요가 채워진다는 사실을 인식하게 되었습니다.

그분은 모든 능력의 하나님이시며, 또한 나의 아버지이십니다.

이제 "내게 능력을 주시는 자 안에서 내가 모든 것을 할 수 있느니라."는 빌립보서 4:13 말씀은 내 일상 삶의 일부가 됩니다.

그것은 간단합니다.

나는 인간의 나약함의 영역에서 빠져나와 위대하고 넓고 열려있는 생명의 영역으로 이동하고 있습니다.

이제 골로새서 1:14은 시사하는 바가 있습니다. "그 아들 안에서 우리가 속량 곧 죄 사함remission;제거함을 얻었도다have"

아시다시피, 나는 나의 속량을 가지고 있습니다.

사탄은 내게 대한 어떤 통치권도 없습니다.

나는 나의 속량을 가지고 있습니다. 나는 자유롭습니다.

나는 홍해가 이스라엘의 이전 지배자들 위로 덮쳤을 때 이스라엘이 이집트의 속박으로부터 자유하게 되었듯이 자유롭습니다.

예수 그리스도의 부활은 나를 나의 이전 주인으로부터 구출해내어, 나를 자유롭게 해주었습니다.

나는 보좌에 앉으신 나의 주님과 연합하고, 결속되고 하나가 되어 있습니다.

아시다시피, 그것은 더 이상 고군분투하고 시도하며 애쓰는 삶이 아닙니다.

나는 생명의 영역 안에 있습니다. 왜냐하면 그분이 나를 그 안에 두셨기 때문입니다.

그분은 속박으로부터 나를 끄집어내셨습니다.

그분은 나를 자유의 영역에 두셨습니다.

나는 나의 주님, 예수 그리스도를 통하여 왕으로 통치합니다.

나는 전에 나를 두려움으로 채웠던 것에 주목하지 않습니다. 나의 주님이 나를 사로잡고 계십니다.

주님은 나를 돌보시는 분이요, 나의 양식을 공급하시는 분이시며, 내 생명의 힘이십니다. 그러니 내가 누구를, 무엇을 두려워하겠습니까?

나는 질병도 나이 드는 것도 두려워하지 않습니다.

하나님의 본성과 생명을 받았던 인간의 영은 결코 나이를 알지 못합니다.

인간의 영에는 날짜도 연수도 없습니다. 날짜와 연수는 죽을 수밖에 없는 몸에 속한 것입니다.

우리는 우리의 영 안으로 영원한 생명을 받아들였고, 따라서 지금 그 생명의 충만함 가운데 걷고 있습니다.

그가 빛 가운데 계신 것같이 우리도 빛 가운데 행하면 우리 서로 간에 (요일 1:7), 그리고 빛을 주시는 분 Light-Giver과 함께 사귐이 있습니다.

우리는 어둠 가운데 행하지 않습니다.

그분이 우리 생명의 빛이 되셨기 때문에, 우리는 가야할 바를 압니다.

아시다시피, 이 그리스도와의 연합에는 우리의 전체 사고방식을 바꾸는 실재가 있습니다.

우리는 의를 의식하는 자가 됩니다.

우리는 그분 안에서 하나님의 의가 되었습니다.

그것은 정죄의 종말입니다.

그것은 진정한 교제의 시작입니다.

그것은 하나님의 아들로서 우리의 권리와 특권을 드러내는 것의 시작입니다.

그것은 의의 열매를 맺는 것의 시작입니다.

이 얼마나 놀라운 생명입니까.

예수님은 의의 열매들을 맺으신 첫 번째 인물이셨습니다.

그런 다음 우리가 포도나무에 접목되었을 때, 가지들은 의의 열매들을 맺는 자들이 되었습니다.

우리는 이제 우리의 옛 노예몰이꾼인 사탄의 지배자입니다.

우리는 사탄이 할 수 있는 그 어떤 것도 두려워하지 않습니다. 왜냐하면 우리 아버지께서는 모든 것보다 더 크시기 때문입니다.

그래서 예수님께서는 "사람이 나를 사랑하면 내 말을 지키리니 내 아버지께서 그를 사랑하실 것이요 우리가 그에게 가서 거처를 그와 함께 하리라"(요 14:23)라고 말씀하셨습니다.

나는 빈곤이나 모든 종류의 부족도 두려워하지 않습니다. 왜냐하면 그분이 여기에 나와 함께 살고 계시기 때문입니다.

그분은 내가 지갑에 무엇을 가지고 있는지 아시며, 내 필요가 무엇인지 아십니다.

그분은 청구서가 무엇인지 아십니다.

아버지 스스로 나를 사랑하십니다. 이것은 아름다운 일입니다.

이제 나는 그분의 의로 의롭게 되었다는 말이 무슨 뜻인지 제대로 이해합니다.

그러므로 어떤 정죄도 없이 나는 어느 때든지 그분의 임재 안으로 들어갑니다.

나는 자기 부모와 행복하고 즐겁게 동행하는 아이처럼 더 이상 믿음에 대해 생각하지 않습니다.

아버지가 가진 모든 것이 그의 자녀에게 속한 것입니다.

예수님께서 행하셨고, 또 지금 계신 그 모든 것이 당신과 나에게 속한 것입니다.

아시다시피, 의는 우리에게 아버지 앞에 서는 신분을 줍니다.

그것은 바로 지금 우리가 그리스도 안에 있는 존재인데, 그분이 우리를 되게 하려고 하시는 존재라거나 우리 스스로 되려고 애쓰고 있는 그런 자가 아니라, 이미 새로운 창조로 말미암아 된 그런 존재입니다.

우리 중 몇몇은 내주하시는 하나님을 의식하는 자가 되어가고 있습니다.

내가 안에 계신 분을 의식하게 되었던 날은 내 생애 중 가장 위대한 날 가운데 하나였습니다.

나는 수년 전에 그분께 들어오시도록 요청하였고, 그분이 와계시다는 것을 알았습니다.

그러나 나는 그분을 이용하는 법을 알지 못했습니다.

그런 다음 나는 주님께서 나에게 의와 지혜와 거룩함과 속량이 되셨다는 사실을 기억했습니다. 하지만 아직 그런 것들은 나에게 어떤 의미도 없었습니다.

나는 지혜를 사용할 수도, 나의 의를 이용할 수도, 나의 속량을 누릴 수도 없었습니다.

그런 다음, 커튼이 들어 올리어졌습니다. 나는 있는 그대로의 실재를 보았습니다.

빛이 비춰졌습니다.

나는 그리스도 안에 있었습니다. 그분, 곧 그분의 전부가 나에게 속한 것입니다.

예수님을 죽은 자들로부터 일으키신 그 큰 능력의 성령님께서 내 안에 계셔서, 내가 읽어왔던 말씀을 취하셔서 살아 있는 실재가 되게 하셨습니다.

나는 기쁨에 겨워 눈물을 흘렸습니다.

나는 전율했습니다. 오, 난 말로 할 수 없는 기쁨으로 전율했습니다.

그분이 내 안에 계셨습니다!

그리고 그분은 예수님의 것들the Jesus things을 취하셔서 그것들이 나의 영의 의식spirit consciousness에 실재가 되도록 하는 일을 시작하셨습니다.

그것은 차례대로 보물 상자를 여는 것과 같았습니다.

나는 그분의 영광의 부요, 그분의 은혜의 부요를 보았습니다. 그것은 전부 내 것이었습니다.

나는 지혜를 얻으려고 고군분투할 필요가 없었습니다. 왜냐하면 그 지혜는 언제든지 쓸 수 있도록 준비가 된 채로 거기에 있었기 때문입니다.

이제 나는 모든 위급상황을 처리할 수 있는 능력을 가지고 있었습니다.

나는 그 모든 일을 처리하기에 충분한 힘을 가지고 있었습니다.

나는 그분의 부요로 인해 부요하였습니다.

나는 속량되었고, 그래서 나의 자유를 어떻게 사용해야 할지 알고 있습니다.

나는 그분의 의로 인해 의롭게 되었고, 그 의가 나를 위해서 무엇을 할 수 있으며, 또한 나로 다른 사람을 위해 무엇을 할 수 있게 해주는지 알기 시작했습니다.

오, 교제가 장미빛깔을 띄게 되어 삶이 아주 달라지자, 거기에는 기쁨의 시간, 위대한 시간, 풍성한 시간이 있었습니다.

나의 생명은 그분 안에 감추어졌습니다. 그분의 생명은 내 안에서 드러났습니다.

나는 예수의 이름의 비밀을 알기 시작했습니다.

나는 내가 처음으로 "예수의 이름으로 당신은 치유됩니다."라고 말했던 때를 잊지 못할 것입니다. 그리고 수년 동안 속박 가운데 있었던 사람이 완전히 자유롭게 되어 펄쩍펄쩍 뛰며 춤추고 기쁨에 겨워 소리치기 시작했습니다.

나는 발견했습니다.

내가 예수의 이름에 있는 능력의 실재를 발견했던 때 전율했던 것은 어떤 사람이 금을 발견하여 전율한 것과는 비교도 되지 않았습니다.

나는 그분의 이름을 구원받지 않은 어떤 사람에게 처음으로 사용했던 때를 절대로 잊지 못할 것입니다.

그 사람이 "케년 씨, 저는 구원받고 싶지만, 구원받을 수 없는 것 같아요. 묶여있는 것 같습니다."라고 말했습니다.

나는 "예수의 이름으로 내가 당신을 자유롭게 하노라."라고 말했습니다.

그 사람은 지금 복음을 전하고 있습니다. 나는 예수의 이름으로 그 사람을 자유하게 했습니다.

권세는 그 이름 안에 있었습니다.

내가 예수의 이름으로 아버지께 나아갈 때 언제든지 보좌에 이를 수 있습니다.

"내 이름으로 아버지께 무엇을 구하든지 다 받게 하려 함이라"(요 15:16)

초대교회는 그분의 이름과 그분의 말씀 자체를 전파했습니다.

그러나 우리는 그렇게 한 적이 없습니다.

우리는 그 이름에 '대해서' 전하였고, 말씀에 '대해서' 전하며, 주님에 '대해서' 책을 씁니다.

그런 것들은 우리에게 별 의미가 없습니다.

고통당하는 사람들에 대한 마귀의 능력을 깨뜨리는 것은 사랑의 입술에 있는 그 이름입니다.

따라서 우리는 이제 자유의 아들로서 생명의 영역 안으로 이동하고 있습니다.

그분께서 우리에게 주신 자유 안에서 우리는 우리의 권리와 특권을 누리고 있으며 그 놀라운 이름으로 우리의 찬양을 큰 소리로 높이고 있습니다.

이것은 모든 속량의 진리 가운데 가장 놀라운 것입니다.

예수님께서는 공의의 요구사항을 충족시켰습니다. 그분은 속량 안에서 인간의 필요를 채우셨습니다. 이제 그분은 새로운 피조물의 필요를 채우셔야 합니다.

당신도 이해하고 계시듯이, 그분께서는 새 언약의 대제사장으로서 지성소로 들어가셨습니다.

그분이 앉으셨을 때, 그분의 첫 직무는 중개자의 직무이셨습니다.

그분은 하나님과 인간 사이에 계신 대제사장 중개자이십니다. 왜냐하면 자연인은 하나님께 다가갈 수 없기 때문입니다.

예수님은 자연인과 보좌에 앉아 계신 거룩하신 분 사이에 계십니다.

그분의 중개 사역은 값으로 매길 수 없을 정도로 소중한 것입니다.

그것이 그분이 지금 우리를 위해 행하고 계시는 일입니다.

그분은 새로운 피조물을 위해 중보하려고 지금껏 살아 계십니다.

나는 나를 위해 죽기까지 사랑하고 지금은 나를 위해 기도하시려고 살아 계시는 분이 계심을 계속 의식하고 있습니다.

어떤 이유로든 내 기도가 효과가 없다면, 그분의 기도가 내 필요를 채우실 것입니다.

그분은 나의 중보자가 되실 뿐만 아니라, 만일 내가 어려움을 당하고 대적 원수가 우위를 차지하고 있을 경우, 아버지 편에 함께 계신 변호자도 되십니다. 그분은 새로운 피조물을 위한 변호자 주님이십니다.

25

그분의 현재 사역

예수 그리스도께서는 속량 가운데 그분의 일을 마치시고, 높은 곳에 계신 지극히 크신 분(하나님 아버지)의 우편에 앉으셨습니다.

메시아요 성육신하신 분이며 아브라함의 언약의 담당자로서 주어진 그분의 일은 완성되었습니다.

그분은 아브라함의 언약을 성취하셨습니다.

이제 율법과 제사와 제사장제도는 하나님이 보시기에 끝났습니다.

그때는 이스라엘 역사상 획기적인 시기였습니다.

그것은 그분의 피로 세운 새 언약의 시작이었습니다.

"그러나 이제 그는 더 아름다운 직분을 얻으셨으니 그는 더 좋은 약속으로 세우신 더 좋은 언약의 중보자시라 저 첫 언약이 무흠하였더라면 둘째 것을 요구할 일이 없었으려니와"(히 8:6-7)

"새 언약이라 말씀하셨으매 첫 것은 낡아지게 하신 것이니 낡아지고 쇠하는 것은 없어져 가는 것이니라"(히 8:13)

새 언약에도 대제사장이 있습니다. 예수님께서 새 언약의 대제사장이십니다.

새 언약에도 제사가 있습니다. 예수님께서 핵심 제물이었습니다. 영원한 제사였습니다.

지금 우리에게는 찬송의 제사가 있습니다.

"그러므로 우리는 예수로 말미암아 항상 찬송의 제사를 하나님께 드리자 이는 그 이름을 증언하는 입술의 열매니라"(히 13:15)

첫 언약의 제물은 짐승의 피였습니다. 짐승의 피를 놋 제단의 기단 주위에 뿌렸습니다.

우리의 제물은 사랑에서 난 말words입니다.

옛 언약은 종들을 위한 것이었습니다. 새 언약은 아들로 이루어져 있습니다.

옛 언약은 여호와께 민족을 주었지만, 새 언약은 아버지께 가족을 줍니다.

옛 언약은 여호와로부터 발원하였지만, 새 언약은 이 언약의 주님이신 예수님으로부터 발원합니다.

요한복음 20:17은 예수님께서 부활하신 후에 갑자기 마리아에게 나타나셨다고 우리에게 말씀합니다. 예수님께서 마리아에게 자신을 드러내셨을 때, 그녀는 "랍오니(나의 선생님)"라고 부르짖었습니다. 그녀는 예수님 발 앞에 엎드렸습니다. 그러자 예수님께서는 그녀에게 "나를 붙들지 말라 내가 아직 아버지께로 올라가지 아니하였노라"(요 20:17)라고 말씀하셨습니다.

그분은 어린 양으로 죽으셨습니다. 그분은 새 언약의 대제사장으로 일어나셨습니다.

"염소와 송아지의 피로 하지 아니하고 오직 자기의 피로 영원한 속죄[속량]를 이루사 단번에 성소에 들어가셨느니라"(히 9:12)

그분은 새로운 대제사장으로서 자기의 피를 가지고 새로운 지성소로 들어가셨습니다.

그분의 피가 받아들여졌을 때, 하나님께서는 합법적인 근거 위에서 그리스도를 구원자로 영접하고 그분을 그들의 주님으로 고백하는 모든 사람의 죄를 제거하실 수가 있었습니다. 그들이 그리스도를 구원자로 영접하고 그분을 그들의 주님으로 고백했을 때 영원한 생명을 받았고, 그것은 그들을 새로운 피조물이 되게 했습니다.

히브리서 1:3은 예수님께 드리는 찬사 중 하나로, 대단히 중요한 의미를 지닌 사실입니다. "이는 하나님의 영광의 광채시요 그 본체의 형상이시라 그의 능력의 말씀으로 만물을 붙드시며 죄를 정결하게 하는 일을 하시고 높은 곳에 계신 지극히 크신 분의 우편에 앉으셨느니라"(히 1:3)

이 진술은 그리스도의 완성된 사역과 관련한 절정 가운데 최고봉입니다.

그 사역은 완성되었습니다. 그분은 앉으셨습니다. 그분은 안식 안으로 들어가셨습니다.

그분은 공의의 요구사항을 충족시켰고 만족시켰습니다.

그분은 인간의 필요를 충족시켰습니다.

이제 하나님께서는 절대적으로 합법적인 근거 위에서 그리스도를 통하여 그분께 나오는 모든 자들을 그분의 자녀라고 주장하실 수 있었습니다.

"그리하면 그가 세상을 창조한 때부터 자주 고난을 받아야 할 것이로되 이제 자기를 단번에 제물로 드려 죄를 없이 하시려고 세상 끝에 나타나셨느니라"(히 9:26)

사람은 죄를 제거할 수 없었습니다. 그래서 하나님께서 몸소 그 죄를 제거하셔야 했습니다.

"이로 말미암아 그는 새 언약의 중보자시니 이는 첫 언약 때에 범한 죄에서 속량하시려고 죽으사 부르심을 입은 자로 하여금 영원한 기업의 약속을 얻게 하려 하심이라"(히 9:15)

아시다시피, 그분은 우리에게 하나님 앞에 설 수 있는 신분을 주시려고 우리 죄로 인해 죽으셨을 뿐만 아니라 첫 언약 아래 있던 자들이 약속된 유업을 받을 수 있도록 그들의 죄 문제도 다루셨던 것입니다.

예수는 중개자시다

이제 우리는 예수님께서 새 언약의 중개자시라는 사실을 완전히 이해해야 합니다.

예수님께서는 요한복음 14:6에서 제자들에게 "내가 곧 길이요 진리요 생명이니 나로 말미암지 않고는 아버지께로 올 자가 없느니라."라고 말씀하셨습니다.

사도행전 4:12을 보면 베드로는 유대인들에게 "다른 이로써는 구원을 받을 수 없나니 천하 사람 중에 구원을 받을 만한 다른 이름을 우리에게 주신 일이 없음이라."라고 설교했습니다.

그 이름은 '예수' 입니다.

"하나님은 한 분이시요 또 하나님과 사람 사이에 중보자도 한 분이시니 곧 사람이신 그리스도 예수라 그가 모든 사람을 위하여 자기를 대속물로 주셨으니 기약이 이르러 주신 증거니라"(딤전 2:5-6)

무지한 사람들이 이 중개자 없이도 하나님 앞에 바로 설 수 있을 만큼 충분히 선하다고 말하는 것을 듣는 일은 얼마나 가슴 아픈 일인지요.

당신이 얼마나 종교적이던지, 얼마나 많은 돈을 드리든지, 얼마나 크게 설교하든지 상관없이, 예수 그리스도께서 하나님과 사람 사이에 계신 중개자이신 것을 거부한다면, 당신은 구원받지 못한 자입니다.

그리스도는 사람이 하나님께 다가갈 수 있는 유일한 접근통로이십니다.

사람은 영원한 생명을 가져야 하는데, 예수 그리스도를 통하지 않고는 영원한 생명을 받을 길이 없습니다.

그리스도는 인간의 유일한 구원자이십니다.

"이를 위하여 우리가 수고하고 힘쓰는 것은 우리 소망을 살아 계신 하나님께 둠이니 곧 모든 사람 특히 믿는 자들의 구주시라"(딤전 4:10)

인간은 영적으로 죽은 자요, 하나님도 없고 소망도 없는 자입니다.

인간은 오직 한 사람 예수 그리스도를 통해서만 영원한 생명을 발견할 수 있습니다.

예수는 구원자시다

어떤 사람도 자신을 구원할 수 없습니다.

"너희는 그 은혜에 의하여 믿음으로 말미암아 구원을 받았으니 이것은 너희에게서 난 것이 아니요 하나님의 선물이라"(엡 2:8)

이 구원자는 하나님의 선물이십니다. 그분과 함께 영원한 생명이 옵니다.

심령이 이 사실, 곧 예수님께서 타락한 사람과 하나님 사이에 계신 중개자이시다는 사실을 파악하는 것이 매우 중요합니다. 타락한 사람이 그분을 그런 자(타락한 사람과 하나님 사이에 있는 중개자)로 받아들일 때 그분은 그의 구원자가 되시며, 또한 그에게 영원한 생명을 전이하시며, 그리하여 그 사람을 하나님의 가족 안으로 데려가십니다.

예수는 중보자시다

지금 그분은 인간의 중보자이십니다.
"그러므로 자기를 힘입어 하나님께 나아가는 자들을 온전히 구원하실 수 있으니 이는 그가 항상 살아 계셔서 그들을 위하여 간구[중보]하심이라"(히 7:25)

문제가 우리에게 얼마나 어렵게 보이는지는 상관없이, 우리에게는 우리를 위해 중보하려고 지금껏 살아 계셔서, 아버지의 우편에 앉으신 분이 계십니다.

우리가 아는 한, 그분은 휴가를 가신 적이 없으십니다.

사랑이 그분을 우리의 노예로 만드셨습니다.

그분은 사랑의 노예의 대장Chief of Love Slaves이십니다.

예수는 우리의 의이시다

또 하나의 놀라운 진리는 예수님이 우리의 의이시라는 사실입니다 (고전 1:30). 우리가 보좌에 다가갈 만한 가치가 없는 존재이며 합당하지 않다고 느낄 때, 우리에게는 우리를 위해 기도해주려고 지금껏 살아 계신 의로우신 중보자가 계십니다.

이 확신이 나를 지난 나의 사역 기간 동안 여러 번 의기소침하지 않도록 해주었습니다.

나는 그분의 은혜와 중보의 팔에 있는 떠받쳐주는 능력을 매우 의식하게 되었습니다.

바울은 "나를 사랑하사 나를 위하여 자기를 버리셨다"고 말했습니다(갈 2:20).

그는 아버지 우편에서 이루어지는 사랑의 중보를 흘끗 보았습니다. 그것이 그를 완전히 녹여버렸음에 틀림없습니다. 바울이 주님의 통치에 자신을 전적으로 양보했던 것은 그리 놀라운 일이 아닙니다.

높은 곳에 계신 지극히 크신 분의 우편에서 나의 주님께서 하시는 이 사역은 내 심령이 지금까지 알고 있었던 것 중 가장 값진 것입니다.

예수는 우리의 변호자이시다

그분은 우리의 중보자이실 뿐만 아니라 우리의 변호자이기도 하십니다.

새 언약의 변호자는 아름다운 칭호입니다.

그분은 하나님의 가족을 위한 법무장관입니다.

"나의 자녀들아 내가 이것을 너희에게 씀은 너희로 죄를 범하지 않게 하려 함이라 만일 누가 죄를 범하여도 아버지 앞에서 우리에게 대언자가 있으니 곧 의로우신 예수 그리스도시라"(요일 2:1)

위의 말씀에는 눈물이 있는데 그 눈물은 기쁨과 뒤섞여진 눈물입니다.

이는 새 언약 안에서 기록된 모든 것 가운데 가장 전율시키는 기록 중 하나입니다.

앞 장에서 요한은 사람들이 사랑의 영역에서 벗어나서 이기심의 영역으로 들어갈 때 죄를 짓는 것이라는 사실을 당신에게 보여주었습니다. 그들이 죄를 지을 때 교제를 깨뜨립니다.

이는 그들이 관계를 깨뜨린다는 의미는 아닙니다. 그들은 그렇게 할 수 없습니다. 오직 그들을 자녀가 되게 하신 분만이 이 관계를 깨뜨릴 수 있습니다.

우리는 용서받을 수 없는 죄를 짓지나 않을까 걱정할 필요가 전혀 없습니다. 그것은 단순히 말해서 우리가 잘못 이끌려서 어떤 이기적인 충동의 요구를 만족시켰고, 그리하여 우리의 교제를 깨뜨렸을 뿐입니다.

"만일 우리가 우리 죄를 자백하면 그는 미쁘시고 의로우사 우리 죄를 사하시며 우리를 모든 불의에서 깨끗하게 하실 것이요"(요일 1:9)

우리가 사랑에서 벗어나서 어둠으로 들어가는 순간 그 어둠 속에서 "갈 곳을 알지 못하나니 이는 그 어둠이 그의 눈을 멀게 하였음이라"(요일 2:11)라는 이 사실을 깨닫는 것이 매우 중요합니다.

아시다시피, 어둠은 사탄의 영역입니다.

나는 하나님의 자녀입니다. 그러나 이기심은 사랑의 영역을 떠나서 어둠 또는 이기심의 영역으로 건너가라고 나를 유혹했습니다.

내가 그렇게 할 때 아버지와의 깊은 교제를 잃습니다.

나는 나의 의의 감각을 잃습니다. 나는 의로우신 변호자, 곧 아버지의 임재 안으로 들어가, 내 사정을 올려 드리고 잃어버린 나의 교제를 회복시킬 수 있는 누군가가 필요합니다.

그분이 실수하는 자들을 위해 항상 아버지 임재 안에 설 수 있는 분으로, 의로우신 변호자로 불리는 것은 놀랍지 않습니까?

우리가 절대로 잘못하지 않는다는 말이 아닙니다.

그러나 우리가 잘못하는 것은 오로지 우리가 사랑에서 벗어날 때뿐입니다.

믿는 자가 범한 죄는 실제로 단 하나 뿐인데, 그것은 사랑의 법을 깨뜨리는 일입니다.

"새 계명을 너희에게 주노니 서로 사랑하라 내가 너희를 사랑한 것 같이 너희도 서로 사랑하라 너희가 서로 사랑하면 이로써 모든 사람이 너희가 내 제자인 줄 알리라"(요 13:34-35)

그것은 새로운 피조물의 휘장일 뿐만 아니라 새로운 피조물의 법이기도 합니다.

아버지께서는 우리가 이스라엘이 십계명을 지켰던 것처럼 신실하게 그 새로운 피조물의 법을 지키기를 기대하십니다.

당신은 그들이 십계명을 숭배했다는 사실을 기억합니다. 그들이 항상 십계명을 지켰던 것은 아니었지만, 늘 십계명을 의식했습니다.

하나님의 자녀라고 믿는 우리가 이 새 언약의 법을 항상 의식했더라면 아름답지 않았을까요?

당신이 어떤 죄를 짓든지 상관없이 그 죄는 사랑에서 벗어나는 것입니다.

우리가 사랑 안에서 걷는다면 절대로 죄를 짓지 않습니다.

예수는 우리의 주님이시다

그분은 우리의 위대한 변호자이실 뿐만 아니라 우리의 주님이시기도 합니다.

우리는 그분의 주되심을 고백함으로써 하나님의 가족 안으로 들어갑니다.

"네가 만일 네 입으로 예수를 주로 시인하며 또 하나님께서 그를 죽은 자 가운데서 살리신 것을 네 마음에 믿으면 구원을 받으리라 사람이 마음으로 믿어 의에 이르고 입으로 시인하여 구원에 이르느니라"(롬 10:9-10)

우리가 우리 입술로 이 새로운 피조물되신 분의 주되심을 고백함으로써 하나님의 가족 안으로 들어간다는 사실에 유의하십시오. 그분은 새로운 피조물의 머리이십니다.

그분은 죽은 자들로부터 첫 번째로 태어나신 분입니다.

"이러므로 하나님이 그를 지극히 높여 모든 이름 위에 뛰어난 이름을 주사 하늘에 있는 자들과 땅에 있는 자들과 땅 아래 있는 자들로 모든 무릎을 예수의 이름에 꿇게 하시고 모든 입으로 예수 그리스도를 주라 시인하여 하나님 아버지께 영광을 돌리게 하셨느니라"(빌 2:9-11)

당신이 그분의 주되심을 고백할 때, 당신의 심령은 그분이 자동적으로 당신의 의가 되시는 것을 받아들입니다. 그분이 당신의 의가 되실 뿐만 아니라, 당신도 그분 안에서 하나님의 의가 됩니다.

이로 인하여 당신은 아버지와 가장 친밀한 교제로 들어갑니다.

아들을 통하여 성령님께서는 당신에게 아버지의 본성인 영원한 생명을 전이하셨습니다.

이제 당신은 본성상 하나님의 자녀입니다. 당신은 하나님의 상속자요, 예수 그리스도와 함께 한 공동 상속자입니다.

당신은 "이 주되심이 무슨 뜻이지요?"라고 묻습니다.

주되심이라는 의미는 그분이 당신의 보호자요, 당신의 목자이자, 새로운 피조물의 주님이시자 새로운 피조물을 돌보시는 이라는 뜻입니다.

시편 23편은 그분을 "여호와는 나의 목자시니 내게 부족함이 없으리로다"라고 묘사합니다.

당신은 옛 언약의 여호와께서 새 언약의 예수님이시라는 사실을 알고 있습니다.

그분은 어제나, 오늘이나 영원토록 동일하신 분이십니다.

그분은 세 가지 시제의 주님이십니다.

즉, 그분은 과거시제와 현재시제와 미래시제의 주님이십니다.

그분이 어제에 그런 분이셨듯이 오늘도 그런 분이시고 또 오늘 그런 분이시듯, 내일도 그런 분이실 것입니다.

당신의 중개자로서 그분은 당신을 아버지와 실제적인 연합으로 이끄셨고, 중보자로서 그분은 살아서 당신을 위해 기도하고 계십니다. 당신의 변호자로서 그분은 원수에 맞서 당신을 보호하시며, 주님으로서 그분은 당신의 모든 필요를 채우시는 당신의 공급이십니다.

당신은 바울과 함께 빌립보서 4:11 말씀과 놀라운 4:13 말씀을 말할 수 있습니다. "내가 궁핍하므로 말하는 것이 아니니라 어떠한 형편에든지 나는 자족하기를 배웠노니 … 내게 능력 주시는 자 안에서 내가 모든 것을 할 수 있느니라"(빌 4:11, 13)

19절도 마찬가지입니다. "나의 하나님이 그리스도 예수 안에서 영광 가운데 그 풍성한 대로 너희 모든 쓸 것을 채우시리라"(빌 4:19)

하늘의 풍요함이 우리 것입니다.

또한 우리는 사랑의 풍요함을 마음대로 쓸 수 있습니다.

예수님께서는 우리에게 산상수훈을 통해 지침을 주셨습니다.

그분의 산상수훈의 절정은 다음의 마태복음 6:30-34이었습니다. "오늘 있다가 내일 아궁이에 던져지는 들풀도 하나님이 이렇게 입히시거든 하물며 너희일까보냐 믿음이 작은 자들아 그러므로 염려하여 이르기를 무엇을 먹을까 무엇을 마실까 무엇을 입을까 하지 말라 이는 다 이방인들이 구하는 것이라 너희 하늘 아버지께서 이 모든 것이 너희에게 있어야 할 줄을 아시느니라 그런즉 너희는 먼저 그의 나라와 그의 의를 구하라 그리하면 이 모든 것을 너희에게 더하시리라 그러므로 내일 일을 위하여 염려하지 말라 내일 일은 내일이 염려할 것이요 한 날의 괴로움은 그날로 족하니라"(마 6:30-34)

당시에는 왕국이 아직 오지 않았습니다.

의를 아직 손에 쥐고 사용할 수 없었습니다.

그들은 아직 거듭나지 않았습니다.

"누구든지 그를 믿는 자는 부끄러움을 당하지 아니하리라."라고 말씀하시는 로마서 10:11 말씀에 주목하십시오.

이 구절의 다른 번역은 "누구든지 그를 믿는 자는 이리저리 헤매고 다니지 않을 것이다."라고 말합니다. 그 말은 또 다른 보호자, 구원자, 주님을 찾아서 돌아다니지 않는다는 뜻입니다.

바울의 계시에서 제시된 모든 약속 가운데 우리가 수치를 당하지 않게 될 것이라는 이것이 나에게는 가장 귀한 것입니다.

이기심이 가득한 세상에서 포도나무의 열매를 맺고 있는 이 가지를 자르고 상처 입히고 훼방할만한 세력은 없습니다.

나는 "주님을 사랑하는 자에는 큰 평강이 있다. 어떤 것도 그들을 상하게 할 수 없다."라고 말할 수 있습니다.

당신은 그분이 보호하시는 돌봄 가운데 절대적으로 안전하게 안식할 수 있습니다.

가지가 포도나무에 결속되어 있듯이, 그분은 그분 자신과 결속되어 있는 당신을 무시하거나 망각하실 수 없습니다.

예수는 새 언약의 보증이시다

"주께서 맹세하시고 뉘우치지 아니하시리니 네가 영원히 제사장이라 하셨도다 이와 같이 예수는 더 좋은 언약의 보증이 되셨느니라"(히 7:21-22)

이보다 더 나의 심령을 전율시키는 성경구절은 없습니다.

예수님께서는 자신의 일을 완성하셨을 때, 중개자가 되시려고 높은 곳에 계신 지극히 크신 분의 우편에 앉으셨습니다.

우리가 그리스도가 구원자이심을 발견하고 영원한 생명을 받자마자, 그분은 우리의 중보자가 되시며, 그런 다음 우리의 변호자가 되십니다. 그리고 그분은 우리의 주님이시며, 또한 이제 우리는 그분을 새 언약의 보증이요 보증인으로 바라봅니다.

그 보좌가 마태복음에서 요한계시록까지의 모든 하나님의 말씀을 지지합니다.

예수님과 아버지와 성령님께서 그 보좌를 지지하십니다.

이제 심령은 그분의 사랑 안에서 안식할 수 있습니다.

나는 매우 자주 "대저 하나님의 모든 말씀은 능하지 못하심이 없느니라"라는 누가복음 1:37 말씀과 "내가 내 말을 지켜 그대로 이루려 함이라"라는 예레미야 1:12 말씀을 읊조렸습니다.

아니면 "내 입에서 나가는 말도 이와 같이 헛되이 내게로 되돌아오지 아니하고 나의 기뻐하는 뜻을 이루며 내가 보낸 일에 형통함이니라"라는 이사야 55:11 말씀을 읊조렸습니다.

그분의 말씀은 파산할 수 없기에, 나는 고요한 확신을 가지고 안식합니다.

"내가 네게 큰 복을 주고 네 씨가 크게 번성하여 하늘의 별과 같고 바닷가의 모래와 같게 하리니 네 씨가 그 대적의 성문을 차지하리라"(창 22:17)

여호와께서 저 첫 언약을 지지하셨던 것처럼, 예수님은 이 새 언약을 지지하십니다.

"나 여호와가 너를 불렀은즉 내가 네 손을 잡아 너를 보호하며 너를 세워 백성의 언약과 이방의 빛이 되게 하리니"라는 이사야 42:6 말씀은 놀라운 진술입니다.

예수님께서 오시기 750년 전에 (새) 언약이 있을 것이라는 약속이 있었습니다.

그분은 이스라엘이 십자가에 드린 언약의 제물, 곧 언약의 어린 양이 되셨습니다.

나의 심령은 그분이 나를 얼마나 사랑하시며, 나를 위해 죽으셨고, 지금도 나를 위해 살아 계시는지 알 수 있습니다.

예수는 대제사장이시다

아버지 우편에서 주님께서 행하고 계시는 대제사장 사역은 가장 중요하고 귀한 일입니다.

그분은 자신의 피를 이 새 언약의 기초로 바치셨습니다.

그분은 우리의 경배와 사랑을 아버지가 받으실 수 있도록 하시는 위대한 대제사장이십니다.

삶의 어떤 진리도 이것보다 전율할 만큼 소중한 것은 없습니다.

당신은 그리스도의 사역이 우리를 위한 죄의 대속물로서 하는 일이 첫 번째였고, 그 다음은 말씀을 통해서 우리 안에서 성령님으로 하여금 우리의 속사람에 그리스도의 본성과 생명을 건축하며, 이 심령의 숨은 사람이 주님께 합당한 동료가 되게 하시도록 하는 일이었다는 사실을 이제 알 수 있습니다.

그러나 그리스도께서 지금 하나님의 아들들을 위한 사역을 가지고 계시지 않으셨다면, 그 일은 완성되지 못했을 것입니다.

따라서 모든 가르침 가운데 가장 중요한 것은 이번 장(25장)에 제시된 사역입니다. 당신의 심령이 그 가르침을 받아들일 때까지 반복해서 읽으십시오. 그러면 당신은 그분이 당신을 위해 살아 계시며, 당신을 사랑하시고 아버지 앞에서 당신을 자신의 어깨 위에 지고 계신다는 사실을 알게 될 것입니다.

"또 함께 일으키사 그리스도 예수 안에서 함께 하늘에 앉히시니"라고 말씀하는 에베소서 2:6을 읽어보십시오.

당신의 주님께서 그곳에 계십니다. 당신의 아버지께서 그곳에 계십니다. 당신의 이름이 그곳에 새겨져있습니다. 그리고 당신도 그리스도께서 머리가 되신 그 새로운 몸의 지체로서 그곳에 있습니다.

내가 십자가에 달린 그 사람, 부활한 그 사람, 보좌에 앉은 그 사람과 함께 장면에서 장면으로 넘어갈 때마다 나의 심령은 전율합니다.

우리는 영원한 속량이 완성된 후에 높은 곳에 계신 지극히 크신 분의 우편에 앉으신 분을 보았습니다.

이제 우리는 끝맺어야 하는데, 당신에게 "아버지의 돌보심"이라는 이 마지막 장을 제시합니다.

여하튼 위대한 대속의 중요한 시기로 돌아가면, 초자연적인 빛의 글자에서 우리는 "하나님께서 세상을 이처럼 사랑하사"(요 3:16)라는 이 말씀을 봅니다.

그분이 사탄의 본성에 사로 잡혀있는 세상을 사랑하셨다면, 그분이 속량하시고 재창조하신 자들, 곧 그분 자신의 본성과 그분 자신의 실체와 존재를 받은 자들을 얼마나 사랑하시겠습니까.

그분은 이제 그들을 재창조하셔서, 그들을 그분의 아들과 딸이 되게 하셨습니다.

그분께서 그들이 아직 죄인이었던 동안 그들을 위한 대속물로 자신의 아들을 줄 만큼이나 사랑하셨다면, 이제 아들과 딸이 된 그들을 향한 그분의 사랑을 누가 측량이나 할 수 있겠습니까.

그들은 사랑받는 자 안에 있습니다.

그들은 그분의 한부분입니다.

그들을 돌보고 위로하는 것이 그분의 기쁨입니다.

그분은 사랑이시며, 그들은 그분의 소유입니다.

예수님께서는 "사람이 나를 사랑하면 내 말을 지키리니 내 아버지께서 그를 사랑하실 것이요 우리가 그에게 가서 거처를 그와 함께 하리라"(요 14:23)라고 말씀하셨습니다.

나는 그분이 "너희 모든 염려를 내게 던져버려라. 이는 내가 너희를 돌보고 있기 때문이라."라고 속삭이시는 음성을 들을 수 있습니다.

26

아버지의 돌보심

우리 아버지께서 우리를 돌보신다는 이 복된 사실만큼이나 영향력을 미치는 진리는 없습니다.

이스라엘에게 있어 그분은 엘로힘Elohim이요, 엘 샤다이El Shaddai이며, 여호와Jehovah이실 뿐이었습니다. 그분은 지성소에 격리되어 계셨습니다.

그분은 율법을 깨뜨리고 불순종한 자들에게는 무시무시한 심판으로 대하셨습니다. 그들은 그분을 아버지로 알지 못했습니다. 그들은 그분을 사랑하시는 분으로 알지 못했습니다.

그들은 그분을 사랑하고 복종하라는 명령을 받았고, 만약 그 명령을 지키지 않을 경우, 그 결과로 고통을 겪었습니다.

그러다가, 이 딱딱하고 거친 공의의 분위기 속으로 예수님께서 들어오셨습니다. 그들은 그분을 이해할 수가 없었습니다.

그분은 그들의 하나님을 그분의 아버지라고 알려주셨습니다.

그분은 그분께 속한 자들을 향한 아버지의 사랑과 돌보심을 이야기하셨습니다.

이것은 그들의 입을 닫게 만들었습니다.

그분이 세례 요한과 같은 메시지를 가지고 와서 그들에게 회개하라고 명령하고, 그들이 맞다고 인정할 수밖에 없는 호된 이름으로 그들을 불렀더라면, 그들은 그것을 이해했을 것입니다. 그분이 사랑하는 분이요 사랑의 아버지 하나님을 소개하셨을 때, 그분의 말씀이 둔감한 그들의 귀에 떨어졌습니다.

다음의 성경구절 말씀에 유의하십시오. 그러면 당신은 이 아버지 하나님의 자녀인 우리가 이 사랑의 측면을 본 적이 없었다는 사실을 인정하게 될 것입니다.

"그날에는 너희가 아무것도 내게 묻지[구하지] 아니하리라 내가 진실로 진실로 너희에게 이르노니 너희가 무엇이든지 아버지께 구하는 것을 내 이름으로 주시리라"(요 16:23)

"이는 너희가 나를 사랑하고 또 내가 하나님께로부터 온 줄 믿었으므로 아버지께서 친히 너희를 사랑하심이라"(요 16:27)

"그러므로 그들을 본받지 말라 구하기 전에 너희에게 있어야 할 것을 하나님 너희 아버지께서 아시느니라 그러므로 너희는 이렇게 기도하라 하늘에 계신 우리 아버지여…"(마 6:8-9)

그 전적인 부드러움에 주목하십시오.

다시 주님의 말씀에 귀를 기울이십시오. "공중의 새를 보라 심지도 않고 거두지도 않고 창고에 모아들이지도 아니하되 너희 하늘 아버지께서 기르시나니 너희는 이것들보다 귀하지 아니하냐?"(마 6:26)

그들은 주님의 말씀을 결코 이해하지 못했습니다. 주님의 말씀은 전혀 새로운 것이었습니다.

이것은 오늘날 우리의 대다수 교회의 성도들에게 새로운 것입니다. 우리 대부분은 공의의 하나님을 두려워하고 주눅이 들어야 한다는 가르침을 받아왔습니다.

"오늘 있다가 내일 아궁이에 던져지는 들풀도 하나님이 이렇게 입히시거든 하물며 너희일까보냐 믿음이 작은 자들아 그러므로 염려하여 이르기를 무엇을 먹을까 무엇을 마실까 무엇을 입을까 하지 말라 이는 다 이방인들이 구하는 것이라 너희 하늘 아버지께서 이 모든 것이 너희에게 있어야 할 줄을 아시느니라 그런즉 너희는 먼저 그의 나라와 그의 의를 구하라 그리하면 이 모든 것을 너희에게 더하시리라"(마 6:30-33)

아버지께서는 그분의 소유를 돌보십니다.

"그러므로 내일 일을 위하여 염려하지 말라 내일 일은 내일이 염려할 것이요 한 날의 괴로움은 그날로 족하니라"(마 6:34)

걱정하거나 초조해 하거나, 염려하지 마십시오.

당신의 하늘 아버지께서는 이 모든 것들이 당신에게 필요하다는 사실을 알고 계십니다.

그분이 당신의 아버지시라면, 당신은 그분이 아버지의 자리를 취하셔서 아버지의 역할을 수행하실 것이라 확신할 수 있습니다.

그분이 당신의 아버지시라면 당신은 그분이 당신을 사랑하셔서 당신을 돌보실 것이라 확신할 수 있습니다.

"사람이 나를 사랑하면 내 말을 지키리니 내 아버지께서 그를 사랑하실 것이요 우리가 그에게 가서 거처를 그와 함께 하리라"(요 14:23)

이것은 그분 자신의 자녀를 향한 아버지의 태도에 관한 계시입니다.

"나의 계명을 지키는 자라야 나를 사랑하는 자니 나를 사랑하는 자는 내 아버지께 사랑을 받을 것이요 나도 그를 사랑하여 그에게 나를 나타내리라"(요 14:21)

이 구절에서 두 가지가 암시되어 있습니다.

첫째는 "나의 계명을 지키는 자라야"입니다. 그분의 계명은 "그분이 우리를 사랑하시는 것 같이 우리가 서로 사랑하는"(요 13:34) 것입니다.

둘째는 "내 아버지께서 그를 사랑하실 것이요"입니다.

당신이 사랑 안에서 걷는다면 하나님의 영역에서 걷는 것입니다.

이 위대하신 아버지 하나님은 사랑의 아버지이십니다.

그분의 본성이 그분으로 하여금 우리를 돌보고 보호하며 지키시도록 강권합니다.

그분의 아들과 딸로서 우리의 관계는 그분의 사랑에 대한 도전입니다.

우리는 예수님께서 이 땅에 사셨을 때 아버지와 가지셨던 것과 똑같은 관계를 지금 하나님과 맺고 있습니다.

"나는 참 포도나무요 내 아버지는 농부라"(요 15:1)

아버지는 농부십니다. 그분은 돌보시는 분이요, 보호자이시며 방패시요, 후원자이시고 훈련자이시자 교육자이십니다.

농부가 포도나무의 가지를 단련하듯이, 그분께서는 그리스도의 몸에 있는 가지들을 단련하십니다.

그분은 사랑이십니다.

그분이 우리에게 사랑 안에서 걸으라고 하신 말씀의 의미는 그분 안에서 걸으라는 뜻입니다.

"곧 내가 그들 안에 있고 아버지께서 내 안에 계시어 그들로 온전함을 이루어 하나가 되게 하려 함은 아버지께서 나를 보내신 것과 또 나를 사랑하심 같이 그들도 사랑하신 것을 세상으로 알게 하려 함이로소이다"(요 17:23)

그분이 예수님을 사랑하신 만큼 나를 사랑하신다면, 나는 두려움 없이 삶의 문제들을 직면할 수 있습니다. 왜냐하면 그분이 나와 함께 하시기 때문입니다.

그분은 주님과 함께 하셨습니다.

"그러나 내가 혼자 있는 것이 아니라 아버지께서 나와 함께 계시느니라"(요 16:32)

예수님께서 아버지와 그분의 관계에 대해 말씀하신 것은 당신과 나와 그분의 관계와 태도에도 해당됩니다.

"이는 너희가 나를 사랑하고 또 내가 하나님께로부터 온 줄 믿었으므로 아버지께서 친히 너희를 사랑하심이라"(요 16:27)

아버지께서 친히 당신을 아시고, 당신을 사랑하시며, 당신을 축복하고 싶어 하신다는 이 사실보다 강력하거나 위로를 줄 수 있는 것은 없을 것입니다.

아래의 성경 말씀은 당신에게 속한 것입니다.

"너희 염려를 다 주께 맡기라 이는 그가 너희를 돌보심이라"(벧전 5:7)

이것은 당신의 심령에 주시는 아버지의 메시지입니다.

그분께서는 당신이 염려와 두려움과 의심을 끝장내고 그분의 돌보심과 사랑에 당신 자신을 전적으로 내어맡기기를 원하십니다.

"아무것도 염려하지 말고" 또는 "아무것도 근심하지 말고"(빌 4:6)

당신의 하늘 아버지께서는 예수님께서 이 땅에 계셨을 때 그분과 동행하셨던 것처럼 당신과 동행하고 싶어 하십니다.

"내게 능력 주시는 자 안에서 내가 모든 것을 할 수 있느니라"(빌 4:13)

당신은 어떤 것도 할 수 있습니다.

당신은 가장 불쾌한 상황에서도 두려워하지 않는 곳으로 올라갈 수 있습니다. 왜냐하면 당신의 아버지가 당신 편이시기 때문입니다.

"만일 하나님이 우리를 위하시면 누가 우리를 대적하리요?"(롬 8:31)

아버지의 사랑이 그분으로 하여금 우리를 돌보시도록 강권하십니다.

당신이 그분의 사랑을 알게 되어 그 사랑 안에서 자유롭게 행할 때 모든 의심과 두려움은 분쇄될 것입니다.

당신을 향한 아버지의 사랑은, 알지 못하면 소용이 없습니다.

그 사랑을 알고도 그 위에서 행동하지 않으면 그 사랑은 소용이 없습니다.

진리는 그 위에서 행동할 때 심령에 특별한 유익을 가져다줍니다.

당신은 당신의 온 심령을 다해 그분을 신뢰하는 법을 배우고 당신 자신의 이해력을 의지하는 것을 그만두어야 합니다.

당신은 감각지식의 영역에서 영의 영역으로 이동해야 합니다.

"너는 마음을 다하여 여호와를 신뢰하고 네 명철을 의지하지 말라 너는 범사에 그를 인정하라 그리하면 네 길을 지도하시리라"(잠 3:5-6)

"여호와는 나의 빛이요 나의 구원이시니 내가 누구를 두려워하리요 여호와는 내 생명의 능력이시니 내가 누구를 무서워하리요"(시 27:1)

그분은 당신의 빛이십니다.

그분은 당신의 구원이십니다.

그분은 당신의 생명의 힘이십니다.

두려워할 것이 전혀 없습니다.

하나님께서 사랑하시어 보호하시는 자에게 사람이 무엇을 할 수 있겠습니까?

사탄은 그것을 알았기 때문에 "주께서 내가 그를 건드릴 수 없도록, 욥 주위에 울타리를 두르고 계시지 않습니까?"(욥기 1:10)라고 말했습니다.

아버지께서는 그분을 사랑하셔서 그분과 동행하는 자들 주위로 울타리를 세우십니다.

"진실로 생명의 원천이 주께 있사오니 주의 빛 안에서 우리가 빛을 보리이다"(시 36:9) 하나님은 생명의 원천이요 힘이십니다.

그분은 당신의 원천이십니다.

그분은 당신의 빛이십니다.

그 빛 안에서 당신은 그분의 뜻을 보고 알게 됩니다.

"여호와의 천사가 주를 경외하는 자를 둘러 진치고 그들을 건지시는도다"(시 34:7)

이는 당신에게 주시는 아버지의 메시지입니다.

시편 34:9-10에 주목하십시오.

"너희 성도들아 여호와를 경외하라 그를 경외하는 자에게는 부족함이 없도다 젊은 사자는 궁핍하여 주릴지라도 여호와를 찾는 자는 모든 좋은 것에 부족함이 없으리로다"(시 34:9-10)

"여호와를 의지하는 자는 시온 산이 흔들리지 아니하고 영원히 있음 같도다 산들이 예루살렘을 두름과 같이 여호와께서 그의 백성을 지금부터 영원까지 두르시리로다"(시 125:1-2)

"야곱아 너를 창조하신 여호와께서 지금 말씀하시느니라 이스라엘아 너를 지으신 이가 말씀하시느니라 너는 두려워하지 말라 내가 너를 구속하였고 내가 너를 지명하여 불렀나니 너는 내 것이라 네가 물 가운데로 지날 때에 내가 너와 함께 할 것이라 강을 건널 때에 물이 너를 침몰하지 못할 것이며 네가 불 가운데로 지날 때에 타지도 아니할 것이요 불꽃이 너를 사르지도 못하리니"(사 43:1-2)

이것은 당신의 아버지께서 말씀하시고 계시는 것입니다.

그분이 다시 속삭이시는 음성을 들어보십시오(그리고 이보다 더 달콤한 메시지는 없습니다). "두려워하지 말라 내가 너와 함께 함이라 놀라지 말라 나는 네 하나님이 됨이라 내가 너를 굳세게 하리라 참으로 너를 도와주리라 참으로 나의 의로운 오른손으로 너를 붙들리라"(사 41:10)

그분이 당신에게 "두려워하지 말라 내가 너와 함께 함이라."라고 말씀하시는 음성에 주목하십시오.

이사야 41:9에서 그분은 "내가 너를 택하고 싫어하여 버리지 아니하였다"라고 말씀하셨습니다.

그분의 심령은 얼마나 우리를 갈망하는지요.

그분은 우리가 더 이상 두려워하는 것을 원치 않으십니다. 이는 창조주께서 우리와 함께 하시기 때문입니다.

"놀라지 말라." 어떤 것도 두려워하지 마십시오.

어떤 것도 당신을 정복할 수 없습니다.

그분께서 당신을 돌보고 계십니다.

그분께서 당신의 필요를 채워주실 것입니다.

"나의 하나님이 그리스도 예수 안에서 영광 가운데 그 풍성한 대로 너희 모든 쓸 것을 채우시리라"(빌 4:19)

이것은 종교가 아닙니다. 이것은 설교가 아닙니다. 이것은 아버지의 심령으로부터 당신에게로 온 살아 있는 진리입니다.

"놀라지 말라 나는 네 하나님이 됨이라."

그분은 자기가 누구인지 아십니다.

그분은 자신이 그분의 능력의 말씀으로 우주를 창조하신 것을 알고 계십니다.

그분은 그분의 능력을 알고 계십니다.

그분은 자신이 당신의 원수를 정복하고 당신의 삶을 둘러싸고 있는 환경을 이길 수 있음을 알고 계십니다.

"내가 너를 굳세게 하리라."

이것은 당신을 위한 하나님의 힘이요 능력입니다.

바울도 이 주제를 고린도후서 3:5에서 말했다는 것은 그리 놀랄 일이 아닙니다. "우리가 무슨 일이든지 우리에게서 난 것 같이 스스로 만족할 것이 아니니 우리의 만족[능력]은 오직 하나님으로부터 나느니라. 그가 또한 우리를 새 언약의 일꾼 되기에 만족하게[능력을 갖추게] 하셨으니"(고후 3:5-6)

하나님의 능력이 당신의 능력이 됩니다.

"너희 안에서 행하시는 이는 하나님이시니 자기의 기쁘신 뜻을 위하여 너희에게 소원을 두고 행하게 하시나니"(빌 2:13)

당신의 마음에 에너지를 공급하고, 그분의 강함으로 당신의 약함을 보완하시는 분이 바로 당신의 아버지이십니다.

"그의 영광의 풍성함을 따라 그의 성령으로 말미암아 너희 속사람을 능력으로 강건하게 하시오며"(엡 3:16)

하나님의 능력이 당신 안에 있습니다.

"우리 가운데서 역사하시는 능력대로 우리가 구하거나 생각하는 모든 것에 더 넘치도록 능히 하실 이에게"(엡 3:20)

이는 당신 안에 있는 하나님의 능력에 따른 것입니다.

당신의 아버지의 돌보심은 아들 됨sonship이 당신 것이 된 이후로 하늘이 준 것 가운데 가장 귀한 선물입니다.

당신의 아버지께서 당신을 지켜주고 계십니다.

그분은 당신을 돌보시며, 당신이 부르는 소리에 귀를 기울이십니다.

그분은 당신을 돕는 분이십니다.

그분이 그분의 의의 오른손으로 당신을 붙들고 계시다면 더 무엇을 바랄 수 있겠습니까?

그 오른손이 예수님이십니다.

그분은 예수님, 곧 그분의 생명과 힘으로 당신을 붙들고 계십니다.

"너희 몸은 너희가 하나님께로부터 받은 바 너희 가운데 계신 성령의 전인 줄을 알지 못하느냐 너희는 너희 자신 것이 아니라"(고전 6:19)

하나님께서 우리 몸속으로 들어오시어, 우리 몸을 그분의 거처로 삼고 살고 계십니다. 그리하여 그분은 우리의 음성을 통하여 말씀하시고, 우리의 마음을 통해서 생각하시며, 우리의 심령을 통해서 사랑하시고, 우리와 그분 자신을 철저하게 하나가 되게 하셔서 그분의 힘으로 우리의 약함을 삼켜버리십니다

그분은 그분의 충만함sufficiency으로 우리의 무능inefficiency을 흡수하십니다.

우리의 특권은 측량될 수 없습니다.

하나님께서 내주하신다는 사실은 인간의 경험 가운데 가장 놀라운 사실입니다.

우리를 향한 아버지와 예수님의 사랑과 태도를 묘사하는 것 중에 시편 23:1보다 더 아름다운 성경구절은 없습니다.

"여호와는 나의 목자시니 내게 부족함이 없으리로다"(시 23:1)

이것은 완벽한 만족입니다.

이것은 삶의 궁극적 결론을 발견한 것입니다. "내게 부족함이 없으리로다"

이는 우리의 이해를 초월합니다. 이는 영의 영역에 있는 것입니다.

"그가 나를 푸른 풀밭에 누이시며"(시 23:2)

이곳은 달콤한 클로버와 부드러운 풀이 땅 위에 융단처럼 깔려있는 곳입니다.

여기에서는 넉넉하게 더 얻으려고 애쓸 필요가 없는 곳입니다.

그분은 나로 하여금 푸른 풀밭으로 들어가게 하실 뿐만 아니라 고요하고 잔잔한 물가로 인도하십니다.

물과 음식은 생명을 유지하는 필수요소입니다.

그분은 나를 누이시며 풍성한 풀밭에서 고요하고 안전하게 쉬게 하십니다. 내 근처에는 졸졸 흐르는 시내가 있습니다. 생수는 항상 내 심령의 외침에 응답합니다.

내게는 물도 있고, 음식도 있습니다. 보호도 있고 피난처도 있으며 그분의 돌보심도 있습니다. 이분이 나의 아버지이십니다.

내가 무서워하여 두려움으로 가득할 때, 나의 전 존재는 고통으로 요동칩니다. "그가 내 영혼을 소생시키시고"(시 23:3)

그분은 나를 조용히 지키십니다.

그분은 나를 다시 정상상태가 되게 하십니다.

그분은 나의 두려움과 염려를 쓸어내리시며, 나를 품 안으로 안아주시고 내게 그분 자신의 용기와 믿음을 불어넣어주십니다. 나의 심령은 원수를 보고 웃습니다.

왜냐하면 그분이 나를 은혜의 길을 따라 의의 영역으로 인도하시기 때문입니다. 그곳에서 나는 죄를 지은 적이 없는 것처럼 그분의 임재 안에 서며, 그 어떤 두려움이나 무서움을 생각한 적이 없는 것처럼 은혜의 보좌가 있는 방에서 뛰놉니다.

나의 아버지는 보좌에 앉아계시는 분이십니다.

그분은 세상에게는 심판자일 수 있고, 죄인에게는 하나님이실 수 있지만, 나에게는 아버지가 되십니다.

그분은 나를 사랑하시고 나를 돌보십니다.

"너희 하늘 아버지께서 이 모든 것이 너희에게 있어야 할 줄을 아시느니라."는 마태복음 6:32 말씀이 나의 혼을 통해 울립니다. 나는 나의 아버지께서 나를 지켜주고 계신다는 사실을 아침마다 떠올리려고 그 말씀을 액자로 만든 다음 기억의 방속에 걸어둡니다.

"그들을 주신 내 아버지는 만물보다 크시매"라는 요한복음 10:29 말씀을 읽지 않는다면 이것은 완벽하지 않을 것입니다. 우리는 이 '하나님께서 우리의 아버지가 되신다는 사실Father fact'을 주제로 다룬 적이 없습니다. 인간의 고통의 이 어두운 시기에서 심령의 필요를 채우는 일이 전면에 등장하고 있습니다.

보좌에 앉아계신 하나님이 당신의 아버지이십니다.

당신이 두려워하여 멀찍이 떨어져서 경배했던 그분이 당신의 아버지이십니다.

그분은 당신의 모든 필요를 충족시켜주기 위해 그분의 사랑과 은혜의 부요를 당신에게 쏟아 부으시려고 사랑의 선물이 있는 그분의 보좌로 더 가까이 다가오라고 당신에게 요청하고 계십니다.

"그러므로 우리는 긍휼하심을 받고 때를 따라 돕는 은혜를 얻기 위하여 은혜의 보좌 앞에 담대히 나아갈 것이니라"(히 4:16)

마치는 말

이 책이 당신에게 어떤 도움을 주었습니까?

어떤 분은 이 책의 원고를 읽고 "이 책은 우리나라의 지도자들이 꼭 읽어야 할 책입니다."라고 말했습니다.

당신은 무어라 말씀하시겠습니까?

당신은 무엇을 하시겠습니까?

당신의 친구들에게도 나누어 주십시오.

열매를 맺는 가지가 되십시오!

믿음의말씀사 출판물

구입문의 : 031-8005-5483 http://faithbook.kr

■ 케네스 해긴의「믿음 도서관」책들
- 새로운 탄생
- 재정 분야의 순종
- 나는 지옥에 갔다 왔습니다
- 하나님의 처방약
- 더 좋은 언약
- 예수의 보배로운 피
- 하나님을 탓하지 마십시오
- 네 주장을 변론하라
- 셀 모임에서 성령인도 받기
- 안수
- 치유를 유지하는 법
- 사랑은 결코 실패하지 않습니다
- 하나님께서 내게 가르쳐 주신 형통의 계시
- 왜 능력 아래 쓰러지는가?
- 다가오는 회복
- 잊어버리는 법을 배우기
- 위대한 세 단어
- 하나님의 은사와 부르심
- 그 이름은 "놀라우신 분"
- 우리에게 속한 것을 알기
- 성령을 받는 성경적인 방법
- 하나님의 영광
- 은혜 안에서의 성장을 방해하는 다섯 가지
- 사랑 가운데 걷는 법
- 바울의 계시: 화해의 복음
- 당신은 당신이 말하는 것을 가질 수 있습니다
- 그리스도 안에서
- 말
- 방언기도의 능력을 풀어 놓으라
- 옳은 사고방식 틀린 사고방식
- 속량 – 가난, 질병, 영적 죽음에서 값 주고 되사다
- 네 염려를 주께 맡겨라
- 예언을 분별하는 일곱 단계
- 절망적인 상황을 반전시키기
- 당신의 믿음을 풀어 놓는 법
- 진짜 믿음
- 믿음이란 무엇인가
- 그리스도께서 지금 하고 계시는 일
- 충분하고도 넘치는 하나님 엘 샤다이
- 금식에 관한 상식
- 하나님의 말씀 : 모든 것을 고치는 치료제
- 가족을 섬기는 법
- 조에
- 당신이 알아야 하는 신유에 관한 일곱 가지 원리
- 여성에 관한 질문들
- 인간의 세 가지 본성
- 몸의 치유와 속죄
- 크게 성장하는 믿음
- 하나님 가족의 특권

- 기도의 기술
- 나는 환상을 믿습니다
- 병을 고치는 하나님의 말씀
- 영적 성장
- 신선한 기름부음
- 믿음이 흔들리고 패배한 것 같을 때 승리를 얻는 법
- 믿음의 선한 싸움을 싸우는 법
- 하나님의 계획과 목적과 추구
- 예수 열린 문
- 믿음의 계단
- 당신을 향한 하나님의 계획
- 역사하는 기도
- 기름부음의 이해
- 내주하시는 성령 임하시는 성령
- 재정적인 번영에 대한 성경적 열쇠들
- 어떻게 하나님의 영으로 인도받을 수 있는가?
- 마이더스 터치
- 치유의 기름부음
- 그리스도의 선물
- 방언
- 믿는 자의 권세(생애기념판)
- 믿음의 양식
- 승리하는 교회

■ E. W. 케년
- 십자가에서 보좌까지 무슨 일이 일어났는가?
- 두 가지 의
- 놀라우신 그 이름 예수
- 하나님 아버지와 그분의 가족
- 나의 신분증
- 두 가지 생명
- 새로운 종류의 사랑
- 그분의 임재 안에서
- 속량의 관점에서 본 성경
- 두 가지 지식
- 피의 언약
- 숨은 사람
- 두 가지 믿음
- 새로운 피조물의 실재

■ 스미스 위글스워스
- 스미스 위글스워스의 천국
- 스미스 위글스워스의 매일묵상
- 위글스워스는 이렇게 했다
- 스미스 위글스워스의 능력의 비밀

■ T. L. 오스본
- 행동하는 신자들
- 기적 – 하나님 사랑의 증거
- 새롭게 시작하는 기적 인생

- 좋은 인생
- 성경적인 치유
- 능력으로 역사하는 메시지
- 100개의 신유 진리
- 24 기도 원리 7 기도 우선순위
- 하나님의 큰 그림
- 긍정적 욕망의 힘
- 당신은 하나님의 최고의 작품입니다

■ 잔 오스틴
- 믿음의 말씀 고백기도집
- 하나님의 사랑의 흐름
- 견고한 진 무너뜨리기
- 초자연적인 흐름을 따르는 법
- 당신의 운명을 바꿀 수 있습니다
- 어떻게 하나님의 능력을 풀어놓을 수 있는가?

■ 크리스 오야킬로메
- 여기서 머물지 말라
- 이제 당신이 거듭났으니
- 당신의 인생을 재창조하라
- 이 마차에 함께 타라
- 그리스도 안에 있는 당신의 권리
- 성령님과 당신
- 성령님이 당신 안에서 행하실 일곱 가지
- 성령님이 당신을 위해 행하실 일곱 가지
- 기적을 받고 유지하는 법
- 하나님께서 당신을 방문하실 때
- 올바른 방식으로 기도하기
- 당신의 믿음을 역사하게 하는 법
- 끝없이 샘솟는 기쁨
- 기름과 겉옷
- 약속의 땅
- 하나님의 일곱 영
- 예언
- 시온의 문
- 하늘에서 온 치유
- 효과적으로 기도하는 법
- 어떤 질병도 없이
- 주제별 말씀의 실재
- 마음의 능력

■ 앤드류 워맥
- 당신은 이미 가졌습니다
- 은혜와 믿음의 균형 안에 사는 삶
- 하나님의 참 본성
- 하나님은 당신이 건강하기 원하십니다
- 영 · 혼 · 몸
- 전쟁은 끝났습니다
- 믿는 자의 권세
- 새로운 당신과 성령님
- 노력 없이 오는 변화
- 하나님의 충만함 안에 거하는 열쇠
- 더 좋은 기도 방법 한 가지
- 재정의 청지기 직분

- 하나님을 제한하지 마라
- 하나님의 뜻을 발견하고 따라가며 성취하라
- 하나님의 참 본성
- 하나님의 최선 안에 사는 법
- 더 큰 은혜 더 큰 은총

■ 기타 「믿음의 말씀」 설교자들
- 성령의 삶 능력의 삶
- 복을 취하는 법
- 주는 자에게 복이 되는 선물
- 믿음으로 사는 삶
- 붉은 줄의 기적
- 당신이 말한 대로 얻게 됩니다
- 예수-치유의 길 건강의 능력
- 성령 안의 내 능력
- 존 G. 레이크의 치유
- 믿음과 고백
- 임재 중심 교회
- 성령충만한 그리스도인의 지침서
- 열정과 끈기
- 제자 만들기
- 어떻게 교회를 배가하는가
- 운명
- 모든 사람을 위한 치유
- 회복된 통치권
- 그렇지 않습니다
- 당신의 자녀를 리더로 훈련하라
- 오순절 운동을 일으킨 하나님의 바람
- 주일 예배를 넘어서
- 신약교회를 찾아서
- 내가 올 때까지
- 매일의 불씨
- 여성의 건강한 자아상

■ 김진호 · 최순애
- 왕과 제사장
- 새로운 피조물의 실재
- 믿음의 반석
- 새 언약의 기도
- 새로운 피조물 고백기도집(한글판/한영대조판)
- 성령 인도
- 복음의 신조
- 존중하는 삶
- 성경의 세 가지 접근
- 말씀 묵상과 고백
- 그리스도의 교리
- 영혼 구원
- 새로운 피조물
- 믿음의 말씀 운동의 뿌리
- 1인 기업가 마인드
- 내 양을 치라
- 새사람을 입으라